"十四五"职业教育国家规划教材

"十三五"江苏省高等学校重点教材(2020—1—031)

高等职业教育铁道交通运营管理专业课程改革系列规划教材

铁路旅客运输服务

（第五版）

周　平　主编
贾俊芳　主审

中国铁道出版社有限公司

2025年·北　京

内容简介

本书是“十四五”职业教育国家规划教材、“十三五”江苏省高等学校重点教材，是高等职业教育铁道交通运营管理专业课程改革系列规划教材之一。

本书结合铁路旅客运输现状，引入铁路客运系统历年来大量的典型案例，系统阐述旅客运输服务与服务质量、服务质量规范、服务工作的质量管理、服务工作心理、服务工作的技能技巧、服务工作的策略、服务企业文化和公共关系等理论与实践，力求系统、简明、实用。

本书是高等职业院校铁道交通运营管理、高速铁路客运服务专业教材，也可作为中等职业院校、技工学校铁道运输服务、高速铁路乘务专业及客运站段的教学用书，并可供从事铁路客运工作的干部、职工学习参考。

图书在版编目(CIP)数据

铁路旅客运输服务/周平主编. —5版. —北京：中国铁道出版社有限公司，2024.6(2025.12重印)

“十四五”职业教育国家规划教材 “十三五”江苏省高等学校重点教材. 2020-1-031 高等职业教育铁道交通运营管理专业课程改革系列规划教材

ISBN 978-7-113-31193-3

Ⅰ.①铁… Ⅱ.①周… Ⅲ.①铁路运输-旅客运输-高等职业教育-教材 Ⅳ.①U293

中国国家版本馆CIP数据核字(2024)第080889号

书　　名：铁路旅客运输服务
作　　者：周　平

责任编辑：悦　彩　　编辑部电话：(010) 51873206　　电子邮箱：sxyuecai@163.com
编辑助理：王佳琪
封面设计：郑春鹏
责任校对：刘　畅
责任印制：樊启鹏

出版发行：中国铁道出版社有限公司（100054，北京市西城区右安门西街8号）
网　　址：https://www.tdpress.com
印　　刷：河北京平诚乾印刷有限公司
版　　次：2006年12月第1版　2024年6月第5版　2025年12月第2次印刷
开　　本：787 mm×1 092 mm 1/16　印张：13.25　字数：336千
书　　号：ISBN 978-7-113-31193-3
定　　价：40.00元

QIAN YAN

第五版前言

本书是“十四五”职业教育国家规划教材、“十三五”江苏省高等学校重点教材(2020—1—031),是在2021年出版的“十二五”职业教育国家规划教材《铁路旅客运输服务》的基础上修订而成的,是高等职业教育铁道交通运营管理专业课程改革系列规划教材之一。

随着交通运输部《铁路旅客运输规程》、《中国国家铁路集团有限公司铁路旅客运输规程》等客运规章颁布实施,具有自主知识产权的复兴号动车组开行取得丰硕的服务成果,加上前四版教材的形式未能充分体现高等职业教育的特色,因此对原教材进行了修订。修订完善的内容主要包括铁路旅客运输服务管理,交通运输部《铁路旅客运输规程》、《中国国家铁路集团有限公司铁路旅客运输规程》的性质及相互关系,公益性“慢火车”开行,车票发售,客运服务质量监管实践,客运现场服务标准沟通语言,特色服务法及客运服务案例等,删除因取消包裹运输相关内容及与当前铁路客运现场不相符的内容。

修订后的教材呈现的主要特点如下:

1. 课程思政特色的鲜明性

围绕“人民铁路为人民”的主线,将历年来铁路文明服务的做法、成果融入教材,课程思政特色明显;将《中华人民共和国民法典》违约责任的精神及内容融入教材,树立法治意识;将大量铁路客运服务典型案例融入教材,以榜样的力量引导学生献身铁路事业,更好地服务广大旅客。

2. 教材内容的针对性、实用性、先进性

紧贴双证书。教材依据国家专业教学标准及全国铁道职业教育教学指导委员会专业建设指导标准,对接铁路客运员、列车员、客运值班员等铁路特有工种国家职业标准及中国国家铁路集团有限公司铁路特有工种技能培训规范,将作业内容融入教材,作为铁路客运员、列车员等岗位技能等级证书考核课程,具有很强的针对性。

紧贴铁路现场生产实际。教材的理论成果是在全面总结铁路客运服务真实典型经验的基础上形成的,对服务典型案例进行分析和论证,更加符合教学规律和学生认知规律,有利于培养学生的学习能力、实践能力。

紧贴高速铁路客运服务新要求。教材对接铁路客户服务员等新增工种技能培训规范的要求，完善“重点旅客和军人服务”、公益性“慢火车”、“高速铁路静音车厢”、“母婴专项服务”等知识内容，确保教材跟上铁路发展的步伐，保证教材内容的先进性。

3. 教材体系的创新性

教材汲取了旅客运输学、市场营销学、公共关系学、管理学、心理学等多学科的理论，全面总结了铁路客运企业在服务工作方面的经验教训，特别注重高速铁路客运服务经验的总结，创新阐述了我国铁路客运服务工作的理论与实践体系。

4. 教材使用的方便性

教材各项目采用任务导入、知识讲解、任务解析的编写形式，明确知识、能力、素质目标要求，突出工作任务项目化的教改理念。同时，通过多种形式的能力测评题及实践任务，帮助学生加深对内容的理解，提升训练性，更好促进教材内容的学习。

本书由南京铁道职业技术学院周平任主编，北京交通大学贾俊芳任主审。编写分工如下：周平编写项目一、项目七、项目八，湖南铁路科技职业技术学院杨辉编写项目二，项目四任务一、任务二；中国国家铁路集团有限公司客运部刘峰编写项目三；南京铁道职业技术学院张苏敏编写项目四任务三、任务四，张苏敏、南京铁道职业技术学院吴畏编写项目五；成都工业职业技术学院杨亚编写项目六。本书在编写过程中得到了国家铁路局运输监督管理司陈滋顶的大力支持，也得到兄弟学校有关老师的大力支持和热情帮助，在此一并表示诚挚的谢意。

根据铁道交通运营管理专业、高速铁路客运服务专业国家专业教学标准，本教材内容不包括“铁路客运组织”的课程内容，且内容编写以现行规章为准，在组织教学时应根据当时的政策、规章进行更新补充。

本书为智慧职教平台国家教学资源库“铁路旅客运输服务”课程的配套教材，有视频、课件、三维动画等数字资源，可通过智慧职教注册、登录后教学使用。

由于编者水平有限，书中一定有许多不妥之处，恳请读者批评指正。

编　者

2024 年 3 月

QIAN YAN

第一版前言

根据高等职业教育迅速发展的需要，为了落实《面向21世纪教育振兴行动计划》中提出的“职业教育课程改革和教材规划”的要求，全国铁路高职和中专教育铁道交通运营管理专业教学指导委员会，组织全路各职业教育学校有经验的专业教师，对铁道交通运输的新发展、铁道交通行业的人才需求规格进行了深入研究，制定了“高等职业教育铁道交通运营管理专业”教学指导方案和各门主要专业课程的教学指导要点。

本书是高等职业教育铁道交通运营管理专业系列教材之一，是教育部普通高等教育“十一五”国家级规划教材。本教材总结了铁路客运企业在服务工作方面的经验教训，吸取了旅客运输学、市场营销学、公共关系学、管理学、心理学等多学科的理论，力求结合铁路客运企业实际，系统阐述了客运服务工作的理论与实践。

本书的特点是：

1. 在吸收服务工作方面最新理论的基础上，密切结合我国铁路客运工作实际，注意总结我国铁路客运服务工作取得的成功经验；

2. 树立“以旅客为中心”的市场观念，将铁道部最近几年开展实施的《关于提高站车客运服务质量的通知》、《1999年提高客货运输质量的百点计划》、《双三十条》、《“三新”服务教育》和“树标塑型”等活动的主要精神贯穿整个教材；

3. 大量采用客运服务业的实例进行分析和论证；

4. 内容明确地集中在客运服务工作的理论和实践，不再重复《铁路客运组织》《铁路运输市场营销》等教材中有关旅客运输业务、营销策略等方面的内容。

本书由南京铁道职业技术学院周平主编，由北京交通大学贾俊芳主审。编写分工如下：南京铁道职业技术学院周平编写第一、三、七、八章，张苏敏编写第五章；湖南铁路科技职业技术学院杨辉编写第二、四章；成都铁路运输学校杨亚编写第六章。

本书的内容在编写时以现行规章为准，在组织教学时应根据当时的政策、规章进行更新补充。本书在编写过程中得到了兄弟学校有关老师的大力支持和热情帮助，在此表示诚挚的谢意。由于铁路客运企业在客运服务工作理论方面的探索尚处于起步阶段，编写这本教材只是一个尝试，加上水平有限、时间仓促，教材中一定有许多不妥之处，恳请读者批评指正。

编　者

2006年8月

MU LU

目录

项目一　铁路旅客运输服务导论

项目内容

从铁路运输业的性质、特点和任务，认知铁路旅客运输服务的系统及主要内容。从时间轴线，认知新中国铁路旅客运输发展历程及取得的巨大成就。项目一内容导图如图 1-1 所示。

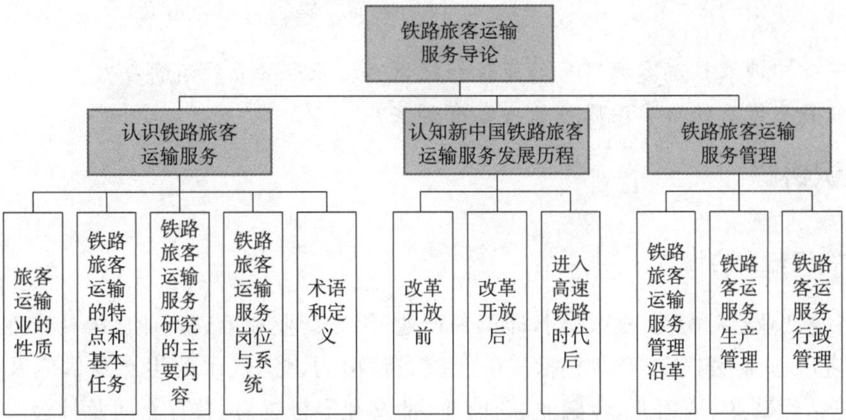

图 1-1　项目一内容导图

学习目标

1. 知识目标

(1)了解铁路运输服务的特点和基本任务。

(2)掌握铁路旅客运输服务的主要内容。

(3)了解铁路旅客运输服务管理架构。

2. 能力目标

(1)会进行客运各系统岗位的识别。

(2)会进行铁路旅客运输服务系统的分析。

(3)会进行铁路旅客运输服务管理架构的识别。

3. 素质目标

(1)初步感知以人民为中心的服务理念，贯穿整本教材。

(2)从新中国铁路取得的巨大成就感受中国制度的优越，树立爱国主义情怀。

学习建议

本项目为铁路旅客运输服务的一般认知，可采取校内教学与校内外参观实训场所、铁路车站等方式结合进行。

国家职业标准、铁路特有工种技能培训规范链接

国家职业标准《铁路客运员》《铁路售票员》，铁路特有工种技能培训规范《铁路客运员》《铁路售票员》。

任务一　认识铁路旅客运输服务

任务导入

2023 年 10 月 8 日，某旅客持南京南站至北京南站的 G116 次旅客列车二等车票在南京南站托运了行李后进站乘车，并顺利登上了该趟旅客列车。

思考：

1. 该任务中涉及铁路客运服务的岗位和提供客运服务的系统有哪些？
2. 该任务中涉及铁路客运服务的内容有哪些？

知识讲解

一、旅客运输业的性质

社会各类产业部门分为三大部门，即第一产业、第二产业和第三产业。第一产业包括农业、林业、畜牧业及渔业等，第二产业包括采矿业、制造、电力、燃气、水的生产及供应及建筑业等，第三产业包括运输业、通信业、金融业、仓储业、批发和零售贸易、教育新闻及社会服务等。

铁路客运企业生产的产品是使旅客完成空间的位移，它包括一切能满足旅客欲望、需求和利益的有形实体和无形部分，即满足旅客位移需要的全部服务。因此，客运产品准确的理解应为客运服务产品。铁路客运企业在产品的生产过程中，既是生产者，又是服务者，直接为旅客提供各种服务以满足旅客的各种需求。所以，客运企业在生产过程中提供的是一种服务、劳务行为，生产的产品是无形产品。

因此，运输业具有多种属性，它既是物质生产部门，又是公共服务业，同时它是国民经济的基础产业之一。它的主要特性体现在它的“公共服务性”，必须为消费者提供服务，这是运输业存在的前提。

二、铁路旅客运输的特点和基本任务

1. 旅客运输的特点

旅客运输是现代交通运输体系一个重要组成部分。旅客运输的目的是为人们进行经济、文化等社交活动和生活提供必要的出行条件。旅客运输的特点是：

(1)旅客运输的主要服务对象是旅客，其次是行李。运输企业通过售票工作，把旅客组织起来并最大限度地满足他们在旅行中的物质文化生活需求，主要以提供劳务的形式为旅客服务。

(2)旅客运输生产向社会提供的是无形产品——旅客的位移。它被旅客本身所消耗，其使用价值具有不确定性，不仅要考虑经济效益，而且要考虑社会效益。

(3)旅客运输在时间上有较大的波动性。其不均衡性主要在假期、节日和市郊旅客上下班时间表现最为明显。为此，对客运技术装备、客运车辆、动车组等必须留有一定的后备，在不同

的客运量高峰期采用不同的客运组织方式。

(4)旅客运输不同于货物运输,旅客在旅行中有不同的物质文化生活需求,如饮食、方便、休息、照明、温度等,旅客运输企业不仅要满足这些需求,而且要积极改善,创造良好的旅行环境并提供优质的服务,使旅客心情愉悦。

世界各国的发展经验证明,发达的旅客运输可促进国民经济和社会的发展,且旅客运输必须超前发展,它在社会和经济发展中应处于先行的地位。

2. 旅客运输的基本任务

安全、迅速、准确、便利地运送旅客、行李和邮件,最大限度地满足广大人民在旅行上的需要,在旅行中为旅客创造舒适愉快的环境,并提供文化生活上的优质服务。

三、铁路旅客运输服务研究的主要内容

"建立高效、便捷、安全、舒适的铁路运输服务体系,使服务质量基本适应国民经济和社会发展的需要"是铁路发展的战略目标之一,铁路服务工作的主要内容必须围绕此目标研究以下问题:

1. 服务的内涵

要提高客运服务水准,首先必须明确客运产品服务的内涵。由于铁路客运企业的产品(旅客的位移)同一般的产品有较大的区别,其内涵也不同于一般产品。根据旅客运输的特点,在旅客旅行的全过程中,为旅客提供安全、舒适和便捷的服务,最大限度地满足旅客的旅行需求,是客运服务的重要内涵。旅客运输服务就是在售票、候车、乘降、途中、出站为旅客提供旅行服务的过程。

2. 服务工作的内容

保证旅客运输产品的质量是服务管理工作的主要内容。由于服务产品的生产过程也是产品的消费过程,其产品的质量很难像其他实物产品那样既可对最终产品进行检验控制,也可对生产过程加以控制,因此必须在旅客运输过程中的各环节提供必需的、周到的服务,确保服务产品的质量。

(1)建立并完善中国铁路客票发售与预订系统、旅客服务系统、铁路客运管理信息系统、站车无线交互系统、铁路旅客服务与生产管控平台等。

(2)制定服务作业标准。《铁路旅客运输服务质量规范》明确了服务工作的内容和质量要求。

(3)宣传、贯彻和执行标准化作业,确保服务工作的质量。

3. 旅客服务心理

提高铁路旅客服务工作水准的核心是满足旅客的需要。要使旅客满意,铁路必须了解和把握他们的心理,按旅客的服务需求开展有针对性的服务;同时,服务人员的心理素质直接影响服务质量的提高。因此,通过对旅客和客运员工的心理分析,了解旅客,了解自己,从而更好地开展服务工作。

4. 服务工作的技能技巧

吸引和满足顾客是一切服务业赖以生存和发展的基础。要想提高客运服务质量,服务人员服务的熟练程度、技艺、能力是首要条件。铁路客运企业必须培养和增强服务技能技巧,充分发挥服务技巧在提高服务工作质量方面的作用。

5. 服务工作的策略

铁路客运企业是具有半军事化管理性质的企业，为确保旅客运输服务质量，客运部门制订了一整套规章制度并严格执行。随着社会经济的发展和人民生活水平的提高，旅客的需求已从“走得了”向“走得好”转变，服务工作也应从运送旅客向服务旅客转变，服务工作应针对不同的消费群，满足旅客的不同需求，采取相应的策略，充分体现服务的艺术、服务的魅力，更好地为旅客服务。服务工作的主要策略包括服务有形化策略、服务品牌化策略、特色服务策略等。

6. 铁路旅客运输服务企业文化和公共关系

铁路客运服务企业不可能像生产流水线一样进行标准化作业，服务产品的品质很难保持绝对的稳定、一致。规章制度在提高产品的服务质量方面起了非常重要的作用，但在变化复杂的旅行环境中向旅客提供更好的服务，仅仅依靠规范管理是不够的，必须倡导一种优秀的更加重视提供良好服务和顾客导向观念的企业文化，激发员工自觉对优质服务的追求，它可以告诉员工，如何面对新的、难以预料的情况做出及时、正确的反应。

铁路在我国是人们外出的主要交通工具之一。铁路在运送旅客的过程中，客运工作人员付出了艰辛的劳动，有时却不能得到公众的支持和谅解。铁路运输企业必须加强与公众的信息交流，赢得社会各界公众的信任、支持和合作，树立良好的企业形象。

四、铁路旅客运输服务岗位与系统

(一)客运服务岗位

客运服务岗位分为站务岗位和乘务岗位。

1. 站务岗位工种

车站主要客运工种有铁路客运员、客运值班员、铁路售票员、售票值班员、铁路行李员、行李值班员、车站综控员、铁路客户服务员、铁路客运安检员等。

(1)铁路客运员

铁路客运员主要负责做好旅客实名验证、进站候车、检票组织、站台乘降、出站组织等服务工作，落实首问首诉负责制和重点旅客服务要求。

(2)客运值班员

客运值班员主要负责班组日常管理、安全生产和客运组织工作，负责旅客求助、问讯、投诉和遗失物品处理、重点旅客等服务组织工作，及时妥善处理列车移交和站内发生的旅客伤害，组织做好非正常情况下的应急处置工作。

(3)铁路售票员

铁路售票员主要负责办理售票、改签、变更到站、退票、用户核验、乘车卡、常旅客会员及乘意险等业务，妥善保管票据、票款及备用金，确保安全。

(4)售票值班员

售票值班员主要负责班组日常管理、安全生产和售票组织工作，掌握售票计划和列车运行情况，根据业务需求合理安排窗口人员分工，及时优化调整售票窗口数量和功能，确保售票秩序良好。

(5)铁路行李员

铁路行李员主要负责行李发送、中转、交接、保管、到达、损失处理及公文收发等工作，做好非正常情况下的应急处置工作。

(6)行李值班员

行李值班员主要负责班组日常管理、安全生产和行李组织工作,负责行李作业纪律、作业标准、服务质量和责任区域环境卫生的检查监督。

(7)车站综控员

车站综控员主要负责旅服系统基础数据及运营数据的创建、维护工作,根据文电、调度命令和旅客乘降组织方案校核旅服系统日班计划,负责广播宣传和现场作业监控,发生异常情况及时汇报处理。

(8)铁路客户服务员

铁路客户服务员主要负责接听客户电话并回答客户,及时处理客户邮件并及时反馈,查询并签收调度命令并定时发布旅客列车停运、恢复、增开等信息,处理客户遗失物品服务需求,处理特殊重点旅客需求并及时流转至站段处理,客户投诉处理及其他特殊求助需求,受理客户票务、咨询、特殊业务办理需求。

(9)铁路客运安检员

铁路客运安检员主要负责使用 X 射线检查系统主机、安检操作台、安全门、传输设备、处置台等安检设备为旅客进行人身和随身携带物品的安全检查。

2. 乘务岗位工种

普速旅客列车乘务组由客运乘务人员、车辆乘务员、公安乘警组成。动车组列车乘务组由客运乘务人员、随车机械师、司机、公安乘警、随车保洁和餐饮服务人员组成。列车上保洁、餐饮由社会专业公司承担时,其员工视同列车乘务组成员。列车乘务组人员应当各司其职,在为旅客服务上,接受列车长统一领导。

旅客列车上客运乘务人员有列车长、列车员、列车值班员、餐车长、广播员等。

(1)列车长

列车长主要负责本班组日常管理、安全生产和乘务组织工作,检查列车客运服务设备设施、环境卫生、整备质量、餐饮供应,督促指导乘务人员做好旅客服务工作,组织做好车门管理和安全宣传,确保旅客、行李和列车安全。负责组织车票查验、票务办理和票据、现金管理等工作,做好旅客伤害、遗失物品、重点旅客服务等工作,办理站车交接。负责结合部的管理和协调,做好非正常情况下的应急处置工作。

(2)列车员

列车员主要负责旅客服务工作,做到全面服务,重点照顾,文明礼貌为旅客服务,严格执行作业标准,组织旅客安全有序乘降,维护车内秩序,负责列车车票查验、车门管理和客运服务设备设施、环境卫生、整备质量检查等工作的落实。

(3)列车值班员

列车值班员主要协助列车长办理列车各项客运业务,负责办理票务业务。

(4)餐车长

餐车长主要负责餐车经营管理工作,组织餐车人员做好饮食供应,负责餐车经营核算、食品安全、餐饮服务等工作的落实。

(5)广播员

广播员主要负责制定广播计划并交列车长审批后严格落实,列车广播宣传,准确通报站名及时刻,适时进行安全和卫生宣传,有针对性组织专题广播,按时播放新闻、文艺、名胜古迹。

（二）铁路旅客运输服务系统

客运服务是一个涵盖范围很广的概念，包括从购票前的营销到订票购票、从旅客到站后的信息揭示引导到有困难时站车的及时救助、从旅客乘车前的自动检票到上车后的服务等。为适应铁路现代化建设的需要，全方位运用高科技构建客运服务系统，为旅客提供全程服务，是铁路旅客服务工作的重要内容。中国国家铁路集团有限公司（以下简称国铁集团）构建了客票发售与预订系统、旅客服务系统、客运信息管理系统、站车客运信息无线交互系统、铁路旅客服务与生产管控平台等。

1. 中国铁路客票发售与预订系统

中国铁路客票发售与预订系统（以下简称客票系统），实现了互联网售票、手机售票、站车无线交互、票额智能预分、席位集中等应用功能，推动了铁路客运营销从传统方式向电子商务的转变。客票系统 1996 年开始建设，2018 年 11 月开始推行电子客票试点，2020 年 6 月已在全路全线开通电子客票服务，实现了全行程信息闭环管理，提高了资源的综合利用能力，提升了旅客的出行体验。

2. 旅客服务系统

旅客服务系统（以下简称旅服系统）是以信息的自动采集为基础，为铁路旅客提供购票、进站、候车、乘车、出站等全方位信息服务，为客运服务人员提供列车到发、作业指示、安全监控等服务信息和作业手段的系统。旅服系统自 2008 年京津城际开通时开始使用，是当前铁路车站旅客运输组织工作不可或缺的重要工具和途径。旅服系统由集成管理平台和综合显示、客运广播、监控、求助、寄存、时钟、查询等子系统组成。

3. 客运信息管理系统

客运信息管理系统（以下简称客管系统）从全路旅客运输管理的角度出发，以促进铁路客运信息共享和综合利用、提升铁路客运生产作业能力和管理水平为目标，实现客运信息全面共享、生产作业与管理模式创新、业务流程再造以及精细化管理，很好地规范铁路客运管理与服务工作的作业流程，提高铁路客运管理与服务工作的效率。

客管系统自 2012 年 7 月投入使用以来，不仅实现了站车之间的信息交互、客运相关系统之间的信息交互，还实现了跨局业务的信息交互，客运数据涵盖了站段数据、列车数据、旅客数据、业务数据等，具有全面性和权威性。其主要功能有客运信息管理、生产作业管理、应急指挥管理等。

4. 站车客运信息无线交互系统

站车客运信息无线交互系统是列车工作人员使用的移动综合办公服务系统。列车工作人员可以使用这款软件对手持设备进行操作和管理，指导列车补票作业，并提供了车票查验、席位查询等诸多功能。站车客运信息无线交互系统的上线运用，提高了客运管理水平与服务质量，实现了客运信息交互模式由传统向现代转变，使铁路客运信息交互水平迈上了一个新台阶。

系统自 2010 年 1 月启用，通过铁路客运无线信息交互平台，实现了车站与列车之间的实时信息交互。系统基于通用 GPRS 网络和 APN 接入方式，将车站的乘车人数通知单、席位发售情况以及重要通知等信息实时传送到列车上，使列车工作人员动态掌握最新的列车席位发售情况和实时办公信息，方便列车工作人员做好服务工作；同时，列车工作人员也可以通过该平台将列车补票信息、列车实际超员情况等信息推送到车站，使车站与列车的信息同步，实现站车信息互通。其主要功能有基础数据、业务数据下载，席位统计和管理，客运信息和客管信息查询，客运业务和客管业务操作等。

5. 铁路旅客服务与生产管控平台

铁路旅客服务与生产管控平台(以下简称管控平台)主要针对当前站车各信息系统独立部署和运用,计算、存储和网络资源单独配置,相互间数据难以共用,系统独立操作、展示,客运业务难以统一指挥调度等问题,结合客运站车的智能化发展需求和新技术与业务的深度融合,将铁路旅客服务系统集成管理平台、客运管理信息系统、铁路客运设备管理应用和客运站车应急指挥应用四个已完成总体方案评审的客运信息系统全部功能合并,实现对硬件资源进行统一管理、对外部数据接口统一规范,为站车旅客服务、生产组织、安全应急和绿色节能四个方面的相关应用提供支撑。

管控平台通过共享调度、客票、动车组、综合视频监控、楼宇自动化等客站运营相关数据,深度整合客站生产和服务相关业务逻辑,打造客站信息化服务平台,平台由旅客服务、客运管理、设备管理、应急指挥等应用构成。

五、术语和定义

1. 高铁中型及以上车站

高铁中型及以上车站是指办理动车组列车客运业务,建筑规模为特大型、大型、中型的高速铁路(含客运专线)车站。

2. 高铁小型车站

高铁小型车站指办理动车组列车客运业务,建筑规模为小型的高速铁路(含客运专线)车站。

3. 普速车站

普速车站指办理普速旅客列车客运业务的车站。

4. 普速大型车站

普速大型车站指办理普速旅客列车客运业务的特等、一等车站。

5. 普速中型车站

普速中型车站指办理普速旅客列车客运业务的二等、三等车站。

6. 普速小型车站

普速小型车站指办理普速旅客列车客运业务的四等、五等车站。

7. 动车组列车

动车组列车由若干带动力和不带动力的车辆以固定编组组成、两端设有司机室的一组列车。

8. 普速旅客列车

普速旅客列车指运送旅客或行李、邮件的非动车组列车。

9. 重点旅客与特殊重点旅客

重点旅客指老、幼、病、残、孕等旅客。特殊重点旅客是指依靠辅助器具才能行动等需特殊照顾的重点旅客。

任务解析

“任务导入”中所述案例解析如下:

1. 该任务中涉及铁路客运服务的岗位有铁路售票员、铁路客运安检员、铁路客运员、铁路行李员等,涉及的客运服务系统有客票系统、旅服系统、客管系统等。

2. 该任务中涉及铁路客运服务内容主要有售票、进站安检、候车服务、检票进站、站台服务等。

任务二 认知新中国铁路旅客运输服务发展历程

任务导入

1990 年×月×日，某旅客到车站售票窗口通宵排队购买了 2 张硬卧车票；2023 年×月×日，该旅客通过手机瞬间购买了自选铺位的 2 张硬卧车票。

思考：

新中国铁路旅客运输服务在改革开放前、改革开放后、进入高速铁路时代后三个阶段主要开展的客运服务工作有哪些？

知识讲解

通过不断改善铁路旅客运输的技术装备、完善规章制度、转变服务经营理念，中国铁路已建成世界一流的铁路旅客运输网，实现世界一流的现代化旅客运输服务。

一、改革开放前

1949 年 7 月，中国人民革命军事委员会铁道部制定全国统一的《旅客及行李包裹运送规则及补则》，1965 年改名为《铁路旅客运输规程》。1950 年开始废除一等、二等、三等客票，改为软、硬席制，车票种类增多。1951 年实行旅客强制保险，对铁路运价实行严格管制，逐步统一了北方、南方客票票价和行包运价，到 1952 年实现全国铁路客运运价统一。

20 世纪 50 年代，铁路客运部门逐步改善服务设施，增加服务项目。

车站增加售票窗口、站外另建票房，实行电话订票、流动售票、设市内售票所、送票上门、车票预订。车站设置旅客食堂、小卖部，供应开水，设旅客意见簿征求意见，进而在较大车站设置母婴候车室、军人候车室、问事处、广播室，省会所在地车站设贵宾候车室。

旅客列车整顿环境，克服“黑、脏、乱、挤、晚”等混乱现象，建立一些工作制度和服务项目。列车到站前预报站名，照顾旅客先下后上，搀扶老弱妇孺。全路长途旅客列车逐渐安装列车广播机，通告站名，转播中央人民广播电台节目，播放歌曲，宣讲旅行常识。

20 世纪 60 年代，一些站车同地方交通服务部门联系，做到一票到家，开展帮患病旅客找医送药、送旅客上下车、解决旅客吃行住困难的服务项目。在大站和长途列车设服务点，提供针线、药品、小孩被、超员凳。列车乘务员主动为旅客排忧解难，送水到座，餐车开设“病号饭”。车上增设针线包、有困难旅客去向登记、修理行包货件等服务项目，还组织旅客做“旅途操”。

20 世纪 70 年代后，列车广播设备更新，把沿线各站到开时刻、旅客换乘方向、车次和时间以及沿途名胜古迹等情况，事先录成录音带，在列车运行时播放。1978 年起，开展以创建“红旗列车”为内容的社会主义劳动竞赛，促进旅客列车服务逐步走向标准化、制度化、程序化管理。

二、改革开放后

改革开放以后，旅客运输量大增，铁路不断增加客车对数，提高运行速度，加大直通客车、旅游列车开行，扩大旅客列车编组到 20 辆。20 世纪 80—90 年代，铁路客运部门弘扬 50 年代形成的良好风尚，治理“脏乱差”，配齐问讯、寄存、饮食、用水、通信、医疗、购物等服务设施，制定颁布《铁路旅客运输服务质量标准》，改善服务态度，开展客运人员岗位技术比武，提高服务技能，提升服务质量。开始采用计算机售票；部分长途客车安装闭路电视，为旅客播放录像片。车站实行计算机联网售票，实现异地售票，并取消常备客票。

1997—2007年，铁路实施六次大提速，优化客车运行图，逐渐增加直通客车，减少管内客车，开发夕发朝至、一站直达、动车组列车等客运新产品。进入21世纪，突出"以人为本、旅客至上"服务理念，客运部门按站、车等级分层次提出服务要求，旅客危险品安全检查管理现代化，铁路客运站车引导系统规范化、电子化。

通过实施《1999年提高铁路客货运输质量的百点计划》(以下简称《百点计划》)、《提高站车客运服务质量的规定》(以下简称《双三十条》)以及开展"三新"服务教育、树标塑形等工作，逐步树立了"以旅客为中心"的市场观念，铁路旅客运输服务质量明显提升。

1. 实施《百点计划》和《双三十条》

1998年铁道部制定并实施了《百点计划》《双三十条》，开展了"绿皮车"整治和"客运服务质量年"活动，共列出社会公众关心的100个热点问题，提出了切实可行的解决措施，提高铁路运输市场竞争能力。

铁道部要求抓好售票组织，增加售票窗口，延长售票时间，扩大联网售票，方便旅客购票。实行送票上门，到机关、厂矿、学校、民工集中地点售票。清理规范售票网点，严厉查处价外收费行为。广泛开展文明服务活动，全面加强站车服务工作管理，解决好旅客反映突出的卫生、厕所、卧具、饮水、空调、待客等问题，提高铁路客运服务形象。提高列车正点率。加强站车组织、调度指挥和施工管理，减少设备故障，使春运客车正点率保持较高的水平。

铁路从最初的"双十佳"("十站""十车")开始建立自己的品牌，发展到有32个示范车站，创立了铁路"示范车站"和"精品列车"等品牌，为进一步适应旅客对服务质量的要求，起到标杆示范作用。

2."三新"服务教育

2002年，铁道部开展了以"新理念、新服务、新形象"为主要内容的"三新"服务教育活动，分析客运服务工作面临的新形势和新要求，以及存在的问题，把客运服务质量年活动推向深入，切实提高铁路服务水平，保持客运发展的良好势头。

3. 树标塑形

2005年，铁道部在43个较大客运站开展了"树标塑形"活动，2006年将此项活动扩大至"三进"列车，并逐步扩大到全路范围，推动客运站车服务质量整体提高，为广大旅客出行提供更加舒适便捷的旅行条件。

三、进入高速铁路时代后

2008年以后，中国铁路进入高速铁路时代，大批时速200～350 km的动车组列车运行，整列编组软座，座椅整体可转向和调整角度，全封闭车窗，车门和卫生间的设计兼顾行动不便旅客。车站服务设施相应配套，实现自动售、检票，广播，导向，时钟，查询，寄存等旅客服务信息共享、联动，旅客候车、进站、出站和换乘城市交通工具实现现代化、立体化服务。全路1 500多列客车实现电子移动补票。2010年开始试行售票实名制，2015年全面实行实名制，遏制倒票牟利，网络售票的推行，为公平购票创造了条件。

2018—2020年，为了管好用好世界一流的铁路网，实现世界一流的现代化客运服务，2018年中国铁路总公司实施铁路客运三年提质计划，到2020年实现以下主要目标：

1. 客运安全持续稳定

建成“三位一体”的客运安全保障体系，不发生责任旅客重伤、死亡事故，不发生一般C类以上安全责任事故，运输安全可靠性保持世界领先。

2. 市场份额持续扩大

旅客发送量达到40亿人次，旅客总周转量达到16 000亿人·km，其中动车组列车旅客发送量达到27亿人次，铁路在综合交通运输体系中的骨干地位和作用更为突出。

3. 服务品质全面跃升

以实施复兴号品牌战略为带动，建成一批具有广泛影响力的铁路客运服务品牌和标杆性的精品站区。客运产品供给适应市场需求，不平衡不充分的问题基本解决。基本服务标准全面落实，差异化、个性化服务全面推开，信息化、智能化服务水平显著提升，旅客出行更加温馨舒适。

4. 经营管理集约高效

依托大数据、云计算等先进科技手段，建成完整、实时、高效的市场监控、资源调配、效益分析等辅助决策平台和生产保障体系，客运经营精细化、集约化水平显著提升，效率效益主要指标达到世界先进水平。

5. 保障能力显著增强

铁路客运保障国家战略实施、支撑经济社会发展、服务人民群众出行的能力明显提升，在京津冀协同发展、精准扶贫等国家战略中发挥更大作用。春暑运、节假日运输逐步走向常态化，高峰期保障水平和服务质量显著提高，铁路作为大众化交通运输工具的优势充分显现。

交通运输部制定的部门规章《铁路旅客运输规程》(交通运输部令2022年第37号，以下简称交通运输部《客规》)于2023年1月1日起施行，其目的是“维护铁路旅客运输正常秩序，规范旅客和铁路运输企业的行为，保护旅客和铁路运输企业的合法权益，完善公平公正的旅客运输市场环境”。中国国家铁路集团有限公司制定的《中国国家铁路集团有限公司铁路旅客运输规程》(铁客〔2022〕173号，以下简称《国铁集团客规》)于2023年1月1日起施行，其目的是“维护铁路旅客运输正常秩序，保护铁路旅客运输合同各方当事人的合法权益”。《国铁集团客规》具有格式合同的性质，其制定依据有《中华人民共和国民法典》《中华人民共和国铁路法》《铁路安全管理条例》等法律、行政法规和交通运输部《客规》、《铁路旅客车票实名制管理办法》等。

全路客运系统聚焦交通强国、铁路先行，深化强基达标、提质增效，以改革创新为动力，深化客运提质，全面提升铁路客运供给质量，服务国民经济发展，在客运安全、经营、服务和基础管理等方面取得较好成绩。

经过几代铁路人的接续奋斗，我国铁路客运事业已经站在新的发展起点上，具备了向更高水平迈进的基础和条件。

国铁集团党组贯彻落实党的二十大精神，提出构建“六个现代化体系”，推动铁路高质量发展，率先实现铁路现代化，勇当服务和支撑中国式现代化的“火车头”的中心任务，为铁路客运工作进一步发展指明了前进方向和奋斗目标。

任务解析

“任务导入”中所述案例解析如下：

1. 改革开放前，统一客运服务规则，改善了服务设施，增加了服务项目，促进旅客列车服务逐步走向标准化、制度化、程序化管理。

2. 改革开放以后，实施了《百点计划》和《双三十条》、“三新”服务教育、树标塑形等。

3. 进入高速铁路时代后，铁路客运服务工作取得了客运安全持续稳定、市场份额持续扩大、服务品质全面跃升、经营管理集约高效、保障能力显著增强等显著成效。

任务三　铁路旅客运输服务管理

任务导入

某旅客通过12306网站购买了2023年×月×日由南京南站开往北京南站的G130次车票，从南京南站进站，乘坐由上海局集团公司南京客运段担当值乘的G130次旅客列车，18:21列车到达北京南站，旅客从北京南站顺利出站。

思考：

1. 该任务中现行铁路客运服务生产管理体系、架构及规章制度是什么？

2. 该任务中现行铁路客运服务行政管理体系、架构及规章制度是什么？

知识讲解

一、铁路旅客运输服务管理沿革

铁路政企分开前，铁路客运长期隶属铁道部管理，铁道部兼负政府和企业双重职能。根据2013年3月14日批准通过的《国务院机构改革和职能转变方案》，铁路实行政企分开，不再保留铁道部，组建国家铁路局和中国铁路总公司。国家铁路局由交通运输部管理，承担铁路行政管理职责，负责拟定铁路技术标准，监督管理铁路安全生产、运输服务质量和铁路工程质量等。中国铁路总公司以铁路客货运输为主业，承担国家规定的公益性运输任务，负责铁路行业运输收入清算和收入进款管理，负责国家铁路新线投产运营的安全评估等。2019年6月18日，经国务院批准同意，中国铁路总公司改制成立中国国家铁路集团有限公司。

二、铁路客运服务生产管理

1. 管理架构及主要职责

国铁集团实行二级法人（国铁集团和铁路局集团公司），三级管理（国铁集团、铁路局集团公司和站段）的管理方式。

国铁集团设置与运输组织紧密相关的运输部（总调度长室）、客运部、货运部、机辆部、工电部、安全监督管理局等多个部、局和运输调度指挥中心。这些部门共同负责铁路客货运输统一调度指挥，经营铁路客货运输业务，承担铁路安全生产主体责任等。

客运部负责相关客运资源的开发经营管理工作，负责铁路客运、行李的规章制度建设、安全管理、经营管理、价格管理和服务质量管理。

2. 客运规章制度建设

铁路客运现行的规章制度主要包括两部分，一是铁道部时期制定的仍然有效并交由国铁集团管理的规章制度，如《铁路旅客运输办事细则》、《关于普通旅客列车设置无障碍设施有关要求》（铁运〔2012〕316号）等；二是中国铁路总公司成立以来铁路企业制定的规章制度，如《铁路旅客运输服务质量规范》（铁总运〔2016〕247号）、《国铁集团客规》等。

三、铁路客运服务行政管理

铁路客运服务行政管理部门是国家铁路局,国家铁路局运输监督管理司负责铁路旅客运输服务质量监管工作。国家铁路局制定的规章制度主要有《铁路旅客运输安全检查管理办法》(交通运输部令 2014 年第 21 号)、《铁路旅客车票实名制管理办法》(交通运输部令 2022 年第 39 号)、交通运输部《客规》等部门规章及《旅客列车卫生及检测技术规定》(TB/T 1932—2014)、《铁路运输标识　第 2 部分:客运》(TB/T 3509.2—2019)等标准规范。

任务解析

"任务导入"中所述案例解析如下:

1. 国铁集团实行二级法人(国铁集团和铁路局集团公司),三级管理(国铁集团、铁路局集团公司和站段)的管理方式;铁路客运现行的规章制度包括铁道部时期制定的仍然有效并交由国铁集团管理的规章制度及中国铁路总公司成立以来铁路企业制定的规章制度。

2. 铁路客运服务行政管理部门是国家铁路局,国家铁路局运输监督管理司负责铁路旅客运输服务质量监管工作。国家铁路局制定的规章制度主要有《客规》等部门规章及《旅客列车卫生及检测技术规定》(TB/T 1932—2014)等标准规范。

能力测评

一、判断题

1. 铁路客运企业在生产过程中提供的是一种劳务行为。(　　)

2. 客运信息管理系统是以信息的自动采集为基础,为铁路旅客提供购票、进站、候车、乘车、出站等全方位信息服务,为客运服务人员提供列车到发、作业指示、安全监控等服务信息和作业手段的系统。(　　)

3. 铁路客运员主要负责做好旅客实名验证、进站候车、检票组织、站台乘降、出站组织等服务工作,落实首问首诉负责制和重点旅客服务要求。(　　)

4. 吸引和满足顾客不完全是一切服务业赖以生存和发展的基础。(　　)

5. 提高铁路旅客服务工作水准的核心是满足社会的需要。(　　)

6. 车站综控员主要负责旅服系统基础数据及运营数据的创建、维护工作,根据文电、调度命令和旅客乘降组织方案校核旅服系统日班计划,负责广播宣传和现场作业监控,发生异常情况及时汇报处理。(　　)

7. 2018 年全面实行实名制,遏制倒票牟利,网络售票的推行,为公平购票创造了条件。(　　)

8. 铁路旅客运输在时间上有较大的波动性。(　　)

9. 铁路实施客运三年提质计划,要建成"三位一体"的客运安全保障体系,不发生责任旅客死亡事故,不发生一般 C 类以上安全责任事故,运输安全可靠性保持世界领先。(　　)

二、单选题

1. 客运服务岗位分为站务岗位和(　　)岗位。

A. 行车　　B. 货运　　C. 乘务　　D. 车务

2. 普速旅客列车乘务组由客运乘务人员、(　　)、公安乘警组成。

A. 行车人员　　B. 车辆乘务员　　C. 货运人员　　D. 机务人员

3. 重点旅客指老、幼、病、残、孕等旅客。特殊重点旅客是指(　　)才能行动等需特殊照顾的重点旅客。

A. 依靠辅助器具　B. 需要搀扶　C. 需要背抱　D. 需要拐杖

4. 动车组列车由若干带动力和不带动力的车辆以固定编组组成、两端设有司机室的(　　)列车。

A. 若干　B. 三组　C. 两组　D. 一组

5. 站车客运信息无线交互系统是为(　　)工作人员使用的移动综合办公服务系统。

A. 车站　B. 列车　C. 机务　D. 车辆

6. 列车值班员主要协助列车长办理列车各项客运业务,负责办理(　　)业务。

A. 站车交接　B. 快递　C. 票务　D. 餐饮服务

7. 下列哪些属于进入高速铁路时代后铁路企业实施的提升旅客运输服务质量的项目?(　　)

A. 红旗列车　B.《百点计划》　C.《双三十条》　D. 三年提质计划

三、多选题

1. 车站主要客运工种有铁路客运员、客运值班员、铁路售票员、(　　)、车站综控员等。

A. 售票值班员　B. 铁路行李员　C. 铁路售货员　D. 行李值班员

2. 旅客列车上客运乘务人员有列车长、列车员、(　　)、餐车长等。

A. 行李员　B. 列车值班员　C. 检车员　D. 司机

3. 普速大型车站指办理普速旅客列车客运业务的(　　)车站。

A. 二等　B. 特等　C. 一等　D. 三等

4. 下列属于铁路旅客运输服务系统的有(　　)。

A. 中国铁路客票发售与预订系统　B. 旅客服务系统

C. 站车客运信息无线交互系统　D. 铁路旅客服务与生产管控平台

5. 下列属于改革开放后铁路企业实施的提升旅客运输服务质量的项目的有(　　)。

A. 红旗列车　B.《百点计划》　C.《双三十条》　D. "三新"服务教育

6. 铁路实施客运三年提质计划,下列属于提质计划奋斗的主要目标的有(　　)。

A. 全面实施电子客票　B. 客运安全持续稳定

C. 市场份额持续扩大　D. 服务品质全面跃升

四、简答题

1. 旅客运输的特点是什么?

2. 普速车站是如何分类的?

3. 铁路客运提质工作的重点任务有哪些?

4. 何谓特殊重点旅客?

五、实践题

走访某个铁路车站和某次铁路旅客列车,记录本站或本次列车的等级和客运岗位工种有哪些。

项目二　铁路旅客运输产品与服务

项目内容

铁路旅客运输产品和服务内涵是做好铁路旅客运输服务工作的逻辑起点。铁路旅客运输产品主要围绕铁路旅客运输产品生产过程，认识铁路旅客运输产品的特点和质量特征、质量指标。铁路旅客运输服务内涵包括认识服务分类、服务与产品关系、特征及服务质量。项目二内容导图如图 2-1 所示。

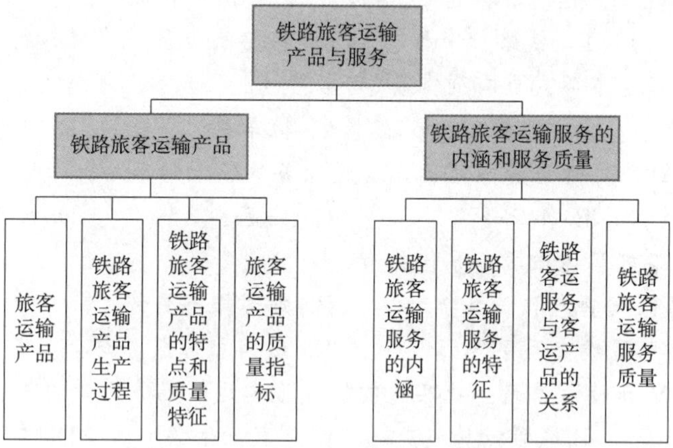

图 2-1　项目二内容导图

学习目标

1. 知识目标

(1)了解铁路旅客运输产品及服务的内涵。

(2)掌握铁路运输产品的特点和质量特征。

(3)掌握铁路旅客运输服务设计的方法。

2. 能力目标

(1)会分析铁路旅客运输产品的生产流程。

(2)会计算旅客运输产品的各项质量指标。

3. 素质目标

(1)从铁路作业流程的便捷优化深入感受人民铁路为人民的服务宗旨。

(2)从铁路旅客运输服务质量内容开展提升服务质量意识的熏陶，树立大局观念。

学习建议

分析铁路旅客运输作业流程，认识铁路运输产品的特点和质量特征。根据“铁路旅客运输组织”课程掌握的知识，设计并计算旅客运输产品的质量指标；分析铁路旅客运输服务内涵，认识服务分类、服务与产品关系、特征及服务质量。

国家职业标准、铁路特有工种技能培训规范链接

国家职业标准《列车员》《铁路客运员》，铁路特有工种技能培训规范《列车员》《铁路客运员》。

任务一　铁路旅客运输产品

任务导入

2023 年 10 月 8 日 15:02，由南京南站开往北京南站的 G18 次旅客列车运送旅客王某至北京南站，该趟旅客列车于 18:35 准时到达北京南站，王某顺利出站。

思考：

1. 该案例中铁路旅客运输产品是什么？生产企业是谁？
2. 该案例中铁路旅客运输产品的生产过程包括哪些？
3. 铁路旅客运输产品的特点和质量特征有哪些？

知识讲解

一、旅客运输产品

在工业生产中，一般改变的是原材料的化学、物理性能或几何状态。原材料的形态称为“初态”，经过生产加工使产品形成一种新的形态和使用价值，加工后产品的形态称为“终态”。

铁路客运的劳动对象是旅客，待运的旅客是“初态”，通过运输生产加工，旅客产生位移，到达了目的地，但是最后产品的“终态”仍然是旅客。运输生产加工对于旅客本身并没有留下任何可见的痕迹，只是在空间位置上发生了变化——位移。也就是说，旅客运输产品是人在空间上的移动，即位移，其计量单位是“人 · km”，旅客位移的产品总量称为旅客周转量。旅客周转量和货物周转量一样是铁路运输工作中最重要的数量指标之一，是计算运输成本和劳动生产率的依据。

生产旅客运输产品的企业是铁路局集团公司，下设车站、客运段。办理客运业务的车站和客运段，是客运的基层单位，只参与旅客位移的部分过程。这些站、段的生产成果，对于旅客位移的全过程来说，相当于半成品。客运站段需和铁路系统内部的机务、工务、电务及车务部门等其他单位协同作业，才能完成铁路客运产品生产的全过程。站、段为了加强本身的管理，无论直接或间接参与旅客位移活动，其生产成果都看成是本单位的产品，不过这种产品的概念与客运产品的概念有着原则的区别。这些站、段所谓的产品一般都是工作指标。

基层站、段为了工作的需要，各自确定自己的产品概念，这样可以使生产的目的性更加明确，对于广泛深入开展全面质量管理活动具有重要的实际意义。客运站面向广大旅客的服务工作，可按表 2-1 确定各种不同的产品。

表 2-1　基层站、段产品

输入原料	加　工	输出产品	计量单位
旅客{发送 到达	{售票 进站候车 上车(出发) {下车 出站	发送(出)旅客 到达(出站)旅客	人
行李{发送 到达	{承运 装车(挂出) (中转) {卸车 交付	发送(出)行李 到达(出站)行李	件,批,t

二、铁路旅客运输产品生产过程

铁路运输旅客产品主要经过以下几个过程,如图 2-2 所示。

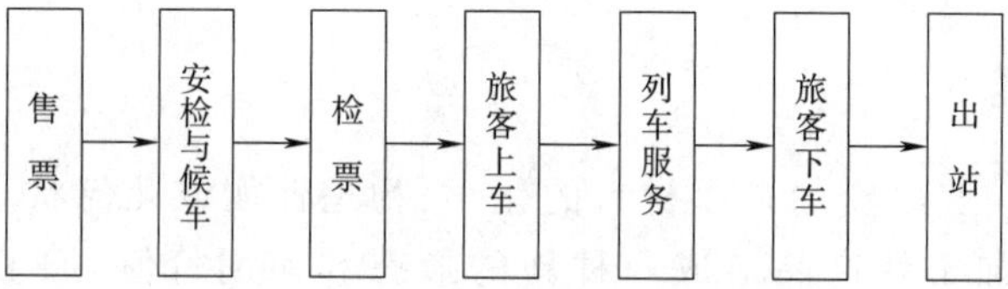

图 2-2　铁路旅客运输产品生产过程

1. 售票

(1)车票种类

车票是铁路旅客运输合同的基本凭证。作为合同基本凭证的车票,按其载体形式分为纸质车票、电子客票以及铁路运输企业认可的乘车证、乘车卡或虚拟乘车凭证。

为了更好地体现人民铁路为人民的宗旨,铁路对儿童、学生及残疾军人等发售车票实行优惠。随同成年人乘车的儿童,年满 6 周岁且未满 14 周岁的应当购买儿童优惠票;每一名持票成年人旅客可免费携带一名未满 6 周岁且不单独占用席位的儿童乘车,超过一名时,超过人数应当购买儿童优惠票。在全日制高等学校(含国务院教育行政部门、省级人民政府审批设置的实施高等学历教育的民办学校),承担研究生教育任务的科学研究机构,军事院校,普通中、小学和中等职业学校(含有实施学历教育资格的公办及民办中等专业学校、职业高中、技工学校),国务院或国务院宗教事务局批准的正式宗教院校就读的学生、研究生,家庭居住地和学校所在地不在同一城市时,凭附有标注减价优惠区间和火车票学生优惠卡的学生证(中、小学生凭加盖学校公章的书面证明),优惠区间应加盖院校公章,每学年(10 月 1 日至次年 9 月 30 日)可购买家庭居住地至院校(实习地点)所在地之间四次单程的学生优惠票。持中华人民共和国残疾军人证、中华人民共和国伤残人民警察证、国家综合性消防救援队伍残疾人员证的人员凭证可以购买优待票。

(2)车票有效期

车票当日当次有效。旅客自行中途上车、下车的,未乘区间的票款不予退还。

(3)车票发售

车票应通过铁路运输企业提供的车站售票窗口、自动售票机、中国铁路 12306 网站(含铁路 12306 移动端)、订票电话或铁路车票销售代理人的售票处购买。铁路运输企业应当按照《中华人民共和国反恐怖主义法》《铁路安全管理条例》《铁路旅客车票实名制管理办法》等规定,实施车票实名制管理,旅客应根据不同的售票方式使用相应的有效身份证件购票。

车票最远发售至本次列车终到站。承运人可以开办联程票(旅客分段购买的,出发地至目的地间可联程接续的多段车票;前段车票到站与后段车票发站应为同一或同城铁路客运营业站)、定期票、计次票、乘车卡等多种业务,以便于购票人购票和使用。

2. 安检与候车

候车室是旅客休息和等候乘车的场所。车站昼夜都有大量的旅客,而且流动性很大,必须为旅客创造一个良好舒适的候车环境。候车室一般实行凭票候车。候车室工作人员要主动、热情、诚恳、周到地为旅客服务,搞好清洁卫生,及时通告列车到、开和检票进站时间,加强安全和旅行常识的宣传,做好饮水、购物、娱乐等延伸服务。

为了维护站车的良好秩序,确保运输安全,方便旅客进出站、上下车,在旅客进入候车室之前需对旅客的随身携带品进行安全检查。旅客不得携带国家禁止或限制运输的物品、危险品、动物及妨碍公共卫生、能够损坏或污染车辆等物品进站上车。

此外,普速旅客列车每一个成人旅客可免费携带物品 20 kg,儿童(含免费儿童)10 kg,外交人员(持外交护照者)35 kg;旅客携带品的外部尺寸,每件长、宽、高之和不得超过 160 cm;对杆状物品不得超过 200 cm。依靠辅助器具才能行动的老、幼、病、残、孕等特殊重点旅客旅行时代步的折叠式轮椅,以及随行婴儿使用的折叠婴儿车,可免费携带并不计入上述范围。动车组列车旅客携带品的外部尺寸,每件长、宽、高之和不得超过 130 cm,超过规定物品应办理托运。

3. 检票

为维护站车秩序,保证旅客安全,防止旅客乘错车,车站对进站的旅客进行实名制验证验票。按照国家有关规定,车站办理实名制验证时,将对旅客、电子客票及有效身份证件原件进行查验。票、证、人不一致(含成年人持儿童票的情形)或无法出示有效身份证件原件的旅客,不得进站乘车。无法出示有效身份证件原件的旅客,可到车站铁路公安制证口办理乘坐旅客列车临时身份证明。

检票时先重点(老、幼、病、残、孕等旅客)、后团体、再一般。在旅客通过检票口后,表明铁路旅客运输合同开始履行,铁路负责运输开始。

4. 旅客上、下车

上、下车极易发生事故,为确保旅客安全,客运人员应有秩序地组织旅客上、下车,做到先下后上,做好进出站引导工作,派人坚守检票口、天桥口、地道口及进站或出站通路交叉地点,严禁旅客在列车底下钻爬或爬上车顶、跳下站台、进入铁道线路等,禁止随未停稳的列车奔跑和抢上、抢下。对老、幼、病、残、孕等行动不便的旅客应提供帮助,督促购物旅客及时上车,保证旅客安全。

动车组列车应当接入固定站台并停于固定位置。站台上应以颜色区别车型标出车门位置,画出旅客上下车指示线,站车有关工种应当紧密配合,组织旅客按照车厢号在车门位置处排队等候,上下车旅客分开,有序乘降。

普速旅客列车车门验票工作由列车负责,动车组列车车门验票工作由车站负责。

5. 列车服务

旅客旅行大部分时间是在列车上度过的,列车服务工作的好坏直接影响到铁路的声誉、形象。列车乘务人员应主动、热情、文明、礼貌地为旅客服务,妥善照顾旅客乘降,开展好验票工作,及时安排旅客席位,保持车厢内清洁卫生,维护车内秩序,做好广播宣传、餐饮和开水供应工作,保障旅客人身财产安全,保证列车运行安全。

列车服务工作由列车乘务组担当。列车乘务组在列车长的统一领导下,相互密切配合,共同做好列车服务工作。普速旅客列车乘务组包括客运人员(列车长、列车员、广播员、行李员、餐车服务员等)、公安乘警(乘警长、乘警等)和车辆乘务员(检车长、检车员、车电员等)三部分人员;动车组列车乘务组包括列车长、列车员、机械师、乘警(如有时)和司机在内的所有列车乘务人员。保洁、餐饮公司派员随车服务时,接受列车长统一领导。

列车长、列车员组成的客运乘务组主要承担服务旅客、查验车票、处理票务、列车运行中卫生清洁和检查保洁工作质量,检查餐饮工作质量。发生影响旅客安全问题时,客运乘务组应当立即采取有效措施,保护旅客安全。

6. 出站

旅客到达车站出站时,应通过自动检票机自助出站。车站设置自动检票机时,闸机的数量和布局应当与车站设施设备相协调,有利于满足旅客快速出站的需要。使用自动检票机的车站应同时留有人工通道。

三、旅客运输产品的特点和质量特征

(一)旅客运输产品的特点

由于铁路运输业本身的产业特点以及铁路运输组织的方式,使得铁路旅客运输产品具有以下特点:

1. 无形性

消费者在购买一般商品时可以看到、听到、嗅到或触摸到所购之物,而旅客在客运服务市场上购买的车票仅是一种凭证。旅客在出行方式选择时见不到客运服务产品的形体,只能根据自己以往旅行的经验、相关介绍或通过媒体宣传获得的印象来选择。旅客运输产品的无形性还表现在铁路客运服务产品的价值和使用价值不是凝结在具体的实物上,而是凝结在无形的服务中。

2. 差异性

铁路客运服务是服务人员与旅客高接触的行业,是以"人"为中心的行业。由于人们个性差异,使铁路客运服务很难一致。首先,由于服务人员自身心理状态、身体状况等因素的影响,不同的服务员在同一岗位上有不同的表现,即使是由同一服务员所提供的服务也可能会因时间的不同或服务对象的不同而有不同的水准。其次,由于旅客直接参与服务的生产和消费过程,旅客本身的因素也可能会直接影响服务的质量和效果。最后,旅客之间相互影响也会影响旅客在旅途中的感受和心情。

3. 时空性

旅客的位移是一个矢量,具有空间特征。由于客运服务产品的生产必须以旅客的到来为前提,客运服务产品的生产和消费在时空上同时发生和同时结束。客运服务产品不能储存,也

不能转移。

(二)旅客运输产品的质量特性

旅客运输产品虽然不具有实物形态,但和工农业产品一样,也有质量特性。铁路旅客运输服务质量是指铁路旅客运输服务满足旅客、客户明确或隐含需要能力特性的总和。旅客运输产品的质量特性包括安全、快速、准确、经济、便利、舒适和文明服务等方面。旅客根据这些质量特性满足的程度来判断旅客运输产品质量的好坏。

1. 安全性

安全是旅客运输的基本要求之一。旅客在运输过程中,除了由于不可抗力或由于旅客本身的机能而无法防止以外,不能使旅客造成心理或生理机能的损伤。目前在世界范围内每年因车祸造成的伤亡人数以百万计,成为众所瞩目的"公害"。各国政府都采取了许多确保安全的措施。千方百计保证旅客的安全,是客运人员的基本职责。

旅行过程中,除了要保障人身安全外,还应保证财产安全。旅客携带的行李,在旅行过程中应做到完好无损。

2. 快速性

旅客输送速度,是旅客运输服务最重要的质量指标之一。旅客在旅途中的各种时间消耗,是评价旅客旅行生活质量高低的主要影响因素之一。运送速度越快,旅客在旅途中所耗费的时间和精力就越少,这样旅客可以把更多的时间和精力投入到工作、学习和休息中去。

3. 准确性

准确性包括时间准确和空间准确两个方面。时间准确是指旅客列车应当按列车时刻表的规定正点将旅客运送到目的地,不应随便晚点,更不能无故停运。空间上的准确,是指铁路必须按照客票的规定将旅客准确运送到目的地。准确、及时是广大旅客对客运工作的共同要求之一。因此,客运企业必须采取一切措施,准时发车,正点运行,准时到达,防止误乘、误降,以满足旅客对准确性方面的要求。

4. 经济性

车票的票价是运输产品经济性的直接表现,票价直接影响着广大旅客的出行成本。铁路应努力降低成本,尽可能减少旅客运、杂费的开支,为旅客提供经济的旅行条件。

目前,铁路部门在全国每天开行几十对公益性"慢火车",覆盖22个省区市,经停600多个车站,是山区人民的赶集车、上学车、通勤车,其硬座票价仍执行1995年国家批准的普速旅客票价率。

5. 便利性

狭义的便利是指旅客在办理旅行手续方面的便利,如购票、上车、下车、行李托运及提取等,手续要力求简便;一切要从方便旅客出发,优化铁路12306系统功能,持续开展适老化和无障碍化改造,为老年人和障碍人士购票提供便利。广义的便利还包括铁路运输事业的发展,路网四通八达、畅通无阻。总之,铁路运输越便利,旅客为旅行所花费的时间、物力、财力也就越少。因此,铁路应扩大运能,增加营业网点,采取各种有效措施,减少不必要的手续和不必要的中间环节,为旅客创造便利条件。

6. 舒适性

随着人民物质文化生活水平的提高及交通运输业的发展,人们对旅行的舒适性要求不断提高。因此,要求改善铁路客车车辆的技术性能和车厢内部设备、客运站服务设施等,最大限度地满足旅客对舒适性的要求,使旅客获得热情周到、文明礼貌的服务,全面提高旅行生活质量。

7. 文明服务

提高服务者的素质、技能，转变服务观念，增强服务意识，强化服务举措、服务手段，提升铁路优质文明服务的整体水平，是旅客运输产品质量特性的重要内容。

四、旅客运输产品的质量指标

旅客运输产品的质量指标主要包括：旅客人身安全，旅客列车正点运行，旅客旅行的方便，旅行的舒适等方面。

(一)旅客安全指标

1. 旅客伤亡事故件数和旅客伤亡人数

旅客伤亡事故件数和旅客伤亡人数是指车站、客运段、铁路局集团公司或全路在一定时期内由于本单位责任事故造成旅客死亡和受伤的事故件数及总人数。

通常用旅客伤亡事故发生率作为考核局以上单位旅客运输安全的相对指标。它是指铁路局集团公司或全路在一定时期内，每完成 1 亿人・km 旅客周转量所发生的旅客伤亡事故件数，即

$$\alpha_{事故}^{旅客}=\frac{G_{旅客}}{(\sum AL)/100\ 000\ 000}\quad [件/(亿人\cdot km)]$$

式中 $\alpha_{事故}^{旅客}$——旅客伤亡事故发生率，件/(亿人・km)；

$G_{旅客}$——旅客伤亡事故件数，件；

$\sum AL$——旅客周转量，人・km。

2. 行李责任事故件数

行李责任事故件数是指车站、客运段或铁路局集团公司及全路在一定时期内结案的由于本单位责任造成的行李事故的总件数，它包括由本单位结案属于本单位责任和由外单位结案属于本单位责任的件数。

为了全面考核行李运输的质量，常用行李责任事故发生率作为考核指标，即

$$\alpha_{事故}^{行李}=\frac{G_{行李}}{G_{行李}^{总}}\times 100\%$$

式中 $\alpha_{事故}^{行李}$——行李责任事故发生率，%；

$G_{行李}^{总}$——行李总件数，件；

$G_{行李}$——行李责任事故件数，件。

(二)列车正点指标

1. 旅客列车始发正点百分率

旅客列车始发正点百分率是指一定时期内，全路、铁路局集团公司或车务段、车站正点发出的旅客列车次数在发出旅客列车总次数中所占的比重，即

$$\gamma_{发}=\frac{n_{正点}^{发}}{n_{发}}\times 100\%$$

式中 $\gamma_{发}$——旅客列车始发正点百分率，%；

$n_{正点}^{发}$——正点发出的旅客列车次数；

$n_{发}$——发出旅客列车总次数。

旅客列车始发正点率是反映铁路工作和服务水平的一个综合性指标。保证旅客列车始发正点，是保证按图行车的关键。始发正点率愈大愈好。

2. 旅客列车运行正点百分率

旅客列车运行正点百分率是指在一定时期内，全路、铁路局集团公司、车务段正点到达列车终到站或各铁路局集团公司分界站的旅客列车次数在到达旅客列车总次数中所占的比重，即

$$\gamma_{运}=\frac{n_{正点}^{到}}{n_{到}}\times 100\%$$

式中　$\gamma_{运}$——旅客列车运行正点百分率，%；

$n_{正点}^{到}$——正点到达列车终到站或各铁路局集团公司分界站的旅客列车次数；

$n_{到}$——到达旅客列车总次数。

(三)便利性指标

便利性指标指旅客在旅行过程中能否得到便捷的服务，主要包括售票方式便捷、中转换乘简便、行李托运提取手续简便、列车上餐饮供应方便。

1. 旅客列车开行间隔(频率)

$$I_{间}=\frac{T_{时}}{n}\quad (\text{min})$$

式中　$I_{间}$——合理开车时间范围内开行同方向列车的间隔时分，min；

$T_{时}$——24 h 中适合开行旅客列车的时间段(时分数)，min；

n——在合理开车时间范围内开出的同方向旅客列车数。

开行间隔时间小，旅客在站滞留时间短，旅客越方便。

2. 旅客旅行总时间

旅客旅行总时间($T_{总旅}$)是指旅客从始发地到达旅行目的地花费的总时间。这是旅客选择某种客运方式时考虑的很重要的因素。

$$T_{总旅}=t_{站候}+t_{旅}+t_{换}$$

式中　$t_{站候}$——旅客上车前，在车站等候时间，h；

$t_{旅}$——旅客在列车运行途中经过的全部时间，h；

$t_{换}$——旅客旅行途中换乘中转时间，h。

3. 购票时间

购票时间($T_{售票}$)指旅客有了旅行需求从住宿地出行开始到售票处买到车票时止所需的时间。

购票是旅客接受旅行服务过程的开始，也是旅客感觉某种方式是否方便的敏感点。要想压缩 $T_{购票}$，必须建立计算机网络预售票系统，并设售票代办点。计算公式如下：

$$T_{购票}=t_{出行}+t_{候票}+t_{办票}$$

式中　$t_{出行}$——从住宿地至售票处所花费的时间，h；

$t_{候票}$——旅客在售票处等候售票的时间，h；

$t_{办票}$——旅客办理售票手续的时间，h。

(四)舒适性指标

舒适性指标指旅客在旅行过程中从精神到物质条件上能享受的心理和生理上的愉悦和舒适。

1. 站车文明服务旅客满意率

站车文明服务旅客满意率(P)指感到满意的旅客人数占抽样调查旅客总人数的百分比。其计算公式为

$$P=\frac{a}{A_{抽}}$$

式中 $A_{抽}$——抽样调查总人数；

a——感到满意的旅客人数。

2. 乘坐舒适度

旅客在乘坐列车过程中，需要环境保持安静、运行平稳。为此在设计时就必须考虑最小曲线半径、横向加速度临界值、外轨超高时间变化率、车体振动加速度和横向加速度、噪声频率等，这些参数都应按乘坐舒适度评价试验或国外经验值确定。

3. 站车环境舒适度

旅行环境是考虑舒适度时不可忽略的一个重要方面，要提高旅行生活质量，必须有良好适宜的环境。

(1)服务设施设备完好率

铁路运输企业应为旅客提供使用方便、数量适宜、功能良好的服务设施设备，同类服务设施设备完好率不低于98%。

(2)车站广场停车场无障碍车位最低比例

车站广场区域应设有停车场，停车场宜按照车辆用途分类分区，停车位及开放的车辆进出口与车辆流量相适应，无障碍车位数量不应少于停车位数量的0.5%，应规划临时停车位。

(3)候车室

有空调的服务区域室内温度冬季应为18～20 ℃，夏季应为26～28 ℃；无空调的服务区域室内温度冬季不应低于14 ℃，夏季超过28 ℃应使用电风扇。配置与候车面积相适应的候车座椅，每位旅客候车面积宜大于1.0 m^2，座椅的排列方向应有利于旅客通向进站检票口，座椅间走道净宽不应小于1.3 m。

(4)服务照明

各服务区域有充足的照明，灯具最少擦拭次数应为2次/年，并符合：候车区(厅、室)、通道、扶梯、集散厅照度不应低于150 lx；售票厅、检票处、问讯处照度不应低于200 lx；贵宾室、行李托运处、安全检查区域照度不应低于300 lx。

(5)售票日常旅客排队人数限值

售票厅应有人工服务窗口并符合：根据购取票客流开设售票窗口，日常旅客排队不超过20人；应使用双面显示屏幕，实时同步显示售票员操作的售票信息；宜有为重点旅客提供优先服务的窗口。应根据客流配置自动售/取票机，日常旅客排队不超过10人。

(6)站台照度

天桥、地下通道采用坡道时应有防滑措施，天桥、地下通道内应设置进、出站通道电子显示屏或信息板，站台照度不低于75 lx。

(7)列车温度

有空调的列车车内温度冬季应为18～20 ℃，夏季应为26～28 ℃；无空调的列车车内温度冬季不应低于14 ℃，夏季超过28 ℃应使用电风扇。

(8)车厢照明

列车内应有充足的照明并配备应急照明设施设备，车厢客室内非夜间运行照明照度不低于75 lx，餐车供应时不低于100 lx，厕所不低于50 lx。

(9)餐饮服务

全程运行时间超过 6 h,且包括一次正餐时段(11:00—13:00、18:00—20:00)的列车,应提供餐饮服务。

任务解析

"任务导入"中所述案例解析如下:

1. 旅客运输产品是人在空间上的移动,即位移,其计量单位是"人·km";生产旅客运输产品的企业是上海局集团公司。

2. 生产过程包括售票、安检与候车、检票、旅客乘降、列车服务、出站。

3. 产品的特点是无形性、差异性、时空性;质量特性包括安全、快速、准确、经济、便利、舒适和文明服务等方面。

任务二　铁路旅客运输服务的内涵和服务质量

任务导入

2023 年 10 月 8 日 13:00,某旅客到南京南站售票窗口购买当日去往济南西站的 G20 次列车车票,因该次列车车票已售完,售票员建议购买当日 G192 次列车车票。该旅客购买当日 G192 次列车车票并正点乘车,在列车到达徐州东站前要求越站乘车至北京南站,列车给予办理。

思考:

1. 该案例中不同的运输环节是如何体现旅客接触程度的?

2. 该案例中铁路旅客运输服务的内涵具体体现在哪些方面?

知识讲解

一、铁路旅客运输服务的内涵

1. 服务的含义

服务是一种可供销售活动中,以等价交换的形式,为满足企业、公共团体以及其他社会公众需求,而提供的劳务活动。其包含两个要点:

(1)服务的目的是交易和满足顾客需要。离开交易,就不会发生服务业的服务。如父母照看自己的孩子不能叫作"服务",而保姆照看他人的孩子叫作"服务",因为这里有"交易"。同时,服务交易的目的又是满足顾客的需要。

(2)服务的本质是无形和不发生实物所有权的转移。一切服务本质上都是无形的,不但像教师、律师、旅客运输等是无形的,而且像零售、通信、金融、旅游等具有一定有形(实体)成分的服务本质上也是无形的。如零售业的商品、店堂环境和营业人员是有形的,但这些实体部分不是零售服务的本质,零售服务的本质是一种商品买卖服务,后者是抽象的、无形的。同时,一切服务的交易都不发生实物所有权的转移。百货商店的零售服务在形式上发生了实物(商品)所有权的转移,但从实质上百货商店进行的是买进卖出的零售服务,在零售服务中转移的实质上只是他人的实物所有权。

2. 服务的分类

服务的内容包罗万象，因此也有一个分类的问题。

(1)按顾客参与服务活动的程度，可将服务分为高接触性服务、中接触性服务和低接触性服务三类。

高接触性服务指消费者在服务活动中参与其中全部或大部分活动及过程。旅客运输业是典型的高接触性服务行业。

中接触性服务指消费者部分地或在局部时间内参与服务活动过程，如银行、律师等提供的服务。

低接触性服务指消费者与服务提供者接触较少，他们的接触大部分要借助于特定的仪器设备，如邮电部门提供的服务。

从铁路旅客运输服务流程来看，各个环节旅客接触程度不同，如图 2-3 所示。

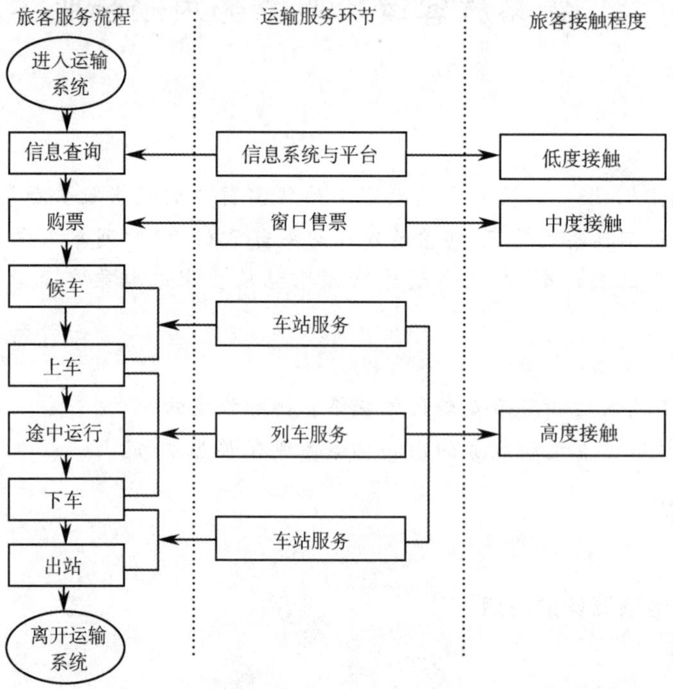

图 2-3　旅客接受服务流程及接触程度

(2)根据提供服务的手段不同，可以划分为以机器设备为基础(如自动售货机、自动提款机)、以人为基础(如咨询服务)及二者兼顾三种类型。

(3)根据顾客在服务现场存在必要性的大小，可分为顾客必临现场和非必临现场两种服务。旅客运输、理发等属前者，而汽车修理等则属后者。

(4)根据服务活动的特征，可划分为作用于人的服务(如旅客运输、理发等)和作用于物的服务(如货物运输等)。

对于服务还有很多的分法，这从一个侧面说明了服务的复杂性。

从上面的分析可以看出，铁路客运服务属于与顾客高接触性的服务；从服务手段上看，既依赖于机器设备(机车车辆、动车组)，也依赖于人(服务人员提供的服务)；在服务中，除了行李外，旅客必须到场。

3. 铁路旅客运输服务的含义

铁路旅客运输服务是指为满足旅客的需要，凡从事铁路旅客运输业务及与铁路企业签订合同，在站车内从事经营活动的单位和个人与旅客、客户接触的活动和其内部经营活动所产生的结果。

服务的实质是保证旅客在旅行过程中，以旅客需求为中心，提供安全舒适的乘载工具和良好的环境，使旅客得到便捷的服务。具体表现在如下几个方面：买票便捷，旅行时间少，安全、正点率高，乘坐环境舒适，服务周到、态度好，票价合理等。因此要求铁路客运供给方防止一切旅客伤亡责任事故，列车正点到发；车厢内有现代化设备；配备高素质的列车服务人员提供优质的服务；方便旅客购票，实现计算机售票、优化网上售票业务；优化列车开行方案，提倡列车高密度、多等级，开行“高速动车组旅客列车”“一站直达列车”“夕发朝至”等精品列车；全面提高旅客列车的旅行速度等。

二、铁路旅客运输服务的特征

铁路旅客运输服务既有其他服务业的共性，也有其本身的个性，在生产、消费和设计上呈现不同的特征。

1. 铁路客运服务的生产特征

铁路客运服务生产系统在技术性、系统性、信息化和人性化方面呈现出一定的特征，具体如下：

(1)铁路客运服务生产系统“技术性”特征

铁路客运服务生产系统涉及车、机、工、电、辆等不同的技术部门，从铁路旅客运输服务的全程性来看，这些技术部门提供的服务属于生产系统的内部服务，其工作目标是为客运服务提供技术性支持，这也是运输企业需要将长期以来的“生产经营型”模式向“服务经营型”转变的一个方面。应树立全局的服务意识和服务理念，切实提高铁路客运服务质量的可靠性和稳定性。

(2)铁路客运服务生产系统“系统性”特征

铁路客运服务生产系统本身就是一个大的系统，该系统的服务对象是旅客，生产对象是各项服务内容和各服务环节，并涉及客运生产系统所在的城市、各种交通方式以及服务生产系统内的各生产部门。为了向旅客提供高质量的服务，必须尽量减小系统内各要素的服务差距，实现各生产部门和生产环节的有机协调，实现生产系统“整体最优”的目标。

(3)铁路客运服务生产系统“信息化”特征

随着信息技术的发展及广泛应用，铁路客运服务生产系统向“信息化、自动化”方向发展。如客票系统、旅服系统、客管系统、站车客运信息无线交互系统等现代化的信息管理系统的应用，全面实现了铁路运营管理手段的现代化，提高了企业管理水平和运输生产效率。

(4)铁路客运服务生产系统“人性化”特征

随着社会服务“以人为本”“人性化”理念的深入人心，铁路客运服务生产系统也应以“以人为本”作为“各部门”“各环节”的中心指导思想，满足旅客旅行需求，真正在生产系统中做到“服务旅客”，而非“管理旅客”。

2. 铁路客运服务消费特征

铁路客运服务实质上是旅客体验的过程。旅客对服务产品的消费是一种过程消费，而不是结果消费。铁路客运服务消费特征具体表述如下：

(1)铁路客运服务的“过程消费”特性

有形产品的生产与消费是分开的，有形产品是作为生产过程的结果被顾客消费的，是一种完全的结果消费。而客运服务不可能被事先生产出来，旅客对服务产品的消费也不可能是完全的结果消费，服务过程也是服务消费的重要组成部分。

服务质量研究表明，尽管服务产品的结果对顾客来讲是重要的，但对于总的感知服务质量来说，顾客对服务过程的感知却更加重要。由于企业与企业之间所提供的服务结果正逐渐趋同，在很多情况下仅仅利用服务结果是无法与竞争对手区分开的。同时，仅仅利用服务结果来判断服务质量的高低也是相当困难的。例如，旅客通常难以判断一家航空公司的服务是否比另一家航空公司的服务好，旅客只有在参与服务过程中，才能感受到不同企业提供的服务的差异。

(2)铁路客运服务消费与生产的同步性

铁路客运服务消费的过程性决定了服务生产与消费同步进行。这种同步性决定了旅客对服务质量的感知是对服务全过程各个环节的质量感知，每个环节的质量感知都会影响到旅客对服务整体质量的评价。因此，铁路客运服务质量的形成不仅取决于运输企业对服务内容的设计、服务标准的制定以及服务生产过程的管理与控制，而且旅客的运输服务消费理念和实际消费过程中随机的生理、心理和特种状况等都会影响到其对质量的感知与评价。由此，运输企业在提供规范化、标准化服务的同时，考虑一定的“弹性”，赋予一线服务人员一定的“权力”，适应运输服务消费与生产同步性的特点。

(3)铁路客运服务消费与生产交叉

运输服务的生产与消费是在旅客、服务人员和服务设备互动中完成的，其互动的结果与质量有较大的后效性，即前一个服务环节的互动质量会影响到下一个环节的互动基础与氛围，最终影响旅客对运输服务质量的感知与评价以及再次选择的机会。例如，旅客对购票服务的不满意会转化为对站车其他服务的“过于挑剔”。

总之，铁路客运服务消费的过程性是其他特性的根源，也决定了旅客对服务质量评价的过程性，同时为运输服务质量的管理与控制指明了方向。

3. 铁路客运服务设计特征

铁路客运服务作为一种社会性服务，具有一般服务的基本特性，同时还具有铁路自身的安全、快速、舒适、便利等质量特性。随着铁路现代化建设的深入，提出了“以人为本”的客运服务理念，铁路客运服务设计在理念、内容、流程和方法以及创新项目的推广等方面都呈现了新的特征，具体表述如下：

(1)铁路客运服务设计体现“以人为本”的理念

服务理念是服务产品设计的核心，是运输企业提供给旅客能满足其某种或某几种需求服务的“功能”和“效用”。它是运输企业提供铁路客运服务的指导思想，是铁路客运服务设计的标准和依据。铁路运输企业要以“旅客需求”为导向，树立“以人为本”的理念，设计出令旅客满意的服务。

(2)铁路客运服务设计涵盖服务“全过程、全方位”

旅客购买的是旅行的全程经历。旅客对服务各方面的感知都会影响到其对客运服务整体质量的评价。为旅客提供高质量的服务，就意味着服务全过程、各方面、各环节的质量都要高，旅客在旅途中所经历的一切，即从旅途开始之前的咨询、预订票到客运站车服务以及事后投诉服务等，所有环节都做好，才能保证旅行全过程的质量，令旅客满意。

(3)铁路客运服务设计“信息化”程度高

信息化技术在铁路客运服务设计中起了很重要的作用，铁路利用计算机硬件、软件及计算机网络进行市场调查、新服务项目的开发、模拟、测试以及产品的推广。如在服务设计产生创意阶段，铁路可以向航空公司学习，建立“中心电子日志”，每当员工从网络、报纸或是其他地方发现了令人激动的新点子或新技术，公司都鼓励他们把相关信息发布到电子日志上，作为开发新的客运服务产品的素材。

(4)铁路客运服务的“先进性”

铁路客运服务的先进性主要表现在两个方面。其一，运输企业为旅客设计了更多信息化程度高的服务，如信息引导系统(包括广告牌、引导标志、信息通告牌、商业指示、展台、电子信息显示牌、定时系统、时钟)，为旅客提供指示车站、车站方向说明、普通商业信息、商业名称地址、车站方位地图、列车时刻表、交通网络图、车站使用说明通告以及车次信息、正晚点信息、列车经停站信息、列车到站信息、列车时速、字幕新闻、天气等信息，为旅客的出行提供了方便，提高旅客的满意度。其二，运输企业为旅客设计了更多自动化服务，如旅客可自己获取旅行信息、自助购票、根据引导揭示自动到达候车区域、自动检票进站、自动检票出站。这些技术的应用不仅方便了旅客，满足了旅客的要求，还最大限度节约了运输成本。

从服务提供方式来看，铁路客运服务产品需要旅客亲自到铁路运输企业的多个场所来获得服务。这就要求铁路运输企业在服务产品设计时注重服务质量在不同地点的一致性和连贯性。随着信息技术的发展，在最短距离、最快时间完成服务交易成为铁路客运服务设计发展的一大趋势，这能为旅客提供方便并提高铁路的工作效率。如铁路设计的售票服务系统可以让旅客多方式地购买车票(到站直接购票、自动售票机购票、网上购票、代售点购票等)，既满足了旅客的个人需求，又可以提高服务的个性化程度和工作效率。因此，铁路需要利用信息技术来设计高效的客运服务系统。

从与其他交通方式的关系来看，铁路在进行客运服务设计时，要更多考虑与其他交通方式的衔接，将地铁等交通方式引入到铁路系统内，尽可能实现旅客在各种交通方式之间的“零换乘”。同时，铁路在设计铁路客运服务产品时应考虑与其他交通方式换乘时间上的衔接，既满足旅客的需求，又吸引更多的旅客，实现铁路在与其他交通方式竞争协作中的共同发展。

从运输资源和服务系统的技术构成上来看，铁路客运服务是一个高效的、先进的且技术性能很高的服务系统。运输市场营销分析、运输生产组织与管理、运输服务提供和运输质量控制等手段更具有人性化、信息化、自动化的特点，所以铁路客运服务内容、流程和方法等的设计与其他客运服务相比，要更加高效、准确、可控。

三、铁路客运服务与客运产品的关系

由于运输业从基本性质上看属于服务业，因此，客运服务和客运产品的概念经常混用。客运服务和客运产品的内涵有相互重叠的部分，但严格地讲，二者存在着差异。

1. 客运服务层次

借助于菲利普·科特勒对服务划分的五个层次，可以确定客运服务的层次，包括核心利益、基础产品、期望价值、附加价值和潜在价值，如图 2-4 所示。

核心利益是无差别的旅客真正所购买的服务和利益，实际上就是企业对旅客需求的满足。

衡量一项服务的价值，是由旅客决定的。铁路客运服务的核心利益是“位移”。

基础产品是抽象的核心利益转化为服务所需的基础性产品，即产品的基本形式与设备，也是无形运输服务的有形化展现。对铁路客运服务来说，其基础产品如列车、座位、铺位以及卧具和卫生设备等。

期望价值是旅客在购买客运服务时期望得到的与服务密切相关的一整套属性和条件。对铁路客运服务来说，其期望价值如列车运行是安全的，列车上卧具、卫生洁具等是干净的，环境是安静的等。

附加价值是指旅客消费运输服务中额外增加的服务和利益。如旅客在车站候车的过程中完成了与朋友的约会。这个层次是形成服务与竞争者服务差异化的关键。

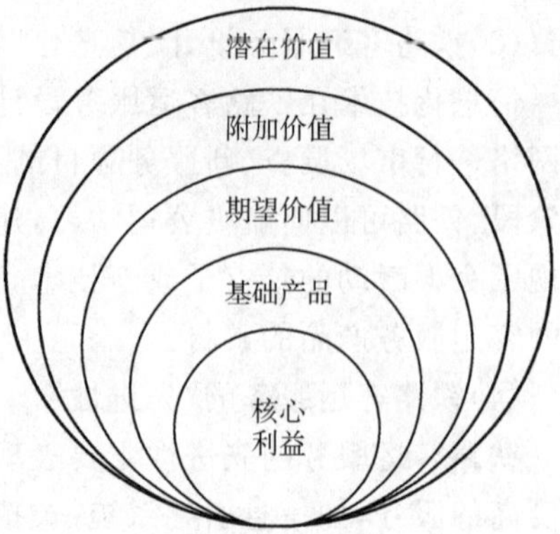

图 2-4 铁路客运服务层次

潜在价值是指服务的用途转变，由所有可能吸引和留住旅客的因素组成。如夕发朝至列车既满足了旅客位移需求，又解决了旅客“住宿”的需求。

2. 客运产品层次

客运产品是运输企业提供的满足旅客位移需求的某种价值或利益的组合，包括核心产品、形式产品和附加产品三个层次，企业通常按一个整体提供给旅客，如图 2-5 所示。

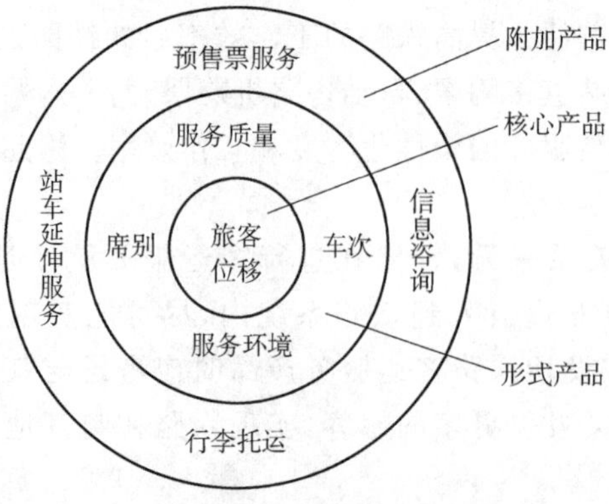

图 2-5 铁路客运产品层次

从核心产品层次上说，客运产品就是旅客的位移。从形式产品层次上，铁路客运产品就是可供旅客选择乘坐的不同档次的列车或同一档次列车的不同席别，是核心产品的载体。它是核心产品在形式上的表现，客运产品的基本效用只有通过形式产品才能得以实现。在形式产品层次上，铁路客运服务产品具有可感知的几个属性，如产品质量(安全、准确、快速、经济、便利等)、席别(硬座、硬卧、软座、软卧等)、服务态度等。客运企业必须着眼于旅客购买位移产品时所追求的旅行需求，并以此为依据去改造已有产品或设计新产品。

从附加产品层次上说，铁路客运企业提供给旅客的是购票、候车、行李托运、列车上的旅行服务及其他延伸服务。这个层次上的产品，是客运企业提供给旅客的各种服务和旅行生活所需的保障条件。

从核心产品和形式产品这两个层次上说，客运产品与客运服务的内涵是一致的，而在其他层次上,“客运服务”与“客运产品”之间是有差异的。主要体现在:一是认识角度的不同,“客运服务”是站在旅客消费的角度,强调旅客消费的过程体验,“客运产品”是站在运输企业生产经营的角度,突出了企业经营的载体和产品的生产过程及市场营销、运作过程;二是认识特性的不同,“客运服务”主要表现了旅客获得和消费服务时的功能特性,突出了是如何获得的、在获得的过程中旅客又付出了什么等问题,“客运产品”主要表现经营者能够给消费者提供什么,突出了其技术性特征。

四、铁路旅客运输服务质量

1. 铁路客运服务质量的概念

铁路客运服务质量指铁路客运服务部门提供的服务满足旅客规定和潜在需要的程度。

规定需要指已经在技术规范或服务质量规范中做出规定的旅客要求,如在列车到站前,应及时通告(广播或电子显示屏)站名、到开时刻、停站时间,并提前组织重点旅客到车门口等候下车。

潜在需要指虽然没有在技术规范或服务规范中做出规定,但旅客在接受客运服务时实际存在的需要,即旅客意会而难以明确表达或不言自明的需要以及某些特殊旅客的特殊需要,如盲人旅客需要语言导向和无障碍通行服务等。

2. 铁路客运服务质量的内容

从旅客的角度来说,旅客对铁路客运服务质量的认识可以归纳为两个方面:一方面是旅客通过消费服务究竟得到了什么,即服务的结果,通常称之为服务的技术质量;另一方面是旅客如何在运输过程中消费服务,即服务的过程,通常称之为服务的功能质量。铁路客运服务质量既是运输服务技术和功能的统一,也是运输服务过程和结果的统一,如图 2-6 所示。

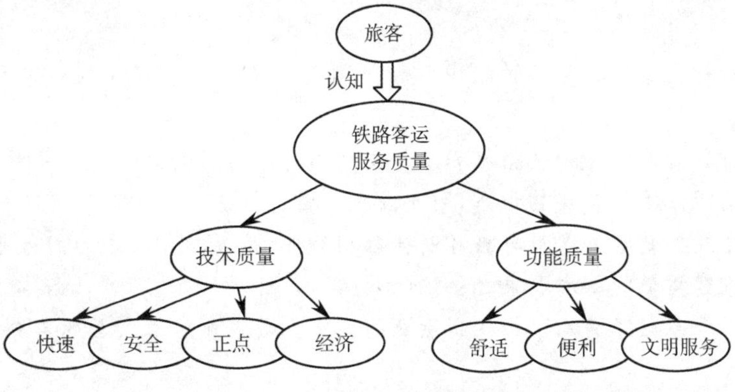

图 2-6　铁路客运服务质量的内容

由图 2-6 可知,铁路客运服务的技术质量主要体现在“快速”“安全”“正点”“经济”四个方面。“快速”要求铁路列车应按照技术标准提供较高的运行速度,为旅客节省旅途时间,同时也包括便捷、高效的服务过程;“安全”要求旅客在铁路车站买票、候车过程中或在列车高速运行过程中,自身的精神、身体和物品不受到伤害;“正点”要求旅客可以在票面规定的时间内到达目的地,避免晚点;“经济”则要求以经济的价格,让旅客获得优质的服务。技术质量一般可以用某种形式来度量,如铁路列车“正点”情况可用运行时间,列车出发、到达的正点率指标来度量等。

铁路客运服务功能质量主要体现在“舒适”“便利”“文明服务”三个方面。“舒适”要求铁路满足旅客对舒适性的要求，使旅客获得热情周到、文明礼貌的服务，达到提高旅行质量的目的；“便利”要求铁路运输企业为旅客提供方便、快捷的服务，缩短旅客在运输前后的时间损失，满足旅客节省时间的要求；“文明服务”要求铁路运输企业在为旅客提供服务的过程中，满足旅客的精神需求。

一般来说，旅客对技术质量是十分关心的，如所乘坐的列车是否正点到达目的地、行李是否受损等。但旅客对功能质量亦非常敏感。如果在旅客旅行中发生了不愉快的事，给旅客留下不佳的印象，那么，即使列车安全正点抵达目的地，旅客对服务质量的总体评价也会较低。

由此可见，铁路客运服务技术质量是客观存在的，而功能质量是主观的，是旅客对整个旅行所受到服务的主观感觉和认知。目前大部分客运服务企业将铁路客运服务技术质量视为服务质量的核心，集中组织运输资源提高服务的技术质量并以此作为参与竞争的主要因素。但随着高新技术转移和扩散速度的加快，新服务产品的技术质量可以很快被竞争对手效仿或超越，优势难以维持。所以，作为一个拥有高新技术的运输方式，铁路应该更加重视服务的营销策略，提高服务的功能质量，增强竞争优势。

任务解析

“任务导入”中所述案例解析如下：

1. 从旅客接触程度来看，窗口售票为中度接触，站车服务为高度接触。

2. 铁路旅客运输服务的内涵是满足旅客需要，便捷购票、越站乘车、正点运行等为旅客需求的满足。

能力测评

一、判断题

1. 舒适性指标指旅客在旅行过程中从精神到物质条件上能享受的心理和生理上的愉悦和舒适。(　　)

2. 旅客旅行总时间($T_{总旅}$)是指旅客从始发地到达旅行目的地花费的总时间。(　　)

3. 旅客运输产品不具有实物形态，因此没有质量特性。(　　)

4. 铁路客运服务是服务人员与旅客高接触的行业，是以“人”为中心的行业。(　　)

5. 安全是旅客运输的基本要求之一。(　　)

6. 站车文明服务旅客满意率指感到满意的旅客人数占旅客总人数的百分比。(　　)

二、单选题

1. 旅客列车运行正点百分率是指在一定时期内，全路、铁路局集团公司、车务段正点到达列车终到站或各铁路局集团公司(　　)的旅客列车次数在到达旅客列车总次数中所占的比重。

A. 直属站　　B. 分界站　　C. 中心站　　D. 第一个停车站

2. 旅客列车始发正点百分率是反映铁路工作和(　　)的一个综合性指标。

A. 服务水平　　B. 服务能力　　C. 服务态度　　D. 技术能力

3. 客车车辆人均占有面积指按(　　)座席旅客在列车上人均占有的基本面积。

A. 高等　　B. 低等　　C. 中等　　D. 标准

4. 准确性包括时间准确和(　　)准确两个方面。

A. 地点　　B. 空间　　C. 到站　　D. 位移

5. 便利性指标指旅客在(　　)过程中能否得到便捷的服务。

A. 购票　　B. 进站　　C. 旅行　　D. 旅途

三、多选题

1. 铁路旅客舒适性指标包括(　　)等。

A. 站车文明服务旅客满意率　　B. 客车车辆人均占有面积

C. 乘坐舒适度　　D. 环境舒适度

2. 按顾客参与服务活动的程度,可将服务分为(　　)三类。

A. 高接触性服务　　B. 中接触性服务　　C. 无接触性服务　　D. 低接触性服务

3. 铁路客运服务质量指铁路客运服务部门提供的服务满足旅客(　　)需要的程度。

A. 规定的　　B. 潜在的　　C. 心理的　　D. 生理的

4. 铁路客运服务的技术质量主要体现在(　　)几个方面。

A. 快速　　B. 安全　　C. 正点　　D. 经济

5. 铁路客运服务功能质量主要体现在(　　)几个方面。

A. 正点　　B. 舒适　　C. 便利　　D. 文明服务

6. 客运服务的层次:核心利益、基础产品、(　　)和潜在价值等。

A. 内在价值　　B. 附加价值　　C. 外在价值　　D. 期望价值

四、简答题

1. 旅客运输产品的特点是什么?

2. 旅客运输产品的质量特性有哪些?

3. 何谓铁路旅客运输服务?

4. 铁路旅客运输服务的特征有哪些?

5. 铁路旅客运输服务质量的主要内容有哪些?

五、实践题

1. 运用本项目服务接触理论,进行铁路车站服务调研,梳理一份车站的服务触点报告。

2. 走访铁路站车,做一份站车环境舒适度调研报告。

项目三　铁路旅客运输服务质量规范

项目内容

围绕提高服务质量的工作核心，根据不同的服务质量问题，进行责任的认定及处理。认知服务质量标准，认识旅客引导系统。依据铁路旅客运输服务质量各类规范，从事站车规范化、标准化作业。项目三内容导图如图 3-1 所示。

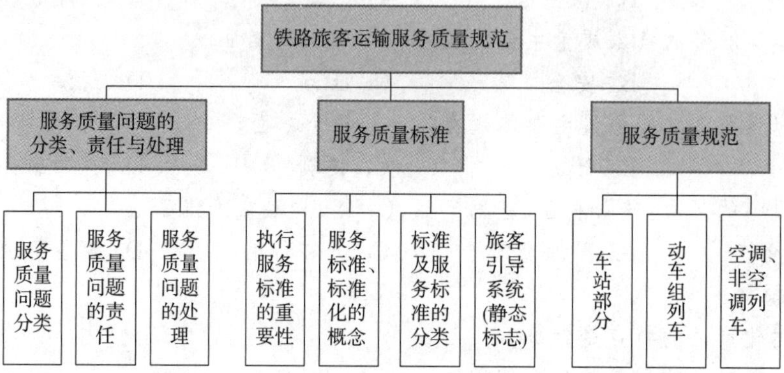

图 3-1　项目三内容导图

学习目标

1. 知识目标

(1)了解服务质量问题的分类、责任与处理。

(2)掌握铁路旅客运输服务质量各类规范的主要内容。

2. 能力目标

(1)会进行不同服务质量问题的处理。

(2)会识别旅客引导系统的静态标志。

(3)会依据《铁路旅客运输服务质量规范》进行旅客运输服务工作。

3. 素质目标

(1)结合《民法典》分析服务质量涉及的法律问题，树立旅客运输服务的法治意识，践行社会主义核心价值观中的法治观。

(2)从严谨的服务质量规范体系培养一丝不苟严谨的工作作风。

学习建议

课程的核心是提高铁路旅客运输的服务质量。从分析服务质量问题入手，提出解决服务质量问题、提升服务质量的途径，即实施规范化、标准化作业。

国家职业标准、铁路特有工种技能培训规范链接

国家职业标准《列车员》《铁路客运员》，铁路特有工种技能培训规范《列车员》《铁路客运员》。

任务一　服务质量问题的分类、责任与处理

任务导入

2017 年 12 月 2 日，王某乘坐 T5×××次沈阳站到阜新南站的列车回阜新，于当晚 21:00 到达阜新南站，在 2 号站台下车。由于站台年久失修、灯光昏暗，站台上又无警示、无广播提醒，导致王某在站台行走途中摔倒受伤(轻伤)，被送至阜新市第五人民医院治疗。之后，王某要求铁路运输企业赔偿医药费等各项损失共计 243 814.99 元。

思考：

1. 该案例中铁路企业造成王某人身伤害属于哪类服务质量问题？

2. 该案例中的服务质量问题涉及何种法律责任？该如何处理？

知识讲解

服务质量的好坏直接影响旅客的切身利益，影响客运企业的信誉。为保证旅客运输服务质量，维护旅客的合法权益，加强对旅客运输服务质量的管理，必须对服务质量问题进行分类与定性。

一、服务质量问题分类

根据服务质量对旅客、社会造成影响的大小，对旅客、客户造成的伤害程度，对旅客、客户的财产损失多少等，铁路旅客运输服务质量问题共分为服务质量不良反映、服务质量一般问题、服务质量严重问题、服务质量重大问题四类。

1. 服务质量不良反映

服务质量不良反映是指未按服务质量的要求提供规定的服务内容造成旅客的不良反映，尚未构成服务质量一般问题，其影响较小或甚微。如旅客对站车设备、环境卫生、服务内容及服务态度等方面的服务质量不满意而产生的不良反映。

2. 服务质量一般问题

服务质量一般问题指服务质量不符合规定要求，造成不良反映但未造成实质性后果或未构成旅客伤害的服务质量问题。其中包括：

(1)旅客、客户投诉或新闻媒体曝光，在社会上造成不良影响的。

(2)站、车设备、设施、备品未达到规定标准，影响服务质量或旅客、客户提出批评意见的。

(3)站、车各项工作标准、基础管理未达到规定要求影响服务质量的。

(4)未按国家或铁路有关规定对运价、杂费、商品实行明码标价的。

(5)站、车存在安全隐患，但尚未发生旅客、客户伤害和责任事故的。

(6)站、车治安秩序差，但尚未发生旅客、客户伤害事故的。

(7)站、车环境卫生、饮食卫生差，但尚未发生旅客伤害事故的。

(8)站、车工作人员在工作中与旅客、客户发生争执造成不良影响的。

(9)责任造成旅客10人以下漏乘、误乘、误降、坐过站的。

(10)责任造成旅客列车晚点的。

(11)责任造成旅客、客户财产损坏、丢失、被盗价值在500元以下的。

3. 服务质量严重问题

服务质量严重问题是指服务质量不符合规定要求，造成旅客轻伤、物品损失较大及影响很大的质量问题。其中包括：

(1)旅客、客户投诉或新闻媒体曝光，在社会上造成较坏不良影响的。

(2)责任造成旅客、客户轻伤的。

(3)站、车设备、设施、备品故障、缺损，严重影响服务质量，旅客、客户反映强烈或给旅客、客户造成人身伤害或带来经济损失的。

(4)利用职权运输无票人员、货物，勒卡、索要旅客、客户钱物，价值在200元以下的。

(5)责任发生食物中毒事故未造成人员死亡的。

(6)站、车工作人员在工作中刁难、打骂旅客、客户造成较大影响的。

(7)责任造成旅客10人及以上漏乘、误乘、误降、坐过站的。

(8)责任造成旅客、客户财产损坏、丢失、被盗价值在500元及以上不足1 000元的。

(9)违反国家和铁路有关收费标准、规定，乱收费、乱加价造成较大不良影响的。

4. 服务质量重大问题

服务质量重大问题是指服务质量不符合规定要求，造成旅客重伤以上伤害、物品损失巨大及影响重大的质量问题。

(1)旅客、客户投诉或新闻媒体曝光，在社会上造成严重不良影响的。

(2)责任造成旅客、客户重伤及以上伤害的。

(3)利用职权运输无票人员、货物，勒卡、索要旅客、客户钱物，价值在200元及以上的。

(4)责任发生食物中毒事故造成人员死亡的。

(5)站、车工作人员在工作中殴打旅客、客户造成严重影响或轻伤及以上伤害的。

(6)责任造成旅客、客户财产损坏、丢失、被盗价值在1 000元及以上的。

(7)违反国家和铁路有关收费标准、规定，乱收费、乱加价造成严重不良影响的。

二、服务质量问题的责任

由于铁路运输的复杂性，服务质量问题的责任也很复杂，有些是铁路运输企业要承担的责任，也有些属于铁路运输企业免除的责任，必须根据现行的法律分析确认。

(一)服务质量问题的法律责任

在铁路旅客运输生产过程中，相应服务质量问题违反《铁路法》及其他相关法律法规的规定，应承担相关的法律责任。其法律责任的承担方式主要有三种，即行政责任、刑事责任和民事责任。

1. 行政责任和刑事责任

《铁路法》第七十一条规定："铁路职工玩忽职守、违反规章制度造成铁路运营事故的，滥用职权、利用办理运输业务之便谋取私利的，给予行政处分；情节严重、构成犯罪的，依照刑法有关规定追究刑事责任。""运营事故"包括在运输过程中造成的服务质量严重问题和服务质量重大问题等，涉及行政责任和刑事责任的必须依法予以追究。

2. 民事责任

民事责任分为违约责任和侵权责任两种。服务质量问题大多属于违约责任造成的，其违约责任在相关法规中均有明确规定。

(1)《民法典》《铁路法》规定发生服务质量问题属于违约、侵权行为，必须承担相关的民事责任。

《民法典》第五百零九条规定："当事人应当按照约定全面履行自己的义务。"发生服务质量问题属于当事人一方(铁路)不履行合同义务或者履行合同义务不符合约定，应当承担违约责任。《铁路法》第五条规定："铁路运输企业必须坚持社会主义经营方向和为人民服务的宗旨，改善经营管理，切实改进路风，提高运输服务质量。"从这一意义上讲，旅客车票、行李票是具有法律效力的合同或者合同的组成部分。当旅客购买车票(运输合同成立)到旅客出站(合同履行完毕)的运输过程中，就应该依法享受到铁路提供的服务。对此，《国铁集团客规》对合同双方(旅客和铁路运输企业)的权利和义务都做了明确具体的规定，如果铁路运输企业没有履行或全部履行自己的义务，发生服务质量问题必须承担相关的责任。

(2)《中华人民共和国消费者权益保护法》(以下简称《消费者权益保护法》)规定消费者的权益受法律保护。

《消费者权益保护法》规定："消费者为生活消费需要购买、使用商品或接受服务，其权益受本法保护。""经营者为消费者提供其生产、销售的商品或者提供服务，应当遵守本法。"从此意义上讲，旅客在旅行过程中作为消费者，应该享有铁路运输企业提供的各项服务，其合法权益不受侵害。作为经营者(铁路运输企业)在提供服务时，应当依法履行规定的义务，否则，经营者必须依法承担民事责任。

铁路运输企业与旅客间订立旅客运输合同之后，即承担了按合同约定的服务质量标准运输旅客的义务，如发生服务质量问题，必须按发生服务质量问题的性质承担相关的行政、刑事及民事责任。

(二)服务质量问题的法律免责条件

1. 不可抗力

不可抗力指的是不能预见、不能避免并不能克服的客观情况。如由于大雾等天气原因造成旅客列车的晚点，铁路运输企业可以免除其责任。

2. 法律特别规定或者合同约定其他免责条件

《民法典》第八百二十三条规定："承运人应当对运输过程中旅客的伤亡承担赔偿责任；但是，伤亡是旅客自身健康原因造成的或者承运人证明伤亡是旅客故意、重大过失造成的除外。"根据其规定，下列三种情况铁路运输企业不承担责任：

(1)旅客的伤亡是由于旅客自身健康原因造成的，如心脏病突发造成的伤害。

(2)旅客的伤亡是由于旅客的故意行为造成的，如不听从工作人员的要求，从高速行驶的列车内将头、手及身体伸出窗外造成的伤害。

(3)旅客的伤亡是由于旅客的重大过失造成的，如旅客不听从工作人员的劝阻，在行李架上睡觉摔伤。

三、服务质量问题的处理

由于旅客运输产品的生产过程又是销售过程，考虑其服务对象(人)的特殊性，客运服务产品一旦发生问题，必须及时、正确处理好，消除对旅客的不良影响。如果不及时处理或者处理不当，这对企业形象的影响是深远的。因此必须根据服务质量问题的性质、造成的后果及时处理好。

《民法典》第八百二十二条规定:"承运人在运输过程中,应当尽力救助患有急病、分娩、遇险的旅客。"根据此规定,铁路运输企业在运输过程中对旅客有救助的义务。

因此,对服务质量问题,必须坚持实事求是、治病救人、挽回损失和消除影响的原则及时处理,并根据服务质量问题的不同性质,铁路运输企业必须承担相应的法律义务。

(一)铁路运输企业责任的处理

1. 服务质量不良反映的处理

由于服务质量不良反映未对旅客造成实际损失、损失甚微或旅客的不追究,短期影响较小,处理原则以引起重视为主。

(1)内部处理。发生服务质量不良反映,必须明确铁路运输企业没有履行好自己的义务,同时也侵犯了旅客应有的权利。内部处理以教育为主,教育员工树立法治意识,认识"发生服务质量不良反映"虽未构成损失或影响较小,但也属于违反合同的行为,必须引起重视。

(2)对旅客的处理。在运输过程中发生质量反映,必须及时处理,处理以道歉为主。如列车服务员在清扫服务工作中,将旅客的衣服弄脏,虽然是件小事,但处理不当或不加理睬,小事就有可能变成大事,甚至对铁路造成较大影响。这类情况只要真诚道歉甚至赔偿,取得旅客的谅解,完全可以消除不良影响。

2. 服务质量一般问题的处理

由于服务质量一般问题已对铁路的形象造成一定的影响,处理以消除影响和批评教育为主。

(1)内部处理,包括通报批评和经济处罚两种形式。

对发生服务质量一般问题的单位和个人予以通报批评,教育责任人,提醒其他服务人员必须加强服务工作,提高服务质量。

对责任人处以一定数额的经济处罚,吸取教训,更好地为旅客服务。

(2)对旅客的处理。由于服务质量一般问题未给旅客造成实质性伤害或损失,仅给旅客造成些不良影响,处理的关键是如何消除旅客心中的不良影响,具体有赠送礼品、真诚道歉等。

3. 服务质量严重问题及重大问题的处理

服务质量严重问题及重大问题严重侵犯了旅客的基本权利,大多属于违法行为,除了真诚向旅客道歉外,必须按有关法规依法处理,维护旅客的权利,树立铁路运输企业的良好形象。

(1)服务质量问题属于行政责任的处理

服务质量问题涉及行政责任的,给予行政责任的处理。如铁路运输企业违反《铁路法》的规定多收票款,必须退还旅客,情节严重的,物价行政管理机关可以对铁路运输企业处以罚款。

(2)服务质量问题属于刑事责任的处理

服务质量问题涉及刑事责任的,必须依法给予刑事责任的处理。如铁路职工玩忽职守,违反规章制度造成铁路运营事故,致人重伤、死亡,依法追究刑事责任。

(3)服务质量问题属于民事责任的处理

①服务质量问题属于违约责任,有约定责任的处理

《民法典》第八百二十一条规定:"承运人擅自降低服务标准的,应当根据旅客的请求退票或者减收票款;提高服务标准的,不得加收票款。"根据此条规定,凡服务质量达不到规定标准,必须承担违约民事责任。《民法典》规定承担民事责任方式主要有:停止侵害;排除妨碍;消除危险;返还财产;恢复原状;修理、重作、更换;赔偿损失;支付违约金;消除影响;恢复名誉;赔礼

道歉等。根据铁路运输的特点，其处理主要有：

a. 返还票价。如空调列车因设备故障在运行过程中不能修复时，不管旅客是否受到损失，均应退还未使用区间的空调票价。

b. 继续履行。因铁路运输企业责任使旅客不能按车票载明的日期、时间、车次、车厢号、席位号、席别乘车时，站、车应妥善安排。重新安排的席位票价高于原票价时，超过部分不予补收；低于原票价时，应当退还票价差额，不收退票费。

c. 采取补救措施。如由于车票误售、误购发生旅客误乘时，铁路运输企业应采取补救措施将旅客运送至正当到站。

d. 赔偿损失。《国铁集团客规》第九十六条规定："铁路运输企业应当对铁路运送期间发生的旅客人身损害承担赔偿责任"。

e. 违约金。如行李逾期到达，不管旅客是否受到损失，铁路运输企业必须支付违约金。

②服务质量问题属于违约责任，合同无约定责任的处理

《民法典》第五百一十条规定："合同生效后，当事人就质量、价款或者报酬、履行地点等内容没有约定或者约定不明确的，可以协议补充；不能达成补充协议的，按照合同相关条款或者交易习惯确定。"

如由于铁路运输企业的责任造成旅客列车的晚点，是属于违约行为，侵犯了旅客的基本权利，应承担违约责任。考虑目前影响列车晚点的因素很多，晚点赔偿尚未列入合同的约定内容。但为消除列车晚点对铁路的不良影响，必须采取些其他措施，如直通旅客列车采取晚点通报制度等。

③服务质量问题属于侵权责任的处理

现行铁路法规对侵权责任的处理虽未作明确的规定，但并不表示铁路对侵权行为不需承担责任。《民法典》第一千二百四十条规定："从事高空、高压、地下挖掘活动或者使用高速轨道运输工具造成他人损害的，经营者应当承担侵权责任；但是，能够证明损害是因受害人故意或者不可抗力造成的，不承担责任。被侵权人对损害的发生有重大过失的，可以减轻经营者的责任。"《消费者权益保护法》第二十七条规定："经营者不得对消费者进行侮辱、诽谤，不得搜查消费者的身体及其携带的物品，不得侵犯消费者的人身自由。"铁路运输企业作为经营者在向消费者（旅客）提供运输服务时，发生侵害旅客的人格尊严或者侵犯旅客的人身自由的行为，同样要遵守此法的规定，应当停止侵害、恢复名誉、消除影响、赔礼道歉，并赔偿损失。

（二）铁路运输企业免除或者限制责任的处理

免除或者限制责任的条款，是指规定免除或者限制格式条款提供者责任的各种条件的条文。《国铁集团客规》规定："旅客自身健康原因造成的或者铁路运输企业证明伤亡是旅客故意、重大过失造成的，铁路运输企业不承担赔偿责任。"虽然以上情况造成的服务质量不符合要求，铁路运输企业可免除责任，但铁路运输企业还应及时告知。

《民法典》第八百二十条规定："承运人应当按照有效客票记载的时间、班次和座位号运输旅客。承运人迟延运输或者有其他不能正常运输情形的，应当及时告知和提醒旅客，采取必要的安置措施，并根据旅客的要求安排改乘其他班次或者退票；由此造成旅客损失的，承运人应当承担赔偿责任，但是不可归责于承运人的除外。""不能正常运输"包含了"晚点"运行，及时告知是铁路运输企业应该履行的义务，否则就侵犯了旅客的知情权。

及时告知是希望旅客理解、消除影响的重要途径。旅客只有了解突发事件发生的真正原因，才能配合铁路搞好运输组织工作，维护铁路运输秩序，消除突发事件对铁路造成的不良影响。

(三)服务质量问题因第三人的原因造成违约时的处理

《民法典》第五百九十三条规定:“当事人一方因第三人的原因造成违约的,应当向对方承担违约责任。当事人一方和第三人之间的纠纷,依照法律规定或者按照约定处理。”第一百八十六条规定:“因当事人一方的违约行为,损害对方人身权益、财产权益的,受损害方有权选择请求其承担违约责任或者侵权责任。”例如,旅客违章携带危险品乘车给第三人造成伤害的,可由第三人选择适用的法律和责任人进行处理。同样,也可选择铁路运输企业承担民事赔偿责任,铁路向第三人承担民事赔偿责任后,依法取得向违章旅客追偿的权利。

总之,服务质量问题产生的原因很复杂,性质的定性涉及的法律很多,给处理工作带来较大难度,处理好了,坏事能转为好事,否则会给铁路带来较大的负面影响。因此,真诚面对旅客、依法办事,是处理服务质量问题的关键。

任务解析

“任务导入”中所述案例解析如下:

1. 铁路运输企业责任造成旅客轻伤的,应属于服务质量事故。

2. 旅客人身伤亡损害赔偿问题属于民事责任的范畴,因此该案例中的服务质量问题涉及民事责任。王某作为完全民事行为能力的成年人,应具备自我安全保护意识,在行走时更应加强自身注意义务,对事故发生承担70%的责任;站台路面略有破损,铁路运输企业未及时加以修缮,是事故发生的次要原因,铁路运输企业对事故发生承担30%的责任。

任务二　服务质量标准

任务导入

小王是一位刚参加工作的某车站铁路客运员,为了开展标准化作业,收集整理了《铁路客运服务信息系统设计规范》(TB 10074—2016)、《铁路旅客运输服务质量规范》(铁总运〔2016〕247 号)等标准。

思考:

该案例中小王收集的标准分别属于哪类标准?

知识讲解

旅客乘坐铁路列车旅行的全过程,就是铁路客运部门的站车工作人员为旅客提供旅行服务的过程。为了安全、准确、迅速、便利、优质地运送旅客,树立良好的客运服务企业形象,在站车的旅客服务工作中有必要为大量重复的工作内容、程序、方法、服务活动等制定统一的作业标准,实行标准化作业程序,以保证客运服务质量和提高作业效率。

一、执行服务标准的重要性

1. 为提高服务质量提供充分的依据和明确目标

在客运服务工作中,任何一个作业环节,如果没有统一的标准来要求,每个服务人员完成的效果都不同。以在客运服务工作中常见的“清扫”工作为例,应当怎样清扫?扫到什么程度?

达到怎样的质量要求？若没有统一标准作为依据和目标，清扫工作的质量就难以提高，实行"标准化作业"就是要解决这个问题。如《铁路旅客运输服务质量规范》中关于高铁中型及以上车站服务质量规范的规定："清理卫生时，清扫工具不触碰旅客及携带物品。挪动旅客物品时，征得旅客同意。需要踩踏座席时，带鞋套或使用垫布。占用洗脸间洗漱时，礼让旅客。"客运服务人员在工作时，只要认真按照标准去做，就必然会实现卫生整容的质量标准，为旅客创造一个良好的环境，让旅客满意。

2. 为考核服务质量提供了考核的标准和检验的手段

由于客运服务产品自身所具有的特殊性，对客运服务质量的考核无法用检测手段去检验。考核质量仅依靠旅客反映和评价也不完全合理，必须制定服务标准，以"标准"为依据和检验手段，去衡量、考核和检查服务质量。

3. 标准化是以科学的管理方法和手段来提高服务质量的

标准化活动本身属于现代化管理企业的手段，因此铁路客运部门推行标准化活动，实质上是具体地采用了科学管理方法和手段来提高服务质量。

4. 标准化能适应客运服务工作不断发展的需要

服务标准本身具有先进性、科学性。各级领导机关制定和发布的服务标准，必须是代表了所管辖范围内的先进水平，否则就失去了"标准"的意义。服务工作是动态的、无形的，又是无止境的。一方面，客运服务人员在实际工作中，认真按现有服务标准去做。另一方面，又在服务实践中，不断总结新的、先进的服务方法和经验，经过提炼和精选，再充实到现有服务标准中去，使服务标准始终保持先进性。

二、服务标准、标准化的概念

（一）标准和标准化

标准和标准化是标准化工作的两个基本术语，世界各国都有各自的定义。

1. 标准

《标准化工作指南　第1部分：标准化和相关活动的通用术语》(GB/T 20000.1—2014)对标准描述为：标准是通过标准化活动，按照规定的程序经协商一致制定，为各种活动或其结果提供规则、指南或特性，供共同使用和重复使用的一种文件。所谓"重复"是指同一事物反复多次出现的现象，某种概念、方法、符号等被许多人反复使用等，这些现象均是"重复性"，如为旅客提供的售票、检票。对"重复"事物和概念进行统一规定、制定统一标准，目的是总结以往的经验，选择最佳方案，作为今后工作实践的依据和准则，这样可以收到更好的效果。没有"重复性"的事物和概念，就不需要制定标准。标准制定后并不是一成不变的，还要不断地进行修改、补充，以新的经验取代旧的经验，使标准逐步完善、提高。

我国对标准的定义，体现了标准的统一性、科学性、民主性、权威性、规范性和执行性。

2. 标准化

标准化是在经济、技术、科学及管理等实践中，对重复性事物和概念通过制定、发布和实施标准，达到统一，以获得最佳秩序和社会效益的全部活动过程。

从标准和标准化的定义可知，二者不能混为一谈。二者既有联系又有区别。标准是需共同遵守的准则和依据。标准化是对标准的制定、公布和贯彻实施，并在生产活动中不断充实、修订、完善、获得效益。

(二)客运服务标准和客运服务标准化

1. 客运服务标准

客运服务标准就是针对客运服务工作中大量重复进行的作业、程序和方法,以现行规章为依据,利用科学原理,在深入调查研究、认真总结先进经验的基础上,遵循有关规定,为保证旅客安全运输和提高客运服务质量,而做出的统一规定和技术文件。

这里所叙述的客运服务标准,实质上是客运各项服务标准的总称。客运服务标准是客运部门推行标准化活动的基础。

2. 客运服务标准化

客运服务标准化是客运服务部门推行标准化活动的总称,是客运部门制定、发布服务标准,贯彻、落实、实施标准,不断完善服务标准的全过程。

客运服务标准化的基本思想是统筹人、物、环境诸因素,优化服务与管理方法,做到服务质量目标化,服务用语和方法规范化,服务过程程序化,用各类标准来约束客运职工的服务活动,从而达到安全运输、优质服务的目的,取得良好的社会效益和经济效益。

三、标准及服务标准的分类

(一)标准的分类

根据不同的研究目的,从不同的角度观察对象,标准的分类方法主要有以下四种。

1. 按标准的外在形态分

按标准的外在形态,可分为文字图表标准、实物标准。文字图表标准是用文字或图表对制定标准的对象做出统一规定,这是标准的基本形式,如《图形符号 术语》(GB/T 15565—2020)。实物标准是指制定标准对象的某些特征难以用文字准确地描述出来,可制成实物,如颜色的深浅程度。

2. 按贯彻标准的体制分

按贯彻标准的体制,可分为强制性标准、推荐性标准。

强制性标准是指国家运用行政和法律手段强制实施的标准。对于强制性标准,有关各方没有选择的余地,必须毫无保留地绝对贯彻执行,如涉及安全、卫生、健康方面的标准。

推荐性标准是国家或行业制定的标准(主要是产品标准和与之相关的其他技术标准),并不强制厂商和用户采用,而是通过经济手段或市场调节促使他们自愿采用的标准。对于推荐性标准,有关各方有选择的自由,但一经选定,则该标准对采用者来说,便成为必须坚决执行的标准。

同一产品,同时存在强制性标准和推荐性标准,则后者的技术水平高于前者。

3. 按标准的级别分

根据《中华人民共和国标准化法》规定,我国的标准包括国家标准、行业标准、地方标准和团体标准、企业标准。

(1)国家标准

国家标准分为强制性标准、推荐性标准。

①强制性国家标准

对保障人身健康和生命财产安全、国家安全、生态环境安全以及满足经济社会管理基本需要的技术要求,应当制定强制性国家标准。国务院有关行政主管部门依据职责负责强制性国家标准的项目提出、组织起草、征求意见和技术审查。国务院标准化行政主管部门负责强制性国家标准的立项、编号和对外通报。强制性国家标准由国务院批准发布或者授权批准发布。

②推荐性国家标准

对满足基础通用、与强制性国家标准配套、对各有关行业起引领作用等需要的技术要求，可以制定推荐性国家标准。推荐性国家标准由国务院标准化行政主管部门制定。

(2)行业标准

对没有推荐性国家标准、需要在全国某个行业范围内统一的技术要求，可以制定行业标准。行业标准由国务院有关行政主管部门制定，报国务院标准化行政主管部门备案。如《铁路客运服务信息系统设计规范》(TB 10074—2016)。行业标准是推荐性标准。

(3)地方标准和团体标准

①地方标准

为满足地方自然条件、风俗习惯等特殊技术要求，可以制定地方标准。地方标准由省、自治区、直辖市人民政府标准化行政主管部门制定；设区的市级人民政府标准化行政主管部门根据本行政区域的特殊需要，经所在地省、自治区、直辖市人民政府标准化行政主管部门批准，可以制定本行政区域的地方标准。地方标准由省、自治区、直辖市人民政府标准化行政主管部门报国务院标准化行政主管部门备案，由国务院标准化行政主管部门通报国务院有关行政主管部门。地方标准是推荐性标准。

②团体标准

国家鼓励学会、协会、商会、联合会、产业技术联盟等社会团体协调相关市场主体共同制定满足市场和创新需要的团体标准，由本团体成员约定采用或者按照本团体的规定供社会自愿采用。

(4)企业标准

企业可以根据需要自行制定企业标准，或者与其他企业联合制定企业标准。

(二)服务标准的分类

铁路客运部门推行标准化活动，是以管理和组织工作为主，其工作重点应放在服务组织、作业和管理上。因此，客运部门的服务标准基本上分为三类，即工作标准、作业标准和管理标准。

以上三个基本标准之间是互相联系、互相作用的。由于客运部门具有服务性强的特性，服务工作标准实质就是服务质量标准，工作标准是作业标准和管理标准制定、实施的主要依据和基础，客运部门通过贯彻、实施作业标准和管理制度来保证工作标准的实现，通过实现工作标准来提高服务质量，达到推行服务标准化的目的。

(三)铁路旅客运输服务质量规范

《铁路旅客运输服务质量规范》(铁总运〔2016〕247 号)，2017 年 1 月 1 日起执行，由高铁中型及以上车站服务质量规范、高铁小型车站服务质量规范、普速大型车站服务质量规范、普速中型车站服务质量规范、普速小型车站服务质量规范、动车组列车服务质量规范、空调列车服务质量规范、非空调列车服务质量规范 8 个部分组成。

四、旅客引导系统(静态标志)

静态标志设置在车站售票厅、进出站厅、候车室、站台等区域，为旅客提供各种引导信息，使旅客做出准确判断，快速、便捷地完成旅行活动。其主要图形符号如图 3-2 所示。

图 3-2　图形符号

任务解析

“任务导入”中所述案例解析如下：

按标准的外在形态分，案例中的两种标准均为文字图表标准；按贯彻标准的体制，《铁路客运服务信息系统设计规范》为强制性标准，《铁路旅客运输服务质量规范》为推荐性标准；按标准的性质分，《铁路客运服务信息系统设计规范》为技术标准，《铁路旅客运输服务质量规范》为工作标准;按标准的级别分,《铁路客运服务信息系统设计规范》为行业标准,《铁路旅客运输服务质量规范》为企业标准。

任务三　服务质量规范(车站部分)

任务导入

某站客运车间主任在检查铁路客运员着装时,发现客运员王某(男性)头发花白、留了胡须、卷了袖子、外露了黑色皮带、戴了手表。

思考:

该案例中职工王某的着装哪些方面违反了《铁路旅客运输服务质量规范》的规定?

知识讲解

高铁车站包括高铁中型及以上车站、高铁小型车站,普速大中型车站包括普速大型车站、普速中型车站。

一、客运安全

1. 安全制度及职责

安全制度健全有效,安全管理职责明确,能满足安全生产需要。

(1)有安全生产责任制、安全检查和安全质量考核、劳动安全、消防管理、食品安全、设施设备、安检查危、实名验证、结合部、现金票据安全、站台作业车辆安全、旅客人身伤害处理等管理制度和办法。

(2)有旅客候车、乘降、进出站等安全防范措施。

高铁车站有高铁快运保管和装卸等安全防范措施,普速车站有行李保管和装卸等安全防范措施。

(3)与保洁、商业、物业、广告、安检等结合部有安全协议。

高铁车站与高铁快运有安全协议,普速大中型车站与行李、邮政有安全协议,普速小型车站与行李有安全协议。

(4)有恶劣天气、列车停运、大面积晚点、突发大客流、设备故障、火灾爆炸、重大疫情、食物中毒、作业车辆(设备)坠入股道、旅客人身伤害等非正常情况下的应急预案。

高铁车站有启动热备车底的应急预案,普速大型车站有客票(服)系统故障等非正常情况下的应急预案,普速中、小型车站有客票系统故障等非正常情况下的应急预案。

2. 安全设备设施

安全设备设施配备齐全到位,作用良好。

(1)按规定配备危险品检查仪、安全门、危险品处置台、手持金属探测器、防爆罐等安全检查设施设备,正常启用,显示器满足查验不同危险品的需求。危险品检查仪、安全门、危险品处置台、防爆罐设在旅客进站流线、高铁快运营业场所(普速中、小型车站在行李房)适当位置,不影响旅客通行。危险品检查仪传输带延长端适当。

(2)按规定配备消防设备、器材,定期检测维护,合格有效。

(3)高铁车站、普速大型车站有应急照明系统覆盖进出站、候车、售票、站台、天桥、地道等处所,状态良好。

普速中型车站的候车室、售票处、行李房、天桥、地道等处设置应急照明灯,连接电源,定期检查,作用良好。普速小型车站没有规范要求。

(4)备有喇叭、手持应急照明灯具、应急车次牌、隔离设施等应急物品,定点存放。

高铁中型车站、普速大中型车站有应急食品储备或定点食品供应商联系供应机制。高铁小型车站有食品储备或定点食品供应商联系供应机制,普速小型车站有应急食品储备或定点食品供应商联系供应机制。

(5)安全标志使用正确,位置恰当,便于辨识。电梯、天桥、地道口、楼梯踏步、站台有引导、安全标志。落地玻璃前有防撞装置和警示图形标志。

普速小型车站对电梯、落地玻璃没有规范要求。

(6)电梯、天桥、楼梯悬空侧按规定设置防护装置,高度不低于 1.7 m。

普速小型车站对电梯没有规范要求。

3. 安全检查

执行安全检查规定。

(1)高铁车站、普速大中型车站配备安检人员,有引导、值机、手检、处置。高铁中型车站、普速大中型车站开启的危险品检查仪数量满足旅客进站需求。

(2)高铁车站、普速大中型车站旅客人人通过安全门和手持金属探测器检查,携带品件件过机。安检口外开设的车站小件寄存处对寄存物品进行安全检查。

普速小型车站对旅客携带品、行李和站内小件寄存物品件件进行安全检查。

(3)安检人员持证上岗,佩戴标志。

(4)对检查发现和列车移交的危险物品、违禁品按规定处理。

4. 站区管理

(1)高铁车站、普速大中型车站站区实行封闭式管理,旅客进出站乘降有序,站内无闲杂人员。进出站通道流线清晰,有管理措施。普速小型车站重点时段实行封闭式管理,旅客进出站乘降有序,进出站通道流线清晰,有管理措施。

(2)高铁车站站台两端设置防护栅栏并有“禁止通行”或“旅客止步”标志。夜间不办理客运业务时,可关闭站区相应服务处所,但应对外公告。

普速大型车站站台两端设置防护栅栏(行李、邮政作业端除外)并有“禁止通行”或“旅客止步”标志。普速中型车站站台两端设有“禁止通行”或“旅客止步”标志。

(3)高铁车站、普速大中型车站疏散通道、紧急出口、消防车通道等有专人管理,无堵塞。

5. 作业车辆及移动小机具、小推车管理

(1)进入站台的作业车辆及移动小机具、小推车不影响旅客乘降,不堵塞通道,不侵入安全线。

(2)停放时在指定位置,与列车平行,有制动措施。

(3)行驶或移动时,不与本站台的列车同时移动,不侵入安全线,速度不超过 10 km/h。无非作业车辆进入站台。

(4)普速大、中型车站行李、邮政拖车的辆数重车(含混编)不超过 4 辆,空车不超过 5 辆,混编时重车在前、空车在后。装载的货物高度距地面不超过 2 m,横向宽度不得超出车体两侧各 0.2 m,质量不超过 2 t,堆码整齐,绳索捆牢,不致甩落。四周护栏拖车运行中侧向护栏锁闭。

6. 电源、电器

安全使用电源，无违规使用电源、电器。

7. 安全培训

工作人员人人通过生产作业、消防、电器、电气化、卫生防疫、劳动人身等安全培训，特定岗位工作人员按规定通过相应岗位安全培训。安全培训有计划，有记载，有考核。

8. 客伤及相关情况处置

发生旅客人身伤害、突发疾病或接受列车移交的伤、病人员时，及时联系医疗机构；遇旅客死亡、涉及违法犯罪以及发现弃婴、流浪乞讨人员时，及时报告(通知)公安机关。

二、设备设施

(一)基础设施设备

基础设施设备符合设计规范，定期维护，作用良好，无违规改造和改变用途。

(1)有售票处、公安制证处、候车室、补票处、天桥或地道(普速小型车站无要求)、站台、风雨棚(普速小型车站无要求)、围墙(栅栏)等基础设施，地面硬化平整，房屋、风雨棚、天桥、地道无渗漏，墙面、天花板无开裂翘起脱落，扶手、护栏、隔断、门窗牢固完好，楼梯踏步无缺损。

高铁车站有高铁快运营业场所，普速大型车站有行李房、普速中、小型车站办理行李业务的有行李房。

(2)有通风、照明、广播、供水、排水、防寒、防暑等设备设施，高铁中型及以上车站、普速大型车站有空调要求，普速小型车站对广播没有规范要求。

普速大中型车站的广播覆盖各服务处所，普速大型车站具备无线小区广播和分区广播功能；音箱(喇叭)设备设置合理，音响效果清晰。

普速车站的售票处、候车区、站台、行李房、广播室有时钟，显示时间准确。

普速大中型车站的视频监控系统覆盖车站各服务处所，具备自动录像功能。录像资料留存时间不少于 15 d，涉及旅客人身伤害、扰乱车站公共秩序等重要的视频资料为一年。

(二)图形标志

图形标志符合标准，齐全醒目，位置恰当，安装牢固，内容规范，信息准确。

(1)有位置标志、导向标志、信息板等引导标志，指引准确。站台两端各设有一个站名牌，并利用进出站地道围栏、无障碍电梯、广告牌、垃圾箱(桶)、基本站台栅栏等站台设施，设置不少于两处便于列车内旅客以正常视角快速识别的站名标志。各站台设有出站方向标志。

高铁中型及以上车站、普速大中型车站有平面示意图，高铁中型及以上车站、普速大型车站实行便捷换乘的有便捷换乘标志。

(2)根据各服务处所和服务设备设施的功能、用途设置揭示揭挂，采取电子显示屏、公告栏等方式公布规章文电摘抄、旅客乘车安全须知、客运杂费收费标准等服务信息。

高铁车站有高铁快运办理范围等服务信息。

(3)高铁中型及以上车站、高铁小型车站有电子显示引导系统信息显示及时，每屏信息的显示时间适当，便于旅客阅读。

(4)普速大型车站售票窗口、自动售(取)票机前设置黄色"一米线"，宽度 10 cm，或者硬隔离设施；普速中型车站售票窗口前设置黄色"一米线"，宽度 10 cm，或者硬隔离设施；普速小型车站售票窗口前设置黄色"一米线"，宽度 10 cm。高铁车站售票窗口、自动售(取)票机、自动检票机前设置黄色"一米线"，宽度 10 cm。

(5)采用中、英文;民族自治地区车站可按规定增加当地通用的民族语言文字。

(三)旅服系统

1. 高铁中型及以上车站

旅服系统运行稳定可靠,自动检票、导向、广播、时钟、查询、求助、监控等旅客服务设备设施齐全,状态良好。旅服系统运行稳定可靠,自动检票、导向、广播、时钟、查询、求助、监控等旅客服务设备设施齐全,状态良好。

(1)有管理平台,采用"铁路局集团公司集中控制、大站集中控制、车站独立控制"模式,有用户管理和安全保密制度。

(2)售票处、候车区、站台有时钟,显示时间准确。

(3)广播覆盖各服务处所,具备无线小区广播和分区广播功能;音箱(喇叭)设备设置合理,音响效果清晰。

(4)有电子显示引导系统,满足温度环境使用要求,室外显示屏具有防雨、防湿、防寒、防晒、防尘等性能,信息显示及时,每屏信息的显示时间适当,便于旅客阅读。

①特大、大型车站进站大厅(集散厅)设置进站显示屏,显示车次、始发站、终到站、开车时刻、候车区(检票口)、状态等发车信息。

②候车区内设置候车引导屏,显示车次、始发站、终到站、开车时刻、检票口、状态等信息。

③检票口处设置进站检票屏,显示车次、终到站、开车时刻、站台、状态等信息。

④天桥、地道内设置进、出站通道屏,显示当前到发列车车次、始发站、终到站、站台、到开时刻、列车编组前后顺位等信息。

⑤站台设置站台屏,显示当前车次、始发站、终到站、实际开点(终到站为到点)、列车编组前后顺位、引导提示等信息。

⑥出站口外侧设置出站屏,显示到达车次、始发站、到达时刻、站台、状态等信息。

⑦待机状态显示站名、安全提示、欢迎词等信息。

(5)售票处、候车区可设置自助查询终端,内容完整、准确。

(6)视频监控系统覆盖车站各服务处所,具备自动录像功能。录像资料留存时间不少于15 d,涉及旅客人身伤害、扰乱车站公共秩序等重要的视频资料为一年。

(7)特大、大型车站候车等场所可向旅客提供无线互联网接入服务。

(8)车站售票、候车场所可设置银行自助存取款机。

2. 高铁小型车站

旅服系统运行稳定可靠,自动检票、导向、广播、时钟、查询、求助、监控等旅客服务设备设施齐全,状态良好。

(1)有应急操作平台,有用户管理和安全保密制度。

(2)售票处、候车区、站台有时钟,显示时间准确。

(3)广播覆盖各服务处所;音箱(喇叭)设备设置合理,音响效果清晰。

(4)有电子显示引导系统,满足温度环境使用要求,室外显示屏具有防雨、防湿、防寒、防晒、防尘等性能,信息显示及时,每屏信息的显示时间适当,便于旅客阅读。

①候车区内设置候车引导屏,显示车次、始发站、终到站、开车时刻、检票口、状态等信息。

②检票口处设置进站检票屏,显示车次、终到站、开车时刻、站台、状态等信息。

③天桥、地道内设置进、出站通道屏,显示当前到发列车车次、始发站、终到站、站台、到开时刻、列车编组前后顺位等信息。

④站台设置站台屏，显示当前车次、始发站、终到站、实际开点（终到站为到点）、列车编组前后顺位、引导提示等信息。

⑤出站口外侧设有出站屏的，显示到达车次、始发站、到达时刻、站台、状态等信息。

⑥待机状态显示站名、安全提示、欢迎词等信息。

(5)视频监控系统覆盖车站各服务处所，具备自动录像功能。录像资料留存时间不少于15 d，涉及旅客人身伤害、扰乱车站公共秩序等重要的视频资料为一年。

(6)车站售票、候车场所可设置银行自助存取款机。

3. 普速大型车站

有电子显示引导系统，满足温度环境使用要求，室外显示屏具有防雨、防湿、防寒、防晒、防尘等性能，信息显示及时，每屏信息的显示时间适当，便于旅客阅读。

(1)进站大厅（集散厅）设置进站显示屏，显示车次、始发站、终到站、开车时刻、候车区（检票口）、状态等发车信息。

(2)候车区内设置候车引导屏，显示车次、始发站、终到站、开车时刻、检票口、状态等信息。

(3)检票口处设置进站检票屏，显示车次、终到站、开车时刻、站台、状态等信息。

(4)天桥、地道内设置进、出站通道屏，显示当前到发列车车次、始发站、终到站、站台、到开时刻、列车编组前后顺位等信息。

(5)站台设置站台屏，显示当前车次、始发站、终到站、实际开点（终到站为到点）、列车编组前后顺位、引导提示等信息。

(6)出站口外侧设置出站屏，显示到达车次、始发站、到达时刻、站台、状态等信息。

(7)待机状态显示站名、安全提示、欢迎词等信息。

4. 普速中型车站

有电子显示引导系统，满足温度环境使用要求，室外显示屏具有防雨、防湿、防寒、防晒、防尘等性能，信息显示及时，每屏信息的显示时间适当，便于旅客阅读。

(1)候车区内设置候车引导屏，显示车次、始发站、终到站、开车时刻、检票口、状态等信息。

(2)检票口处设置进站检票屏，显示车次、终到站、开车时刻、站台、状态等信息。

(3)天桥、地道内设有进、出站通道屏的，显示当前到发列车车次、始发站、终到站、站台、到开时刻、列车编组前后顺位等信息。

(4)站台设有站台屏的，显示当前车次、始发站、终到站、实际开点（终到站为到点）、列车编组前后顺位、引导提示等信息。

(5)出站口外侧设有出站屏的，显示到达车次、始发站、到达时刻、站台、状态等信息。

(6)待机状态显示站名、安全提示、欢迎词等信息。

5. 普速小型车站

设置电子显示引导系统的，满足温度环境使用要求，室外显示屏具有防雨、防湿、防寒、防晒、防尘等性能，信息显示及时，每屏信息的显示时间适当，便于旅客阅读。待机状态显示站名、安全提示、欢迎词等信息。

有视频监控系统的，具备自动录像功能。录像资料留存时间不少于15 d，涉及旅客人身伤害、扰乱车站公共秩序等重要的视频资料为一年。

（四）售票设施设备

售票设施设备满足生产需要，作用良好。

售票窗口配备桌椅、计算机、制票机、居民身份证阅读器、双向对讲器售票窗口配备桌椅、计算机、制票机、居民身份证阅读器、双向对讲器(普速小型车站无规范要求)、窗口屏(普速小型车站无规范要求)、保险柜、验钞机等售票设备及具有录像、拾音、录音功能的监控设备,发售学生优惠票、优待票的窗口配备火车票学生优惠卡、中华人民共和国残疾军人证、中华人民共和国伤残人民警察证、国家综合性消防救援队伍残疾人员证的识读器,退票、改签窗口配备二维码扫描仪,电子支付窗口配备POS机。

(1)高铁车站、普速大中型车站在窗口正上方设置窗口屏,显示窗口号、窗口功能、工作时间或状态等信息。

(2)高铁车站、普速大型车站有对外显示屏,同步显示售票员操作的售票信息。

(3)设置工号牌或采用电子显示屏,显示售票人员姓名、工号、本人正面工作服彩色白底照片等信息。

(4)高铁车站、普速大中型车站有剩余票额信息显示屏,及时、正确显示日期、车次、始发站、终到站、开车时刻、各席别剩余票额等售票信息。

(5)高铁中型及以上车站、普速大型车站配备自动售、取票机,自动售票机具备现金或银行卡支付功能。

(6)补票处邻近出站检票闸机、检票口,配备桌椅、计算机、制票机、保险柜、验钞机、学生优惠卡识读器等售票设备和衡器,有防盗、报警设施。

(7)有存放票据、现金的处所和设备,具备防潮、防鼠、防盗、监控和报警功能。

(五)候车区

候车区布局合理,方便旅客。

1. 候车设备

配备适量座椅,摆放整齐,不影响旅客通行。

2. 问讯处(服务台、遗失物品招领处)

问讯处(服务台、遗失物品招领处),位置适当,标志醒目,配备信息终端和存放服务资料、备品的设备。高铁中型及以上车站、普速大型车站必须设置,普速中型车站可根据需要设置。

3. 饮水处

高铁车站、普速大中型车站设有饮水处,配备电开水器,有加热、保温标志,水质符合国家标准要求。可开启式箱盖的电开水器或保温桶加锁,箱盖与箱体无间隙。

普速小型车站设有饮水处,水质符合国家标准要求。用水处有节水宣传揭示。可开启式箱盖的电开水器或保温桶加锁,箱盖与箱体无间隙。

4. 卫生间

(1)高铁车站、普速大中型车站设有卫生间,厕位适量;有通风换气和洗手池等盥洗设备,正常使用,作用良好;厕位间设置挂钩。高铁中型及以上车站配干手器。

(2)普速小型车站设置卫生间的,厕位适量;有通风换气和洗手池等盥洗设备,正常使用,作用良好;厕位间设置挂钩。

5. 电梯

高铁车站、普速大型车站配备电梯,普速中型车站根据需要配置。电梯正常启用,作用良好。安全标志醒目,遇故障、维修时有停止使用等提示,操作人员持证上岗(仅操作停止、启动、调整方向的除外)。

6. 贵宾候车区

省会城市所在地高铁特大、大型车站为商务座旅客设置独立的贵宾候车区,其他高铁中型及以上车站提供候车区域。

7. 检票口

(1)高铁车站检票口设自动检票通道和人工检票通道,配备自动检票机。已检票区域与候车区有围栏,封闭良好。

(2)普速车站检票口设人工检票通道,已检票区域与候车区有围栏,封闭良好。

(六)实名制验证

实施车站全封闭实名制验证,设有相对独立的验证口、验证区域、验证通道和复位口,并配备验证设备。

(七)高铁快运、行李

1. 高铁快运营业场所外

高铁车站的高铁快运营业场所外有机动车作业场地和停车位。办理窗口有桌椅、计算机、制票机、扫描枪,配有电子衡器和装卸搬运机具,电子支付窗口配备POS机。有施封钳等包装工具,有专用箱、集装袋、锁等包装材料。高铁快运作业场地分区合理,有防火、防爆、防盗、防水、防鼠设备。

2. 行李房

普速车站的行李房有机动车作业场地和停车位。办理窗口有桌椅、计算机、制票机,使用行李管理信息系统,配有电子衡器和装卸搬运机具,电子支付窗口配备POS机。有打包机、施封钳等包装工具;有编织袋、纸箱、锁等包装材料;有封箱钉、打包带、铁锤、缝针等维修工具、施封材料。行李仓库有发送、中转、到达作业区域,根据品类划分鲜活、易腐、放射品等不同的存放区,方便存放和领取。有防火、防爆、防盗、防水、防鼠设备。

普速小型车站根据需要设置行李房。

(八)站台

1. 高铁车站站台

站台设有响铃设备,作用良好;地面标示站台安全线或安装安全门(屏蔽门),内侧铺设提示盲道;安全线内侧或安全门(屏蔽门)左侧设置上下车指示线标志,位置准确,醒目易识;设置的座椅、垃圾箱(桶)、广告灯箱等设施设备安放牢固,不影响旅客通行。

2. 普速车站站台

普速大中型车站站台设有响铃设备,作用良好;地面标示站台安全线,内侧铺设提示盲道;设置的座椅、垃圾箱(桶)、广告灯箱等设施设备安放牢固,不影响旅客通行。普速小型车站站台设有响铃设备或配备口笛,作用良好;地面标示站台安全线。

(九)给水站

高铁中型及以上车站、普速大中型车站配置给水站。给水站按规定设置水井、水栓,给水系统作用良好,水源保护、水质符合国家标准。按规定办理吸污作业的车站有吸污设备,作用良好。

(十)手持电台和音视频记录仪

客运人员每人配置具备录音功能的手持电台和音视频记录仪,其他岗位按需配备,作用良好。站台客运人员手持电台具备与司机通话功能。

(十一)设备管理

有设备管理制度和设备登记台账。有巡视检查、维护保养记录。发生故障立即报告,及时维修,影响旅客使用时设有提示。

三、文明服务

1. 仪容整洁，上岗着装统一，干净平整

(1)头发干净整齐、颜色自然，不理奇异发型、不剃光头。男性两侧鬓角不得超过耳垂底部，后部不长于衬衣领，不遮盖眉毛、耳朵，不烫发，不留胡须；女性发不过肩，刘海长不遮眉，短发不短于 7 cm。

(2)面部、双手保持清洁，指甲修剪整齐，长度不超过指尖 2 mm，身体外露部位无文身。女性淡妆上岗，保持妆容美观，不浓妆艳抹，不染彩色指甲。

(3)按岗位换装统一，衣扣拉链整齐。着裙装时，丝袜统一，无破损。系领带时，衬衣束在裙子或裤子内。外露的皮带为黑色。佩戴的外露饰物款式简洁，限手表一只、戒指一枚，女性还可佩戴发夹、发箍或头花及一副直径不超过 3 mm 的耳钉。不歪戴帽子，不挽袖子和卷裤脚，不敞胸露怀，不赤足穿鞋，不穿尖头鞋、拖鞋、露趾鞋，鞋的颜色为深色系，鞋跟高度不超过 3.5 cm，跟径不小于 3.5 cm。

(4)佩戴职务标志(售票员除外)，胸章牌(长方形职务标志)戴于左胸口袋上方正中，下边沿距口袋 1 cm 处(无口袋的戴于相应位置)，包含单位、姓名、职务、工号等内容。臂章佩戴在上衣左袖肩下四指处。售票员、验证人员、安检值机人员等坐姿作业人员可不戴制帽，其他人员执行职务时应戴制帽，帽徽在制帽折檐上方正中。

2. 表情自然，态度和蔼，用语文明，举止得体，庄重大方

(1)使用普通话，表达准确，口齿清晰。服务语言表达规范、准确，使用“请、您好、谢谢、对不起、再见”等服务用语。对旅客、客户称呼恰当，统称为“旅客们”“各位旅客”“旅客朋友”，单独称为“先生”“女士”“小朋友”“同志”等。

(2)旅客问讯时，面向旅客站立(售票员、封闭式问讯处工作人员办理业务时除外)，目视旅客，有问必答，回答准确，解释耐心。遇有失误时，向旅客表示歉意。对旅客的配合与支持，表示感谢。

(3)坐立、行走姿态端正，步伐适中，轻重适宜。在旅客多的地方先示意后通行；与旅客走对面时，主动让路，面向旅客侧身让行，不与旅客抢行。列队出(退)勤时，按规定线路行走，步伐一致。多人行走时，两人成排，三人成列。

(4)立岗姿势规范，精神饱满。站立时，挺胸收腹，两肩平衡，身体自然挺直，双臂自然下垂，手指并拢贴于裤线上，脚跟靠拢，脚尖略向外张呈“V”字形。女性可双手四指并拢，交叉相握，右手叠放在左手之上，自然垂于腹前；左脚靠在右脚内侧，夹角为 45°呈“丁”字形。

(5)迎送列车时，足靠安全线，不侵入安全线外，面向列车方向目迎目送，以列车进入站台开始，开出站台为止。办理交接时行举手礼，右手五指并拢平展，向内上方举手至帽檐右侧边沿，小臂形成 45°角。

(6)清理卫生时，清扫工具不触碰旅客及携带物品。挪动旅客物品时，征得旅客同意。需要踩踏座席时，戴鞋套或使用垫布。占用洗脸间洗漱时，礼让旅客。

(7)不高声喧哗、嬉笑打闹、勾肩搭背，不在旅客面前吃食物、吸烟、剔牙齿和出现其他不文明、不礼貌的动作，不对旅客评头论足，接班前和工作中不食用异味食品。

3. 站容整洁，环境舒适

(1)干净整洁，窗明地净，物见本色。

①地面干净无垃圾；玻璃透明无污渍；墙壁无污渍、涂鸦。电梯、扶手、护栏、座椅、台面、危

险品检查仪、危险品处置台等处无积尘、污渍。卫生间通风良好，干净无异味，地面无积水，便池无积便、积垢，洗手池清洁无污垢。饮水处地面无积水，饮水机表面清洁无污渍，沥水槽无残渣。站台、天桥、地道等地面无积水、积冰、积雪，股道无杂物。

②各服务处所设置适量的垃圾箱(桶)，外皮清洁，内配的垃圾袋材质符合国家标准、厚度不小于 0.025 mm，无破损、渗漏，每日消毒一次。垃圾车外表无明显污垢，垃圾不散落，污水不外溢。垃圾及时清运，储运密闭化，固定通道，日产日清。

③保洁工具定点隐蔽存放。设有供保洁作业使用的水、电设施和存放保洁机具、清扫工具的处所，不影响旅客候车、乘降。

④由具备资质的专业保洁企业保洁，使用专业保洁机具和清洁工具，清洗剂符合环保要求，不腐蚀、污染设备备品。保洁人员经过保洁专业知识和铁路安全知识培训合格，持证上岗。墙壁、玻璃、隔断、护栏等 2 m 以下的部位每日保洁，2 m 以上的部位及顶、棚等设施定期保洁。车站对保洁作业有检查，有考核。

(2)通风良好，空气质量符合国家规定。空调温度调节适宜，体感舒适，原则上保持冬季 18～20 ℃，夏季 26～28 ℃。高寒地区站房进出口处有门斗和风幕(防寒挡风门帘)。

(3)照明充足，售票处、问讯处(服务台)、高铁快运营业场所照明照度不低于 150 lx，候车区照明照度不低于 100 lx，站台、天桥及进出站地道照明照度不低于 50 lx。

(4)各服务处所按规定开展“消毒、杀虫、灭鼠”工作，蚊、蝇、蟑螂等病媒昆虫指数及鼠密度符合国家规定。

(5)服务备品齐全完整，质地良好，符合国家环保规定。卫生间配有卫生纸、洗手液(皂)、擦手纸(干手器)，坐便器配一次性坐便垫圈，及时补充。落客平台、站台设置的垃圾箱(桶)上有烟灰盒。分设照明开关，使用节能灯具，根据自然光照度及时开启或关闭照明。用水处有节水宣传揭示。

4. 广播语音清晰，音量适宜，用语规范，内容准确，播放及时

(1)通告列车运行情况、检票等信息，有禁止携带危险品进站上车、旅行安全常识、公共卫生和候车区禁止吸烟等宣传。

(2)使用普通话。民族自治地区车站可根据需要增加当地通用的民族语言播音。特大、大型车站使用普通话和英语双语播报客运作业信息，中型车站可增加英语播报客运作业信息。

(3)采用自动语音合成方式，日常重点内容播音录音化，可变信息尽可能集中录制，减少信息合成的频次。

5. 全面服务，重点照顾

(1)无需求无干扰。配备自动售(取)票机、自动检票机、电子显示屏等服务设备，通过广播、揭示揭挂、电子显示等方式宣传服务设备的使用方法，方便旅客自助服务。

(2)有需求有服务。售票处、候车区公布中国铁路 12306 客户服务电话(区号＋电话号码)、铁路 12306 移动端和微信公众号二维码，直辖市、省会城市和计划单列市所在地主要车站、站房规模和发送量较大的车站进站口外和候车室内设咨询服务台，受理旅客咨询、求助、投诉，专人负责，及时回应。实行首问首诉负责制，旅客问讯时，有问必答，回答准确；对旅客提出的问题不能解决时，指引到相应岗位，并做好耐心解释。接听电话时，先向旅客通报单位和工号。

(3)重点关注，优先照顾，保障重点旅客服务。

①按规范设置无障碍设施设备。售票厅设无障碍售票窗口。特大、大型车站候车室设有

重点旅客候车区和特殊重点旅客服务点(可与问讯处、服务台等合设),位置醒目、便于寻找,并配备轮椅、担架等辅助器具;地市级以上车站候车区设置相对封闭的哺乳区;在检票口附近等方便的区域设置黄色标志的重点旅客候车专座。设有无障碍厕所和无障碍电梯,正常使用。盲道畅通无障碍。

②重点旅客优先购票、优先进站、优先检票上车。

③根据需求为特殊重点旅客提供帮助,有服务,有交接,有通报。

(4)尊重民族习俗和宗教信仰。民族自治地区车站可按规定在图形标志增加当地通用的民族语言文字,可根据需要增加当地通用的民族语言播音。

(5)旅客在站内遗失物品时,帮助(或广播)查找;收到旅客遗失物品及时登记、公告,登记内容完整,保管措施妥当,处置措施合法。

四、客运组织

(一)售　票

1. 售票渠道与业务

(1)售票渠道

高铁车站、普速大型车站提供窗口、自动售(取)票机等多种售票渠道,售票网点布局合理,管理规范。高铁中型及以上车站、普速大型车站提供铁路客票代售点。普速中型车站提供窗口、铁路客票代售点。普速小型车站提供售票窗口。

(2)售票设施数量

高铁车站、普速大中型车站售票窗口和自动售(取)票机设置、开放的数量适应客流量,日常窗口排队不超过20人。普速小型车站售票窗口的设置、开放适应客流量。

(3)售票方式

办理售票、退票、改签、变更到站、挂失补办、签证等业务,发售学生优惠票、优待票、乘车证签证等各种车票,支持现金、银行卡等支付方式。

2. 售票时间

(1)高铁车站

根据车站客流及最早最晚办理客运业务列车到达时刻合理确定售票时间和停售时间,并在售票处醒目位置公布;开窗时间不晚于本站首趟列车开车前30 min,关窗时间不早于本站最后一趟列车办理客运业务后20 min。工作时间内暂停售票时设有提示。用餐或交接班时间实行错时暂停售票。

(2)普速大中型车站

在售票处醒目位置公布售票时间和停售时间。工作时间内暂停售票时设有提示。用餐或交接班时间实行错时暂停售票。

(3)普速小型车站

根据车站客流及客车停靠时刻合理确定售票时间和停售时间,并在售票处醒目位置公布;开窗时间不晚于客车到达前30 min,关窗时间不早于客车开车后20 min。工作时间内暂停售票时设有提示。用餐或交接班时间实行错时暂停售票。

3. 自动售(取)票机

自动售(取)票机及时补充票据、零钞和凭条。设备故障等异常状况处置及时。

4. 票据、现金保管

票据、现金妥善保管，票面完整、清晰。票据填写规范，内容准确、无涂改，按规定加盖站名戳和名章。

(二)进站、候车、检票组织

1. 实名制验证

按规定实行实名制验证，核验车票、有效身份证件原件、旅客的一致性。

2. 安检设备与候车组织

安检设备的设置适应客流量和站场条件，秩序良好，通道顺畅。普速车站按列车开行方向、车次组织旅客有序候车，提醒旅客对超重、超大等物品办理托运。

3. 候车服务

候车室(区)旅客可视范围内有客运人员，及时巡视、解答旅客咨询，妥善处置异常情况。高铁特大、大型车站设有值班站长，候车区具备车票改签和自助取票功能。贵宾候车区按规定配备专职服务员以及验票终端等服务设备，提供免费小食品、饮品、报刊等服务。普速大型车站候车区具备车票改签和自助取票功能。

4. 检票时间设置

开始、停止检票时间的设置适应客流量和站场条件，进站口有提前停止检票时间的提示。开始检票或列车到站前，通告车次、停靠站台等检票信息。

普速大中型车站始发列车检票时间不晚于开车前 30 min。

5. 检票

(1)高铁车站

高铁车站自动检票机通道和人工检票通道正常启用，通道数量适应客流情况，并设有商务座旅客快速检票通道(高铁小型车站提供快速检票进站)。高铁中型及以上车站设两侧检票口的，对长编组、重联动车组列车同时开启。按照先重点、后团体、再一般的原则，引导旅客通过自动检票机、人工检票通道分别排队等候、检票进站，宣传自动检票机的使用方法，提醒旅客拿好身份证，防止尾随。具备居民身份证自动识读检票条件的自动检票机正常启用。人工检票口核验车票和其他乘车凭证。

(2)普速车站

检票通道数量适应客流情况。按照“先重点、后团体、再一般旅客”的原则组织旅客排队检票进站，确认车次、日期相符、车票有效、核验其他乘车凭证后放行。

6. 拒绝进站、乘车的情况

对无票、日期车次不符、减价不符、票证人不一致等人员按规定拒绝进站、乘车。

7. 检票通告

停止检票前，通告候车室，提醒旅客不要漏乘；停止检票时，关闭检票口，通告候车室和站台。

(三)站台组织

1. 站台检查

站台客运人员提前到岗检查。高铁车站、普速大型车站检查引导屏状态和显示内容、站台及股道情况，普速中型车站检查站台、股道、站台引导屏等情况，普速小型车站检查站台、股道等情况。

2. 乘降组织

(1)高铁车站

按站台车厢位置标志在站台安全线或屏蔽门内组织旅客排队等候,有序乘降。铃响时巡视站台,提醒旅客不要漏乘。

(2)普速车站

组织旅客按车厢位置在站台安全线内排队等候,列车停稳后先下后上、有序乘降。铃(普速小型车站为口笛)响时巡视站台,提醒旅客不要漏乘。

3. 站车交接

(1)高铁车站

办理站车交接,短编组动车组列车在4、5号车厢之间;长编组动车组列车在8、9号车厢之间;重联动车组列车在列车运行方向前组第7、8位车厢之间。

(2)普速车站

在列车中部办理站车交接。

4. 开车打铃

高铁车站开车时间前30 s打响开车铃,铃声时长10 s。

普速中大型车站开车时间前打响开车铃,普速小型车站开车时间前打响开车铃或吹响口笛。

5. 车站确认

高铁车站确认列车旅客乘降、上水、吸污和高铁快运、餐车物品装卸作业完毕后,使用无线对讲设备通知列车长与客运有关的作业完毕。

6. 车厢值守

普速大中型车站客流较大,始发终到列车1人值乘多个车厢、需双开车门时,车站负责值守增开的车门。

(四)出站组织

1. 出站准备

出站检票人员提前到岗检查。高铁车站检查自动检票机、出站显示屏状态和内容,普速大中型车站检查出站显示屏状态和内容。

2. 检票出站

(1)高铁车站

引导旅客通过自动检票机和人工检票通道检票出站,具备居民身份证自动识读检票条件的自动检票机正常启用。人工检票口核对车票及其他乘车凭证,保持秩序良好,防止尾随。

(2)普速车站

引导旅客排队检票、有序出站,核对乘车凭证,防止尾随。普速大中型车站遇有大客流可敞开出口。

3. 违章处理

对违章乘车旅客及违章携带品正确处理,票款收付准确。

4. 清理站台、通道

列车出站后及时清理,站台、通道无滞留人员。

5. 站内换乘

换乘客流大的高铁中型及以上车站、普速大型车站根据需要设置站内换乘流线,配备相应的设备和引导标志。

（五）高铁快运与行李作业

1. 高铁快运作业

（1）高铁快运作业场地

高铁快运作业场地满足集散分拣、装卸作业、物品和集装容器暂存等作业要求，其位置可方便、快捷进出车站和站台。高铁快运物品经指定通道进出车站、站台。

（2）集装容器

高铁快运使用专用箱、冷藏箱、集装袋等集装容器以集装件的形式在高铁车站间运输。承运物品和集装件严格执行安全检查规定。

（3）装卸、搬运

装卸、搬运高铁快运集装件时轻搬轻放，堆码整齐。合理安排装车计划，列车到站前将集装件提前搬运至站台指定位置，列车停稳后按计划装载；始发站在旅客上车前完成装车，中途站在开车铃响前完成装车；装卸车作业过程不干扰旅客乘降。装车完毕后向列车长汇报集装件装车位置及件数。

（4）事故处理

运输过程中发生高铁快运包装松散、破损时，有记录、有交接。

（5）交接

到站卸车提前到位，立岗接车。集装件外包装、施封破损或集装件短少的，凭客运记录或现场检查，核实现状，办理交接。

（6）更换车底或终止运行的处理

遇高铁列车在站临时更换车底或终止运行时，协助列车客运乘务组完成集装件换乘，必要时临时看管卸下的集装件。

（7）闲杂人员处置

高铁快运作业区无闲杂人员出入，无非高铁快运工作人员查找、搬运。发现非工作人员持集装件出站时当场制止。

（8）高铁快运装卸人员管理

高铁快运装卸人员经过装卸作业知识、技能和铁路安全知识培训合格，持证上岗。

2. 行李作业

（1）行李房设置

普速大型车站设有行李房，设置承运、交付办理窗口，提供托运单和填写托运单的必要用具。普速中型车站、普速小型车站设有行李房的，设置承运、交付办理窗口，提供托运单和填写托运单的必要用具。

（2）承运

承运行李及时准确，品名相符，正确检斤、制票，运杂费收付无误，唱收唱付，不逾期、不破损、不丢失。

（3）限制运输物品办理

承运限制运输的物品时，按规定查验相关的运输证明；需要押运的物品按规定办理押运手续。

（4）装卸、搬运

装卸、搬运行李轻搬轻放，大不压小、重不压轻、方不压圆，箭头向上、标签向外，堆码整齐。

(5)特殊物品处理

易碎品、流质物品或一级运输包装的放射性同位素,外包装上粘贴或印制有安全标志;运输过程中发生行李包装松散、破损及时修整,并有记录、有交接。

(6)到达行李处理

到达行李核对票据,妥善保管,及时通知,准确验货,正确交付,按规定期限保管。对无法交付的行李及时公告,按规定处理。

(7)行李差错处理

认真处理行李差错,发生行李损失先赔付、后定责。

(8)闲杂人员处置

仓库内无闲杂人员出入,无非行李、装卸工作人员查找、搬运行李。

(9)行李代办网点

行李代办网点布局合理,管理规范。代办接取送达及时、准确、安全,收费规范。

(10)行李装卸单位及人员管理

行李装卸单位具备相应资质;装卸人员经过装卸作业知识、技能和铁路安全知识培训合格,持证上岗。

(11)实名制托运

按规定实行实名制托运。核验有效身份证件原件与托运人的一致性。

(12)行李运输方案

执行行李运输方案。装卸列车时,先卸后装,按照列车行李员指定货位码放,使用规定印章办理站车交接。

(六)列车给水、吸污作业

高铁中型及以上车站、普速大中型车站开展列车给水、吸污作业。

1. 给水站配备

给水站根据给水方案配备给水人员,防护用具齐全,按指定线路提前到指定位置接送车,有人防护,同去同回。

2. 上水、吸污作业

(1)高铁中型及以上车站

按规定程序及时上水,始发列车辆辆满水,中途站按给水方案补水,有注水口的挡板锁闭,水管回卷到位(管头插入上水井内)。吸污站按规定进行吸污作业,保持作业清洁。作业完毕,向站台客运人员报告。

(2)普速大型车站

按规定程序及时上水,始发列车辆辆满水,中途站按给水方案补水,水管回卷到位(管头插入上水井内)。吸污站按规定进行吸污作业,保持作业清洁。作业完毕,向站台客运人员报告。

(3)普速中型车站

按规定程序及时上水,始发列车辆辆满水,中途站按给水方案补水,水管回卷到位(管头插入上水井内)。作业完毕,向站台客运人员报告。

(七)应急处置

1. 高铁车站

(1)非正常情况的处置

遇恶劣天气、列车停运、大面积晚点、启动热备车底、突发大客流、设备故障、客票(服)系统故障、火灾爆炸、重大疫情、食物中毒、作业车辆(设备)坠入股道、旅客人身伤害等非正常情况时，及时启动应急预案，掌握售票、候车、旅客滞留、高铁快运等情况，维持站内秩序，准确通报信息，做好咨询、解释、安抚等善后工作。

①列车晚点

列车晚点 15 min 以上时，根据调度通报，公告列车晚点信息，说明晚点原因、预计晚点时间，广播每次间隔不超过 30 min。电子显示屏实时显示。按规定办理退票、改签或逢餐点提供免费饮食品，协调市政交通衔接。

②列车在车站空调失效

遇列车在车站空调失效时，站车共同组织；必要时，组织旅客下车、换乘其他列车或疏散到车站安全处所。到站按规定退还票价差额。

③车底变更

遇车底变更时，车站按车底变更计划调整席位，组织旅客换乘，告知列车，并按规定办理改签、退票。

④售票、检票系统故障

遇售票、检票系统故障时，组织维护部门进行故障排查，按规定启用应急售票程序，组织人工办理检票。

⑤列车故障途中需更换车底

遇列车故障途中需更换车底时，在车站换乘的，由客调通知换乘站、高铁快运到站，由换乘站组织集装件换车。在区间换乘的，集装件不换至救援车，由故障车所在地铁路局集团公司根据救援方案一并安排随车运送至动车所所在地高铁车站，动车所所在地高铁车站编制客运记录并安排最近车次运送至到站。

(2)培训和演练

有应急预案培训和演练，有记录，有结果，有考核。

(3)快速(绿色)通道

高铁中型及以上车站在春、暑运等客流高峰时期，验证、安检、进站等处所设有快速(绿色)通道。

2. 普速车站

(1)非正常情况处置

遇恶劣天气、列车停运、大面积晚点、突发大客流、设备故障、客票(服)系统故障、火灾爆炸、重大疫情、食物中毒、作业车辆(设备)坠入股道、旅客人身伤害等非正常情况时，及时启动应急预案，掌握售票、候车及旅客滞留情况，维持站内秩序，准确通报信息，做好咨询、解释、安抚等善后工作。

①列车晚点 30 min 以上

列车晚点 30 min 以上时，根据调度通报，公告列车晚点信息，说明晚点原因、预计晚点时间，广播每次间隔不超过 30 min。电子显示屏实时显示(普速大中型车站)。按规定办理退票、改签，协调市政交通衔接。

②列车在车站空调失效

遇列车在车站空调失效时，站车共同组织；必要时，组织旅客下车、换乘其他列车或疏散到车站安全处所。到站按规定退还票价差额。

③车底变更

遇车底变更时，普速大型车站按车底变更计划调整席位，组织旅客换乘，告知列车，并按规定办理改签、退票。普速中小型车站遇车底变更时，组织旅客换乘，按规定办理改签、退票。

④售票系统故障

遇售票系统故障时，组织维护部门进行故障排查，按规定启用应急售票、换票程序。

(2)应急预案培训和演练

有应急预案培训和演练，有记录，有结果，有考核。

(3)客流高峰

春、暑运等客流高峰时期，换票、验证、安检、进站等处所设有快速(绿色)通道。

普速大、中型车站根据情况，开设临时售票、候车场所，采取限时进站、异地候车、暂停商业营业等方式，满足客流需要。临时候车场所有饮用水供应、卫生间等设施设备，配备适量重点旅客座席。

五、商业、广告经营

(1)站内商业场所、位置、面积、业态布局统一规划，不占用旅客候车空间，不影响旅客乘降流线，不遮挡旅客服务信息；统一标志，统一服务内容，统一服务标准，有商业经营管理规范，对经营行为有检查，有考核。

(2)经营单位持有效经营许可，经营行为规范，明码标价，文明售货，提供发票。不出售禁止或限量携带等影响运输安全的商品，不出售无生产单位、无生产日期、无保质期、过期、变质以及口香糖等严重影响环境卫生的食品。代搬行李服务无诱导旅客消费。

(3)餐饮食品经营场所环境卫生符合要求，用具清洁，消毒合格，生熟(成品、半成品)分开。销售散装熟食品时，有防蝇、防尘措施，不徒手接触食品。

(4)站内广告设置场所、位置、面积、形式统一规划，广告设施安全牢固，形式规范，内容健康，与车站环境相协调。不挤占、遮挡图形标志、业务揭示、安全宣传等客运服务信息，不影响客运服务功能，不影响安全。旅客通道内安装的广告牌使用嵌入式灯箱，突出墙面部分不超过200 mm，棱角部位采取打磨、倒角处理。除围墙、栅栏外，无直接涂写、张贴式广告。广播系统不发布音频广告。播放视频时不得外放声音。

六、基础管理

(1)管理制度健全，有考核，有记载。定期分析安全和服务质量状况，有针对性具体整改措施。

(2)业务资料配置到位，内容修改及时、正确。

(3)各工种按岗位责任各负其责，相互协作，落实作业标准。

(4)业务办理符合规定，票据、台账、报表填写规范、清晰。营运进款结算准确，票据、现金入柜加锁，及时解款。

(5)定期召开站区结合部协调会，有监督，有检查，有考核。

(6)定期开展职业技能培训，培训内容适应岗位要求，评判准确。

七、人员素质

(1)身体健康，五官端正，持有效健康证明。新职人员具备高中(职高、中专)及以上文化程度。

(2)持有效上岗证,经过岗前安全、技术业务培训合格。客运值班员、售票值班员、客运计划员、综控室操作人员从事客运服务工作满2年。综控室操作人员具备广播员资质。

(3)熟练使用本岗位相关设备设施,熟知本岗位业务知识和职责,掌握本岗位应急处置作业流程,具备应对突发事件的能力。

任务解析

"任务导入"中所述案例解析如下:

对照《铁路旅客运输服务质量规范》中有关文明服务的要求,该客运员留了胡须、卷了袖子,违反了规范要求,必须予以纠正。

任务四　服务质量规范(动车组列车)

任务导入

某动车组旅客列车上来一位孕妇旅客,列车员仅提供了服务一般旅客的正常服务。

思考:

列车员提供的服务是否达到《铁路旅客运输服务质量规范》的要求?

知识讲解

一、安全秩序

1. 安全管理制度

防火防爆、人身安全、食品安全、现金票据、结合部等安全管理制度健全有效。

2. 服务设施

出、入动车所前,由车辆、客运人员对上部服务设施状态进行检查,办理一次性交接;运行途中,发现上部服务设施故障时,客运乘务人员立即向列车长报告,并通知随车机械师共同确认、处理。

3. 安全设施设备

各车厢灭火器、紧急制动阀(手柄或按钮)、烟雾报警器、应急照明灯、防火隔断门、紧急门锁、紧急破窗锤、气密窗、厕所紧急呼叫按钮及车门防护网(带)、应急梯、紧急用渡板、应急灯(手电筒)、扩音器等安全设施设备配置齐全,作用良好,定位放置。乘务人员知位置、知性能、会使用。

4. 电器设备

安全使用电源,正确使用电器设备。电器元件安装牢固,接线及插座无松动,按钮开关、指示灯作用良好;不乱接电源和增加电器设备,不超过允许负载。配电室(箱)、电气控制柜锁闭,无堆放物品。不用水冲刷车内地板、连接处和车内电器设备。

5. 厨房电器

餐车配置的微波炉、电烤箱、咖啡机等厨房电器符合规定数量、规格和额定功率,规范使用,使用中有人监管,用后清洁,餐车离人断电。

6. 执行车门管理制度

(1)列车到站停稳后,司机或随车机械师开启车门,并监控车门开启状态。开车前,列车长

(重联时为运行方向前组列车长)接到车站与客运有关的作业完毕通知后,按规定通知司机或随车机械师关闭车门。

(2)动车组列车停靠低站台时,到站前乘务人员提前锁闭辅助板指示锁并打开翻板,开车后及时将翻板及辅助板指示锁复位。

(3)餐车上货门仅供餐车售货人员补充商品、餐料时使用,无旅客乘降。

(4)列车运行中,车门、气密窗锁闭状态良好。定期巡视,保持通道畅通。发现车门未锁闭或锁闭状态不良时,指派专人看守,并及时通知随车机械师处理。

7. 安全标志与安全乘车规定

安全标志设置齐全、规范,符合标准。采用广播、视频、图形标志、服务指南等方式,宣传安全常识和车辆设备设施的使用方法,提示旅客遵守安全乘车规定。

8. 运行安全

运行中做好安全宣传和防范,车内秩序、环境良好,无闲杂人员随车叫卖、拣拾、讨要。发现可能损坏车辆设施和影响安全、文明的行为及时制止。

9. 禁止吸烟

全列各处所禁止吸烟。加强禁烟宣传,发现吸烟行为及时劝阻,并由公安机关依法查处。

10. 物品摆放

行李架、大件行李存放处物品摆放平稳、牢固、整齐。大件行李放在大件行李存放处,不占用席(铺)位,不堵塞通道。锐器、易碎品、杆状物品及重物等放在座(铺)位下面或大件行李存放处。衣帽钩限挂衣帽、服饰等轻质物品。使用小桌板不超过承重范围。

11. 可疑及无人认领物品

发现旅客携带品可疑及无人认领的物品时,配备乘警(或列车安全员,下同)的列车通知乘警到场处理;未配备乘警的由列车长按规定处理,对危险品做好登记、保管及现场处置,并交前方停车站(公安部门)处理。

12. 行为、神情异常旅客

发现行为、神情异常的旅客时,重点关注,配备乘警的列车通知乘警到场处理;未配备乘警的由列车长按规定处理,情形严重时交列车运行前方停车站处理。

13. 旅客伤病

发生旅客伤病时,提供协助,通过广播寻求医护人员帮助;情形严重的,报告客调。

14. 站车交接

办理站车交接,短编组动车组列车在4、5号车厢之间;长编组动车组列车在8、9号车厢之间;重联动车组列车在列车运行方向前组第7、8位车厢之间。

15. 进出通道

乘务人员进出车站和动车所(客技站)时走指定通道,通过线路时走天桥、人行地道,走平交道时做到"一停二看三通过",不横越线路,不钻车底,不跨越车钩,不与运行中的机车车辆抢行。进出车站时集体列队。

16. 乘务人员

乘务人员在接班前充分休息,保持精力充沛,不在班前、班中、折返站饮酒。

二、设备设施

1. 车辆设备设施管理

车辆设备设施齐全，符合动车组出所质量标准。

(1)车辆使用规范

乘务员室、监控室、多功能室、洗脸间、厕所、电气控制柜、备品柜、储藏柜、清洁柜、衣帽柜、大件行李存放处、软卧会客室等不挪作他用或改变用途。多功能室用于照顾重点旅客。

(2)车辆状态良好

车辆外观整洁，内外部油漆无剥落、褪色、流坠；车内顶棚不漏水，内外墙板及车内地板无破损、无塌陷、不鼓泡；渡板及各部位压条、压板、螺栓不松动、无翘起；脚蹬安装牢固，无腐蚀破损；手把杆无破损、松动。各部位金属部件无锈蚀。

(3)车内设施完好

广播、空调、电茶炉、饮水机、照明灯具、电子显示屏、电视机、车载视频监控终端、控制面板、电源插座、车门、端门、地板、车窗、翻板、站台补偿器、窗帘、座椅、脚蹬、小桌板、靠背网兜、茶桌、座席号牌、衣帽钩、行李架、垃圾箱、洗手盆、水龙头、梳妆台、面镜、便器、洗手液盒、一次性坐便垫盒、卫生纸盒、擦手纸盒、婴儿护理台、镜框、洗脸间门帘、干手器，商务座车小吧台、呼唤应答器、阅读灯，软卧车铺位号牌、包房号牌、卧铺栏杆、扶手、呼叫按钮、沙发、报刊栏，餐车侧门、餐桌、吧台、冰箱、展示柜、微波炉、电烤箱、售货车等服务设备设施齐全，作用良好，正常使用，外观整洁，故障、破损及时修复。

2. 服务图形标志规范

车内各种服务图形标志型号一致，位置统一，安装牢固，齐全醒目，符合规定。

3. 车厢外部显示准确

车厢外部的电子显示屏显示列车运行区间、车次、车厢顺号等信息，车内电子显示屏显示列车运行区间、车次、车厢顺号、停站、运行速度、温度、中国铁路 12306 客户服务电话(区号＋电话号码)、安全提示等信息，显示及时、准确。

三、服务备品

1. 服务备品质量

服务备品、材料等符合国家环保规定，质量符合要求，色调与车内环境相协调。

2. 服务备品配置

服务备品齐全，干净整洁，定位摆放。布制、易耗备品备用充足，保证使用。布制备品按规定的时间使用和换洗，有启用时间(年、月)标志。

(1)软卧车(含高级软卧车)

①包房内有被套、被芯、枕套、枕芯、床单、垫毯、卧铺套、靠背套、茶几布、一次性拖鞋、衣架、不锈钢果皮盘、带盖垃圾桶、热水瓶、面巾纸盒及服务指南、免费读物。

②备有托盘、热水瓶和一次性硬质塑料水杯。

(2)软卧代座车

①包房内有卧铺套、靠背套、不锈钢果皮盘。

②包房门框上原铺位号牌处有座席号牌。

③备有热水瓶和一次性硬质塑料水杯。

(3)商务座车

①提供小毛巾,就餐时提供餐巾纸、牙签。

②有耳塞、靠垫、鞋套、一次性拖鞋、清洁袋和专项服务项目单、服务指南、免费读物。

③备有防寒毯、耳机、眼罩、托盘、热水瓶和一次性硬质塑料水杯。

(4)特等、一等、二等座车

①有清洁袋、免费读物和服务指南,放置在座椅靠背袋内或其他指定位置。

②有座椅套、头枕片;特、一等座车座椅有头枕。

③电茶炉配有纸杯架的,有一次性纸杯。

④乘务组备有热水瓶、耳塞和一次性硬质塑料水杯。

(5)餐车

①有座椅套。

②有售货车、托盘、热水瓶、一次性硬质塑料水杯。

③备有餐巾纸、牙签。

(6)洗脸间

洗脸间有洗手液、擦手纸(或干手器)。

(7)厕所

厕所内有芳香盒和水溶性好的卫生纸、擦手纸,坐便器有一次性坐便垫圈,小便池内放置芳香球。

3. 贴身卧具要求

贴身卧具(被套、床单、枕套)和头枕片干燥、清洁、平整,无污渍、无破损,已使用与未使用的折叠整齐,分别装袋保管。卧具袋防水、耐磨,干净,无破损。贴身卧具与其他布质备品分类洗涤;洗涤、存储、装运及更换不落地、无污染。

4. 非贴身卧具要求

卧车垫毯、被芯、枕芯等非贴身卧具备品干燥、清洁,无污渍、无破损,定期晾晒。被芯、枕芯先加装包裹套,再使用被套、枕套。包裹套定期清洗,保持干燥整洁。

5. 布制备品存放

布制备品定位存放在储物(藏)柜内。无储物(藏)柜或储物(藏)柜容量不足的,软卧车定位放置在3、7、11号卧铺下。

6. 厕所专用清扫工具要求

有厕所专用清扫工具,与车内清扫工具分开定位存放在清洁柜内;无清洁柜的定位隐蔽存放。商务座、特等座、一等座车厢客室内不存放清洁工具。清扫工具、清洁剂材质符合规定。

7. 清洁袋要求

清洁袋质地、规格符合规定,具有防水、承重性能。

8. 垃圾小推车、垃圾袋

每标准编组车底配备2辆垃圾小推车,垃圾小推车、垃圾箱(桶)内用垃圾袋,垃圾袋符合国家标准,印有使用单位标志,与垃圾箱(桶)规格匹配,厚度不小于0.025 mm。

9. 业务工具

列车配有补票机、站车客运信息无线交互系统手持终端和GSM-R通信设备;乘务人员配置具备录音功能的手持电台及音视频记录仪。设备电量充足,作用良好。站车客运信息无线交互系统手持终端在始发前登录,途中及时更新信息。

四、整　备

1. 出库标准

(1)车厢内外各部位整洁,窗明几净,四壁无尘,物见本色。

①外车皮、站台补偿器内外、窗门框及玻璃、扶手干净、无污渍。

②天花板(顶棚)、板壁、边角、地板、连接处、灯罩、座椅(铺位)、空调口、通风口、电茶炉、靠背袋网兜内等部位清洁卫生,无尘无垢无杂物。

③热水瓶、果皮盘、垃圾箱(桶)、洗脸间内外洁净。

④餐车橱、柜、箱干净无异味,分类标志清晰,商品、餐、饮品和备品等分类定位放置。

⑤厕所无积便、积垢、异味,地面干净无杂物。污物箱内污物排尽。

(2)深度保洁结合检修计划安排在白天作业,范围包括车厢天花板、板壁、遮阳板(窗帘)、灯罩、连接处、车梯、商务座椅表面、座椅(铺位)缝隙、座椅扶手及旋转器卡槽、小桌板、脚踏板、暖气罩缝隙、洗手液盒、车厢边角以及电茶炉、饮水机内部。

(3)布制品、消耗品和保洁工具等服务备品配备齐全,定位放置,定型统一。

①卧具叠放整齐,摆放统一,床单、头枕片、座席套、茶几布等铺设平整,干净整洁。

②清洁袋、洗手液、卫生纸、擦手纸、一次性坐便垫圈、服务指南、免费读物、商务座专项服务等备品补足配齐,定位放置。服务指南中含有旅行须知、乘车安全须知、本车型的设备设施介绍、主要停靠站公交信息、铁路12306移动端和微信公众号二维码及本趟列车销售的商品价目表、菜单。

③垃圾小推车等保洁工具及售货车等备品定位放置,不影响旅客使用空间。

(4)可旋转式座椅转向列车运行方向。

(5)定期进行"消、杀、灭",蚊、蝇、蟑螂等病媒昆虫指数及鼠密度符合国家规定。

2. 途中标准

(1)使用垃圾小推车和专用工具适时保洁,保持整洁卫生。旅客下车后及时恢复车容。

①各处所地面墩扫及时,干燥、干净;台面、桌面、面镜擦抹及时,干净、无水渍。

②洗脸(手)池、电茶炉沥水盘清理、擦抹及时,无污渍,无残渣,无堵塞,无积水;垃圾车、垃圾箱(桶)、清洁袋、靠背袋网兜、果皮盘清理及时,无残渣;厕所畅通无污物,无异味,按规定吸污。

③餐车餐桌、吧台、工作台、微波炉及各橱、箱、柜内保持洁净。

(2)备品、卧具管理。清洁袋、洗手液、卫生纸、擦手纸、一次性坐便垫圈等备品补充及时;卧具污染更换及时。

(3)垃圾装袋、封口、无渗漏,定位放置,在指定站定点投放;不向车外扫倒垃圾、抛扔杂物。

3. 终到标准

终到站时车内无垃圾、污水、粪便、异味。垃圾装袋、封口、无渗漏,到站定点投放。

4. 到站立即折返标准

(1)站台侧车外皮、门框、车窗干净,无污物、无积尘。

(2)车内地面清洁,行李架、大件行李存放处、扶手及座椅(铺位)、窗台上和靠背网兜内干净整洁;垃圾箱(桶)内无垃圾,无异味。

(3)热水瓶、果皮盘内外洁净,垃圾箱(桶)、洗脸间四周洁净。

(4)餐车橱、柜、箱干净无异味,分类标志清晰,商品、餐、饮品和备品等分类定位放置。

(5)洗脸间、厕所面镜洁净,洗脸(手)池、便器无污物、无异味。电茶炉沥水盘洁净。

(6)布制品、消耗品和保洁工具等服务备品配备齐全,定位放置,定型统一。

①卧具叠放整齐,摆放统一,床单、头枕片、座席套、茶几布等铺设平整,干净整洁。

②清洁袋、洗手液、卫生纸、擦手纸、一次性坐便垫圈、服务指南、免费读物、商务座专项服务等备品补足配齐,定位放置。

③保洁工具、售货车等备品定位放置,不影响旅客使用空间。

(7)可旋转式座椅转向列车运行方向。

五、文明服务

1. 仪容整洁,着装统一,整齐规范

(1)头发干净整齐、颜色自然,不理奇异发型、不剃光头。男性两侧鬓角不得超过耳垂底部,后部不长于衬衣领,不遮盖眉毛、耳朵,不烫发,不留胡须;女性发不过肩,刘海长不遮眉,短发不短于 7 cm。

(2)面部、双手保持清洁,身体外露部位无文身。指甲修剪整齐,长度不超过指尖 2 mm,不染彩色指甲。

(3)女性淡妆上岗,唇线与口红的颜色一致;眉毛修剪整齐,眉笔和眼线为黑色或深棕色;眼影的颜色与制服一致;使用清香、淡雅型香水。工作中保持妆容美观,端庄大方。补妆及时,在洗手间或乘务间进行。不浓妆艳抹。

(4)乘务组换装统一,衣扣拉链整齐。着裙装时,丝袜统一,无破损。系领带时,衬衣束在裙子或裤子内。外露的皮带为黑色。佩戴的外露饰物款式简洁,限手表一只、戒指一枚,女性还可佩戴发夹、发箍或头花及一副直径不超过 3 mm 的耳钉。不歪戴帽子,不挽袖子和卷裤脚,不敞胸露怀,不赤足穿鞋,不穿尖头鞋、拖鞋、露趾鞋,鞋的颜色为深色系,鞋跟高度不超过 3.5 cm,跟径不小于 3.5 cm。

(5)佩戴职务标志,胸章牌(长方形职务标志)戴于左胸口袋上方正中,下边沿距口袋 1 cm 处(无口袋的戴于相应位置),包含单位、姓名、职务、工号等内容。臂章佩戴在上衣左袖肩下四指处。按规定应佩戴制帽的工作人员,在执行职务时戴上制帽,帽徽在制帽折檐上方正中。除列车长外,其他客运乘务人员在车厢内作业时可不戴制帽。

(6)餐车加热、供应餐食时,服务人员戴口罩、手套;女性穿围裙。

2. 表情自然,态度和蔼,用语文明,举止得体,庄重大方

(1)使用普通话,表达准确,口齿清晰。服务语言表达规范、准确,使用“请、您好、谢谢、对不起、再见”等服务用语。对旅客、客户称呼恰当,统称为“旅客们”“各位旅客”“旅客朋友”,单独称为“先生”“女士”“小朋友”“同志”等。

(2)旅客问讯时,面向旅客站立(工作人员办理业务时除外),目视旅客,有问必答,回答准确,解释耐心。遇有失误时,向旅客表示歉意。对旅客的配合与支持,表示感谢。

(3)坐立、行走姿态端正,步伐适中,轻重适宜。在旅客多的地方,先示意后通行;与旅客走对面时,要主动侧身面向旅客让行,不与旅客抢行。列队出(退)勤(乘)时,按规定线路行走,步伐一致,箱(包)在同一侧。

(4)立岗姿势规范,精神饱满。站立时,挺胸收腹,两肩平衡,身体自然挺直,双臂自然下垂,手指并拢贴于裤线上,脚跟靠拢,脚尖略向外张呈“V”字形。女性可双手四指并拢,交叉相握,右手叠放在左手之上,自然垂于腹前;左脚靠在右脚内侧,夹角为 45°,呈“丁”字形。

(5)列车进出站时，在车门口立岗，面向站台致注目礼，以列车进入站台开始，开出站台为止。办理交接时行举手礼，右手五指并拢平展，向内上方举手至帽檐右侧边沿，小臂形成45°角。

(6)清理卫生时，清扫工具不触碰旅客及携带物品。挪动旅客物品时，征得旅客同意。需要踩踏座席、铺位时，戴鞋套或使用垫布。占用洗脸间洗漱时，礼让旅客。清洁厕所时，作业人员戴保洁专用手套。

(7)夜间作业、行走、交谈、开关门要轻。进包房先敲门，离开时应倒退出包房。

(8)不高声喧哗、嬉笑打闹、勾肩搭背，定时定点分批用乘务餐，其他时段不在旅客面前吃食物、吸烟、剔牙齿和出现其他不文明、不礼貌的动作，不对旅客评头论足，接班前和工作中不食用异味食品。餐车对旅客供餐时，不在餐车逗留、闲谈、占用座席、陪客人就餐。

3. 温度适宜，环境舒适

(1)通风系统作用良好，车内空气清新，质量符合国家标准。始发前对车厢进行预冷、预热，空调温度调节适宜，体感舒适，原则上保持冬季18～20 ℃，夏季26～28 ℃。

(2)车内照明符合规定。夜间运行(22:00—7:00)时，座车照明开关置于半灯位；始发、终到站和客流量大的停站以及列车途经地区与北京时间存在时差时自行调整。

(3)广播视频。

①广播常播内容录音化。使用普通话。经停民族自治地区车站的列车可根据需要增加当地通用的民族语言播音。过港列车可增加粤语播音。直通列车可增加英语播报客运作业信息。

②广播语音清晰，音量适宜，用语准确，不干扰旅客正常休息。自动广播系统播报正确。

③视频系统性能良好，使用正常，始发前开启系统播放节目，播放内容符合规定并定期更新。

④广播、视频内容以方便旅行生活为主，介绍宣传安全常识和车辆设备设施的使用方法，提示旅客遵守安全乘车规定，播报前方停站、到站信息等内容，可适当插播文艺娱乐、文明礼仪、沿线风光、民俗风情、餐食供应、广告等节目。

4. 用水供应

(1)饮用水保证供应，途中上水站按规定上水。

(2)运行途中为有需求的重点旅客提供送水服务；售货车配热水瓶，利用售货时为有需求的旅客提供补水服务。

5. 厕所使用

运行途中，厕所吸污时或未供电时锁闭厕所，其他时间不锁厕所。厕所锁闭时，为特殊情况急需使用厕所的旅客提供方便。

6. 电源插座

公共区域的电源插座保证符合标示范围的旅行必需的小型电器正常使用。

7. 旅客运输服务信息

通过图形符号、电子显示、广播、视频、服务指南等方式宣传旅客运输服务信息，引导旅客自助服务。

8. 卧车管理

卧具终点站收取，贴身卧具一客一换。到站前提醒卧车旅客做好下车准备，不干扰其他旅客。夜间运行，卧车乘务员在边凳值岗，并定时巡视车厢。始发后和夜间客运乘务人员对卧车核对铺位。列车剩余铺位在列车办公席或指定位置公开发售,公布手续费收费标准。

9. 旅客遗失物品

发现旅客遗失物品妥善保管,设法归还失主,无法归还时编制客运记录交站处理。无法判明旅客下车站时交列车终到站处理。

10. 相应服务

根据旅客乘坐列车等级和席别提供相应服务。

(1)商务座车配有专职人员,主动介绍专项服务项目,提供饮品、餐食、小食品、小毛巾、耳塞等服务。

①饮品有茶水、饮料,品种不少于6种,茶水全程供应。

②逢供餐时间的,免费供应餐食。供餐时间为早餐8:00以前,正餐11:30—13:00、17:30—19:00。

③正餐以冷链为主,配用速溶汤,分量适中,可另行配备面点、菜品、佐餐料包等。品种不少于3种,配有清真餐食,定期调整。

④选用非油炸类点心、蜜饯类、坚果类等无壳、无核、无皮、无骨的休闲小食品,品种不少于6种,独立小包装。

(2)“G”字头跨局动车组商务座、一等座车提供饮品、小食品、送水等服务。

11. 全面服务,重点照顾

(1)无需求无干扰。通过广播、电子显示屏等方式宣传服务设备的使用方法,方便旅客自助服务。

(2)有需求有服务。在各车厢电子显示屏公布中国铁路12306客户服务电话(区号+电话号码)。实行首问首诉负责制。受理旅客咨询、求助、投诉,及时回应,热情处置,有问必答,回答准确;对旅客提出的问题不能解决时,指引到相应岗位,并做好耐心解释。

(3)重点关注,优先照顾,保障重点旅客服务。

①按规范设置无障碍厕所、座椅、专用座席等设施设备,作用良好。

②对重点旅客做到“三知三有”(知座席、知到站、知困难,有登记、有服务、有交接);为有需求的特殊重点旅客联系到站提供担架、轮椅等辅助器具,及时办理站车交接。

(4)尊重民族习俗和宗教信仰。经停民族自治地区车站的列车可按规定在图形标志增加当地通用的民族语言文字,可根据需要增加当地通用的民族语言播音。

六、应急处置

1. 应急处置预案与培训

火灾爆炸、重大疫情、食物中毒、空调失效、设备故障和列车大面积晚点、停运、变更径路、启用热备车底等非正常情况下的应急处置预案健全有效,预案内容分工明确,流程清晰。日常组织培训,定期组织演练,培训演练有记录,有结果,有考核。

2. 应急物品

配备照明灯、扩音器、口笛等应急物品,电量充足,性能良好。灾害多发季节增备易于保质的食品、饮用水和应急药品,单独存放。

3. 非正常情况处置

遇火灾爆炸、重大疫情、食物中毒、空调失效、设备故障和列车大面积晚点、停运、变更径路、启用热备车底等非正常情况时,及时启动应急预案,掌握车内旅客人数及到站情况,维持车内秩序，准确通报信息，做好咨询、解释、安抚、生活保障等善后工作。

(1)列车晚点 15 min 以上时，列车长根据调度、本段派班室（值班室）或车站的通报，向旅客公告列车晚点信息，说明晚点原因、预计晚点时间。广播每次间隔不超过 30 min，可利用电子显示屏实时显示。

(2)遇列车空调故障时，有条件的，将旅客疏散到空调良好的车厢；需开启车门通风的，按规定安装防护网，有专人防护。在停车站，开启站台一侧车门；在途中，开启运行方向左侧（非会车侧）车门。运行途中劝阻旅客不在连接处停留，临时停车严禁旅客下车。在站停车须组织旅客下车时，站车共同组织。按规定做好旅客到站退还票价差额时的站车交接。

(3)热备车底的乘务人员、随车备品和服务用品同步配置到位。遇启用热备车底时，做好宣传解释，配合车站组织旅客换乘其他列车，或者按照车站通报的席位调整计划组织旅客调整席位，按规定做好站车交接。

(4)遇变更径路时，做好宣传解释，配合车站组织不同径路的旅客下车，按规定做好站车交接。

(5)车门故障无法自动开启时，手动开启车门，并通知随车机械师处理；无法关闭时，由专人看守并通知随车机械师处理。使用车门紧急解锁拉手后，及时复位。

(6)发生烟火报警时，随车机械师、列车长和乘警根据司机通知立即到报警车厢查实确认，查看指定车厢的客室、卫生间，随车机械师重点查看电气设备。若发生客室或设备火情，列车长或随车机械师立即通知司机按规定实施制动停车，并启动应急预案进行处理；若确认因吸烟等非火情导致烟火报警时，由随车机械师做好恢复处理，乘警依法调查，并向旅客通告。

(7)发生人身伤害或突发疾病时，积极采取救助措施，按规定办理站车交接，客运乘务员不下车参与处理。必要时可请求在前方所在地有医疗条件的车站临时停车处理。

七、列车经营

1. 餐饮经营

(1)餐饮经营符合有关审批、安全规定，证照齐全有效。食品经营单位的食品安全管理制度健全。

(2)餐车销售的饮食品符合国家有关规定。销售的商品质价相符，明码标价，一货一签，提供发票。餐车明显位置、售货车、服务指南内有商品价目表和菜单，无只收费不服务行为。

(3)餐车整洁美观，展示柜布置艺术，与就餐环境相协调；厨房保持清洁，各种用具定位摆放。商品、售货车等不堵通道，不占用旅客使用空间。售货车内外清洁，定位放置，有制动装置和防撞胶条。

(4)商品柜、冰箱、吧台、橱柜不随意放置私人物品（乘务员随乘携带的餐食等定位存放）。餐食、商品在餐车储藏柜、冰箱内定位放置，不占用旅客使用空间。

(5)餐车配置的微波炉、电烤箱、咖啡机等厨房电器符合规定数量、规格和额定功率，保持洁净。

(6)经营行为规范，文明售货，不捆绑销售商品。非专职售货人员不从事商品销售等经营活动。餐车实行不间断营业，并提供订、送餐服务。销售人员不在车内高声叫卖、危险演示，销售过程中主动避让旅客。夜间运行时，不得进入卧车销售，座车可根据情况适当延长或提前销售时间，但不得超过 1 h。

(7)供应品种多样，有高、中、低不同价位的旅行饮食品。尊重外籍旅客和少数民族的饮食习惯。盒饭以冷链为主，热链为辅，常温链仅做应急备用，有清真餐食。

(8)餐饮品、商品有检验、签收制度，采购、包装、储存、加工、运输、销售符合食品卫生安全要求。

(9)不出售无生产单位、生产日期、保质期和过期、变质，以及口香糖、方便面等严重影响列车环境卫生的食品。超过保质期限的食品单独存放、回收销毁。

(10)一次性餐饮茶具符合国家卫生及环保要求。

2. 广告经营

广告经营规范。广告发布的内容、形式、位置等符合有关规范，布局合理，安装牢固，内容健康，与列车环境协调，不挤占铁路图形标志、业务揭示、安全宣传等客运服务内容或位置，不影响安全和服务功能，不损伤车辆设备设施。

八、高铁快运

高铁快运是指铁路运输企业依托但不限于利用动车组列车(含载客列车、确认列车，以及利用客运站车资源开行专门装运快件的高铁快运列车)等快捷运输物资，为客户提供的小件物品运送服务。高铁快运属于铁路包裹业务范畴，应充分挖掘高铁运输潜力，优先利用载客列车高铁快运柜、确认列车等边际运力资源。

1. 业务管理

(1)办理范围

铁路局集团公司在高铁车站内开办便民托运服务，向旅客提供个人物品、站内购买土特产品及不便携带上车物品托运服务的，可与中铁快运股份有限公司(以下简称快运公司)协商，按高铁快运办理。便民托运纳入车站便民服务范围，可在车站服务台等处设置相应标识。

快运公司应对外公布高铁快运办理条件，但法律、行政法规、规章、规范性文件中规定禁止运输的物品，危险品及铁路运输企业不能判明理化性质的物品，动物、有异常气味及妨碍公共卫生的物品，可能损害或污染车辆的物品，以及其他不符合高铁快运装载条件的物品不能办理高铁快运。

(2)受理

高铁快运办理实行实名制。受理时，应按国家有关规定采集托运人、经办人的有效身份证件等信息，并采取有效措施保护客户个人信息安全。

快运公司应严格落实承运物品安全检查有关规定，核实办理条件，防止匿报、伪报品名和夹带禁运物品。站外承运的高铁快件由车站组织过机安检。

(3)装载

高铁快件集应装在列车指定位置，并要考虑旅客旅行需求，载客车厢内大件行李存放处和最后一排座椅后空当处应预留不少于三分之一的空间供旅客使用，集装件放置在最后一排座椅后空当处时，不得影响座椅靠背后倾和途中调向作业。集装件装载应稳固牢靠，码放整齐，不得堵塞通道，不得偏载、偏重。

2. 运输组织

(1)计划编制

快运公司按照产品时限优先、用足能力的原则，分车次、到站编制高铁快件装车计划。快运公司应根据装车计划，安排工作人员提前将集装件搬运至站台指定位置，准备作业。

(2)装卸作业

载客列车装卸车作业应执行旅客乘降优先原则，避免干扰旅客乘降，始发(折返)站应在旅客开始上车前完成装车，列车中途站（载客列车停时1分钟的不作业）应在待旅客下车完毕后进行装卸作业。载客列车装车完毕后，快运公司工作人员应向列车长提交装载清单，明确集装件装车位置及件数，双方不办理签字交接。列车客运乘务人员发现集装件码放不符合规定的，应要求装车人员当场纠正。

（3）巡视

无押运员跟车作业的载客列车，列车客运乘务人员应将集装件码及外包装、施封等状况纳入途中巡视内容。发现集装件外包装、施封破损时，列车长应开具客运记录，载明异常集装件数量、编号或内装物品的实际状况等，到集装件卸车站时将客运记录交快运公司工作人员处理，必要时可报警。

有押运员随车作业的载客列车，押运员负责途中巡视、检查工作，自行处理有关事项，必要时报告列车长协助处理。

3. 安全管理

（1）安全管理基本要求

高铁快运运输应确保高铁安全，不得妨碍旅客乘降和旅行，不得影响站车作业和运输秩序。

（2）安全管理制度及措施

铁路局集团公司和快运公司应按照分工制定高铁快运安全管理制度、明确工作职责，落实工作责任，组织相关单位签订结合部安全管理协议，明确各自的安全管理职责，健全安全考核机制；强化人员培训，从业人员培训合格后方可上岗。

快运公司应强化安全双重预防机制，加强安全防范能力建设，完善高铁快运营业场所、处理场地的监控设备，设备确保24小时正常运转，监控资料按相关规定保存。

快运公司应健全完善高铁快运安全制度，切实落实收货验视、实名登记、监装监卸、作业机具、站场卡控、途中控制、终到检查等安全防范和应急处置措施，配合铁路局集团公司实施高铁快件过机安检，确保运输全过程闭环管理。

（3）事故处理

装载高铁快件的列车发生事故时，按《铁路交通事故调查处理规则》等有关规定处理。需快运公司参加事故调查的，事故发生局集团公司应通知快运公司，快运公司应派员参加。

站间运输期间，高铁快运发生丢失、损坏等物品损失时，由快运公司负责处理，铁路局集团公司应给予配合。

九、人员素质

（1）身体健康，五官端正，持有效健康证明。

（2）具备高中（职高、中专）及以上文化程度，保洁人员可适当调整。

（3）持有效上岗证，经过岗前安全、技术业务培训合格。从事餐饮服务的人员有卫生知识培训合格证明。广播员有一定编写水平，经过广播业务、技术培训合格。

（4）列车长从事列车乘务工作满2年。列车值班员从事列车乘务工作满1年。列车长、商务座、软卧列车员能够使用简单英语。

（5）熟练使用本岗位相关设备设施，熟知本岗位业务知识和职责，掌握担当列车沿途停站和时刻以及上水、吸污、垃圾投放等作业情况。熟悉本岗位相关应急处置流程，具备应对突发事件能力。

十、基础管理

(1)管理制度健全,有考核,有记载。定期分析安全和服务质量状况,有针对性具体整改措施。

(2)按规定配置业务资料,内容修改及时、正确。除携带铁路电报、客运记录外,车上不携带其他纸质资料台账。

(3)各工种在列车长的领导下,按岗位责任各负其责,相互协作,落实作业标准,有监督,有检查,有考核。

(4)业务办理符合规定,票据、台账、报表填写规范、内容准确、完整清晰。配备保险柜,营运进款结算准确,票据、现金及时入柜加锁,到站按规定解款。

(5)客运乘务人员配备统一乘务箱(包),集中定位摆放;洗漱用具、茶杯等定位摆放。

(6)库内保洁作业纳入动车所一体化作业管理,动车所满足一体化吸污、保洁等整备作业条件。

(7)备品柜、储藏柜按车辆设计功能使用,备品定位摆放。单独配置的备品柜与车身固定,并与车内环境相协调。

(8)定期开展职业技能培训,培训内容适应岗位要求,评判准确。

任务解析

"任务导入"中所述案例解析如下:

对照《铁路旅客运输服务质量规范》中有关文明服务的要求,对重点旅客除提供正常服务外,还应做到"三知三有"(知座席、知到站、知困难,有登记、有服务、有交接)。

任务五　服务质量规范(空调、非空调列车)

任务导入

某列车员在为硬卧车厢(空调车)配备备品时配置了遮光帘、坐便器(配有一次性坐便垫圈)、被套、被芯、枕套、枕芯、床单、垫毯和边座套(空调车适用),每格配有不锈钢果皮盘,未配备卫生纸、热水瓶(根据需要增配防倒架)。

思考:

提供的服务备品是否达到《铁路旅客运输服务质量规范》的要求?

知识讲解

铁路旅客运输服务质量规范(空调、非空调列车)内容除适用指定具体列车类型外,均适用空调、非空调列车。

一、安全秩序

1. 安全管理制度健全有效

防火防爆、人身安全、食品安全、现金票据、结合部等安全管理制度健全有效。

2. 三乘检查

列车始发前及途中，客运、车辆、公安等人员按照职责分工分别对列车上部设备设施进行检查，发现问题各自填入“三乘检查记录”并通知车辆人员处置，涉及行车、人身安全的及时采取临时处置措施。列车终到前，已经修复的在“三乘检查记录”上标记并由“三乘”签字确认后，交车辆乘务员。

3. 安全设备设施

各车厢灭火器、紧急制动阀、人力制动机、紧急破窗锤、灭火毯、防毒面具、应急手电筒、扩音器等安全设备设施配齐配全，作用良好，定位放置。乘务人员知位置、知性能、会使用。

(1)各车厢紧急制动阀有包封，印有“危险勿动”警示标志；紧急制动阀手柄施封良好，压力表指示正常。

(2)人力制动机施封良好，制动、缓解方向指示标志清晰，无遮挡。

(3)灭火器安放牢固，便于取用，不搭挂物品；检修不过期，压力符合规定，标牌齐全清晰，施封完好。

(4)紧急破窗锤标注“消防专用”标志，安放牢固，便于取用。

(5)餐车厨房按规定配备灭火毯，定位存放，保持干燥。

(6)行李车、邮政车和发电车按规定配备有效防烟毒面具，包装完好，配件齐全，会使用。

(7)封闭式洗脸间、厕所防护栏安装牢固，防护栏栏杆之间及栏杆与窗框之间间隙不大于150 mm。25 型客车下拉上开式车窗开启范围在 100～150 mm(非空调列车适用)。

4. 电器设备

正确使用电器设备，安全用电。电器元件安装牢固，接线及插座无松动，紧急断电按钮护盖施封良好，按钮开关、指示灯作用良好；不乱接电源和增加电器设备，不超过允许负载。配电室(箱)人离锁闭，门锁良好，配电箱、控制箱内及上部不得放置物品。

空调列车可燃物品不得贴靠电采暖装置，不用水冲刷地板、墙板、电器设备及带有电伴热塞拉门乘降梯。非空调列车不用水冲刷地板、墙板、电器设备。

5. 餐车炉灶、器具清理

定期对餐车炉灶(台面)、器具进行油垢清理。餐车炉灶台面一餐一清；炉灶墙壁、抽油烟机、排烟罩和烟道的表面可见部位一趟一清。

6. 厨房设备

(1)空调列车

电气化厨房设备在明显位置粘贴操作说明和安全操作规程，使用前确认电源控制柜技术状态良好，操作时按规定使用电磁炉、电炸炉、电烤箱、微波炉、电冰箱、蒸饭箱等电器设备，使用中有人监管，用后清洁，餐车离人断电。灶台上保持干燥、清洁，不放导磁体。不使用电磁炉油炸食品。不带电清洁和用水冲刷，不自行拆卸电气设备。

电气化餐车电炸锅内油面高于 1/4 油锅深度，最高油面高度不超过油位警告标志，油温设定值严禁超过 200 ℃。非电气化餐车按规定检查蒸饭锅炉水位(压)表、水温表、验水阀状况，不漏水，不缺水。煤箱盖安装牢固，无松动、脱落、变形。炉灰先用水浸灭后再装袋处置。终到因故甩下的餐车彻底排净锅炉内的积水。燃煤炉灶运行中油炸食物使用前进方向第一个炉灶，用油量不超过容器的 1/3。

(2)非空调列车

蒸饭锅炉、取暖锅炉和茶炉水位(压)、水温符合规定，验水阀、水循环状况良好，不缺水，排烟系统完整、通畅。炉灰先用水浸灭晾凉后再装袋处置。采暖期内，处于点火状态的独立采暖锅炉入库停留时派人看火，终到因故甩下的客车彻底熄灭炉火、清理炉灰，排净水暖管系、温水箱和炉内的积水。停用时清除杂物，封闭炉室。燃煤炉灶运行中油炸食物使用前进方向第一个炉灶，用油量不超过容器的1/3。

7. 执行车门管理制度

(1)车门管理做到停开、动关、锁，出站台检查瞭望值乘区域车门。

车站开车铃声结束、旅客乘降完毕后上车放下脚踏板，在车门口值守做好关门准备(塞拉门应关闭车门)，车动关闭车门；进站提前到岗，确认站台，试开车门(塞拉门除外)，停稳开门，卡牢翻板，无旅客从背面车门下车。试开车门时开启车门缝隙不超过10 cm，确认车门状态良好后立即关闭。始发、终到客流较大时双开车门组织乘降，一人值乘多个车厢时，由车站负责值守增开的车门。

(2)列车运行中，载客车厢连接端门不锁闭，特殊情况需要锁闭时，应有工作人员监管，需要时能随时打开。车门及餐车厨房边门、走廊边门、厨房后门锁闭；行李车、发电车、邮政车端门锁闭，但与车厢连接端门锁闭后可用列车通用钥匙打开。到站前、开车后疏通通道。列车站停期间，卧车端门按照值乘范围锁闭相应车厢端门。

(3)列车首节车辆前部、尾节车辆后部设有外端门、防护栏和“禁止通行、当心坠落”标志，外端门运行中锁闭。餐车后厨边门窗户不是内翻可开启式的，边门外加装防护栏并加锁固定牢固。列车首尾载客车厢内端门运行中锁闭，在内端门设置“旅客止步”标志。

(4)临时停车时做好宣传，加强巡视，确保车门锁闭，严禁旅客上下车，未经列车长统一组织不准开启车门。列车起动后四门检查瞭望。

(5)停站立岗时，面向旅客放行方向立岗(高站台时不背对车厢连接处立岗)，做好安全宣传，验票上车，重点帮扶，安全乘降。

(6)高站台乘降作业时，站停时间超过4 min时，车门口与站台间使用安全踏板，组织乘降的车门与相邻车厢间空当处设置警示带。安全踏板制作轻巧牢固，安放平稳，定位放置。警示带印有反光材料制作的“请勿靠近、当心坠落”字样及当前、相邻车厢顺号，设置方式、位置统一。临时双开车门组织乘降时，增开的车门可不设置安全踏板和警示带。

(7)安全标志和揭示揭挂设置齐全，有铁路旅客乘车安全、旅行须知；车门有“禁止携带危险品”标志，塞拉门(空调列车适用)还有“禁止倚靠”标志；客室相应位置有“禁止吸烟”“请勿向窗外扔东西”“当心烫伤”“当心夹手”“请勿触摸”“禁止通行”“旅客止步”等安全标志。设置位置合理，内容准确，规格统一，符合标准。

(8)运行中做好安全宣传和防范，车内秩序、环境良好，无闲杂人员随车叫卖、拣拾、讨要。发现可能损坏车辆设施和影响安全、文明的行为及时制止。

(9)车厢内禁止吸烟，加强禁烟宣传，发现禁烟区吸烟行为及时劝阻，并由公安机关依法查处。允许吸烟的处所有“吸烟处”标志和安全注意事项告知揭示，配备烟灰盒。

(10)行李架物品摆放平稳、牢固、整齐。大件行李妥善放置，不占用席(铺)位，不堵塞通道。锐器、易碎品、杆状物品及重物等放在座(铺)位下面。衣帽钩限挂衣帽、服饰等轻质物品。

(11)发现旅客携带品可疑及无人认领的物品时，配备乘警(或列车安全员，下同)的列车通知乘警到场处理；未配备乘警的由列车长按规定处理，对危险品做好登记、保管及现场处置，并交前方停车站(公安部门)处理。

非空调列车不出售玻璃、陶瓷、金属等硬质包装(易拉罐除外)商品，有“禁止向车外抛物”

的安全宣传。发现旅客自带硬质包装的食品、饮品，登记旅客的座位号、到站及硬质包装食品、饮品种类和数量，及时回收旅客废弃的硬质包装物，统一保管，随垃圾定点投放。

(12)发现行为、神情异常的旅客时，重点关注，配备乘警的列车通知乘警到场处理；未配备乘警的由列车长按规定处理，情形严重时交列车运行前方停车站处理。

(13)发生旅客伤病时，提供协助，通过广播寻求医护人员帮助；情形严重的，报告客调。

(14)在列车中部办理站车交接。

(15)乘务人员管理。

①乘务人员进出车站和客车技术整备站时走指定通道，通过线路时走天桥、人行地道，走平交道时做到“一停二看三通过”，不横越线路，不钻爬车底，不跨越车钩，不与运行中的机车车辆抢行。进出车站时集体列队。

②乘务人员在接班前充分休息，保持精力充沛，不在班前、班中、折返站饮酒。

二、设备设施

1. 车辆设备设施齐全，符合运用客车出库质量标准

(1)列车办公席、乘务员室、行李员办公室、广播室，备品柜、清洁柜、工具室(柜)，洗脸间、厕所及茶炉室(非空调列车适用)、锅炉室(非空调列车适用)等设施齐全，作用良好，正常使用，不挪作他用或改变用途。

(2)车辆外观整洁，内外部油漆无剥落、褪色、流坠；车内顶棚不漏水，内外墙板及车内地板无破损、无塌陷、不鼓泡；渡板及各部位压条、压板、螺栓不松动、无翘起；脚蹬安装牢固，无腐蚀破损；手把杆无破损、松动。各部位金属部件无锈蚀。

(3)各门、翻板及簧、锁、门止、碰头、卡销配件齐全，不松动，作用良好。车窗锁及窗帘盒滑道、窗帘杆、毛巾杆、挂钩齐全，作用良好。门窗玻璃无破损，密封条完整，不透气、透尘，不漏水，无脱落。车内各车门处有防挤手装置，配置齐全，作用良好。

(4)暖气片(罩、管)、座席、卧铺(及吊带)、扶手、梯子、行李架、梳妆台、面镜、茶桌、餐桌、抽屉、衣帽钩、毛巾杆(架)、镜框、书报架、温度计齐全良好，无松动。座席及卧铺面布无破损。包房号牌、座(铺)位号牌以及各室、柜、箱、开关等服务标牌齐全清晰。

(5)电茶炉、采暖锅炉。

①空调列车电茶炉安装牢固，炉体无变形、破损，管系各阀无漏水，排水管畅通、无堵塞，过滤器清洁，液位显示清晰。

②非空调列车采暖锅炉、茶炉、餐车炉灶配件齐全，作用良好，定检不过期；温度表、水位表显示准确；管系各阀无漏水或结冻，排水管畅通；烟筒及防火隔热装置完整。煤箱盖安装牢固，无松动、脱落、变形。

(6)给、排水装置配件齐全，作用良好，不漏水。车厢水位表(液位仪)显示准确。配有加热装置(空调列车适用)的，加热装置作用良好，正常启用。盥洗设备齐全，作用良好，安装牢固，无裂损。

(7)厕所便器、卫生纸盒、冲水装置作用良好，便器(斗)冲水均匀，无外喷。集便式厕所配有垃圾箱(桶)(空调列车适用)。

(8)灯具、灯罩完整清洁，无松动、裂损、变形，灯带、卡子齐全；顶灯光色一致。各电气开关、电源插座齐全，作用良好，无烧损。餐车厨房排气扇作用良好，配线不外露。空调列车电动水泵及电气化厨房电器作用良好。

(9)空调列车车载视频监控终端设施设备作用良好,外观整洁,安装牢固,故障、破损及时修复。

(10)空调设备。

空调列车空调设备各部配件齐全,作用良好,安装牢固,运转正常。

非空调列车夏季软卧、宿营车安装单元式空调,其他车厢有电风扇,配件齐全,作用良好,安装牢固,运转正常。

(11)广播系统作用良好,定检合格,音量控制器作用良好。

(12)餐车冰箱作用良好,有隔水板。厨房地面有沥水设施。

2. 服务图形标志

车内各种服务图形标志型号一致、位置统一,安装牢固,齐全醒目,符合规定。

3. 车厢运行显示标志

车厢有列车运行区间牌、内外顺号(牌)等标志,文字清晰、准确,无破损、卷边、褪色。电子显示屏(空调列车适用)作用良好,显示及时、准确。

4. 垃圾箱

每节车厢垃圾箱不少于一个,与垃圾袋配套使用。内嵌式垃圾箱正常启用,不封闭或挪作他用,内胆采用不锈钢材质,与垃圾箱体空间适应,与箱体内壁间隙不超过 1 cm,箱体四壁封闭,垃圾投放进口有漏斗。外置式垃圾箱有盖,放置位置不占用通道或影响其他服务设施使用。

5. 单双管客车混编(空调列车适用)

单双管客车混编时,在全列制动机试验前,集便式厕所锁闭,开车后启用;当运行途中因列车管压力下降被迫停车时,按照车辆乘务员要求,将集便式厕所适当锁闭。

三、服务备品

1. 服务备品要求

服务备品、材料等符合国家环保规定,质量符合要求,色调与车内环境相协调。

2. 服务备品使用

服务备品齐全,干净整洁,定位摆放。布制、易耗备品备用充足,保证使用。布制备品按规定的时间使用和换洗,有启用时间(年、月)标志。

(1)软卧车(含高级软卧车)

——使用遮光帘和纱帘。

——厕所配有大盘卷筒卫生纸,坐便器配有一次性坐便垫圈。

——洗脸间有洗手液(皂)、垃圾桶。

——走廊有地毯,边座有套。包房内有被套、被芯、枕套、枕芯、床单、垫毯、卧铺套、靠背套、茶几布、一次性拖鞋、衣架、不锈钢果皮盘、带盖垃圾桶、热水瓶;高级软卧车包房内还有面巾纸盒。

——乘务员室备有托盘、热水瓶(根据需要增配防倒架)和一次性硬质塑料水杯。

(2)软座车

——使用遮光帘和纱帘。

——坐便器配有一次性坐便垫圈。

——有座席套、头靠套(头枕片)、果皮盘。

——乘务员室备有热水瓶(根据需要增配防倒架)。

(3)硬卧车

——使用遮光帘。

——坐便器配有一次性坐便垫圈。

——有卧铺套(空调车适用)、被套、被芯、枕套、枕芯、床单、垫毯和边座套(空调车适用),每格有不锈钢果皮盘。

——乘务员室备有卫生纸、热水瓶(根据需要增配防倒架)。

(4)硬座车

——使用遮光帘。

——每格有果皮盘。

——有座席套、头靠套(片)(空调车适用)。

——有保温桶并加锁(非空调车适用)。

——乘务员室备有热水瓶(根据需要增配防倒架)。

(5)餐车

——有售货(饭)车、热水瓶、一次性水杯。

——使用遮光帘和纱帘。

——台面有台布,座椅有套。餐、茶、酒具等器皿规格统一,花色一致,齐全无破损。备有调味品容器、牙签盅、餐巾纸和清真炊具、餐具、托盘、席位牌。

3. 贴身卧具

贴身卧具(被套、床单、枕套)和头靠套干燥、清洁、平整,无污渍、无破损;已使用与未使用的折叠整齐,分别装袋保管。卧具袋防水、耐磨,干净,无破损。贴身卧具与其他布质备品分类洗涤;洗涤、存储、装运及更换不落地、无污染。可使用独立包装的贴身卧具供途中、折返更换。

4. 非贴身卧具备品

卧车垫毯、被芯、枕芯等非贴身卧具备品干燥、清洁,无污渍、无破损,定期晾晒。被芯、枕芯先加装包裹套,再使用被套、枕套。包裹套半年清洗一次,保持干燥整洁。

5. 布制备品

布制备品定位存放在备品柜内。无备品柜或备品柜容量不足的,硬卧车定位放置在4、5、18、19号卧铺下,软卧车定位放置在3、7、11号卧铺下。

6. 车内清扫工具

车内清扫工具放置在清洁柜内,无清洁柜的定位隐蔽存放。有厕所专用清扫工具,定位存放厕所内或与车内清扫工具分开放置在清洁柜内,不侵占旅客使用空间。

7. 安全踏板和警示带

载客车厢配备安全踏板和警示带,定位存放。

8. 垃圾袋

垃圾箱(桶)内用垃圾袋,垃圾袋符合国家标准,印有使用单位标志,与垃圾箱(桶)规格匹配,厚度不小于0.025 mm。餐车厨房配备专用垃圾袋,厚度不小于0.04 mm。

9. 业务设备

列车配有补票机、站车客运信息无线交互系统手持终端;乘务人员配置具备录音功能的手持电台及音视频记录仪。设备电量充足,作用良好。站车客运信息无线交互系统手持终端在始发前登录,途中及时更新信息。

四、整　　备

1. 出库标准

(1)车厢内外各部位整洁,窗明几净,四壁无尘,物见本色。

①车外皮、车梯、翻板内外、窗门框及玻璃、扶手干净、无污渍。

②天花板(顶棚)、板壁、边角、地板、连接处、灯罩、座椅(铺位)、暖气罩、空调口、通风口、电茶炉等部位清洁卫生,无尘无垢,缝隙无杂物。

③热水瓶、果皮盘、垃圾箱(桶)、洗脸间内外洁净。

④餐车橱、柜、箱干净无异味,分类标志清晰,餐料、商品、备品和餐、炊具等分类定位放置。

⑤厕所无积便、积垢、异味,地面干净无杂物,便器排污管及内边沿无积垢。集便式厕所污物箱内污物排尽(空调列车适用)。

(2)布制品、消耗品和清扫工具等服务备品配备齐全,定位放置,定型统一。

①卧具叠放整齐,摆放统一,床单、头枕套、座席套、茶几布等铺设平整,干净整洁。窗帘、纱帘悬挂整齐,定型统一,美观大方,无脱扣。

②洗手液、卫生纸、面巾纸(空调列车适用)、一次性坐便垫圈等服务备品补足配齐,定位放置。

③清扫工具、活动顺号、安全踏板、警示带等备品定位放置,不侵占旅客使用空间。

④办公席、乘务员室各种资料、备品定位摆放,干净整齐。

(3)定期进行“消、杀、灭”,蚊、蝇、蟑螂等病媒昆虫指数及鼠密度符合国家规定。

2. 途中标准

(1)各处所清扫及时,保持整洁卫生。

①各处所地面墩扫及时,干燥、干净;台面、桌面、面镜擦抹及时,干净、无水渍;中途站擦扶手,低站台停车时擦翻板扶手。

②洗脸(手)池、电茶炉沥水盘(空调列车适用)、餐车洗碗池清理、擦抹及时,无污渍,无残渣,无堵塞,无积水;果皮盘、垃圾箱(桶)清理及时,无残渣;厕所畅通无污物,无异味,集便式厕所按规定吸污。

③餐车餐桌、吧台(空调列车适用)、厨房地面和工作台以及各橱、箱、柜内保持洁净。厨房垃圾使用专用垃圾袋收纳,与列车其他垃圾分类管理。

(2)洗手液、卫生纸、面巾纸、一次性坐便垫圈等备品补充及时;卧具污染更换及时。

(3)垃圾装袋、封口、无渗漏,定位放置,在指定站定点投放;不向车外扫倒垃圾、抛扔杂物。

3. 终到标准

终到站时车内无垃圾,无污水,无粪便。垃圾装袋、封口、无渗漏,到站定点投放。

4. 到站立即折返标准

(1)车厢地面、通过台、连接处、行李架、扶手及座椅(铺位)、暖气罩、边角等部位干净整洁,通风口、电茶炉下、洗脸间下等隐蔽处所无积垢,无杂物。垃圾箱(桶)内无垃圾,无异味。

(2)果皮盘、热水瓶内外洁净;垃圾箱(桶)、洗脸间四周洁净。

(3)餐车橱、柜、箱干净无异味,分类标志清晰,餐料、商品、备品和餐、炊具等分类定位放置。

(4)洗脸间、厕所面镜洁净,洗脸(手)池、便器无污物、无异味。电茶炉沥水盘洁净(空调列车适用)。

(5)布制品、消耗品和清扫工具等服务备品配备齐全,定位放置,定型统一。

①卧具叠放整齐,摆放统一,床单、头枕套、座席套、茶几布等铺设平整,干净整洁。窗帘、

纱帘悬挂整齐，定型统一，美观大方，无脱扣。

②洗手液（皂）、卫生纸、面巾纸、一次性坐便垫圈、垃圾袋等服务备品补足配齐，定位放置。

③清扫工具、活动顺号、安全踏板、警示带等备品定位放置，不侵占旅客使用空间。

④办公席、乘务员室各种资料、备品定位摆放，干净整齐。

五、文明服务

1. 仪容整洁，着装统一，整齐规范

(1)头发干净整齐、颜色自然，不理奇异发型、不剃光头。男性两侧鬓角不得超过耳垂底部，后部不长于衬衣领，不遮盖眉毛、耳朵，不烫发，不留胡须；女性发不过肩，刘海长不遮眉，短发不短于 7 cm。

(2)面部、双手保持清洁，身体外露部位无文身。指甲修剪整齐，长度不超过指尖 2 mm，不染彩色指甲。女性淡妆上岗，保持妆容美观，不浓妆艳抹。

(3)乘务组换装统一，衣扣拉链整齐。着裙装时，丝袜统一，无破损。系领带时，衬衣束在裙子或裤子内。外露的皮带为黑色。佩戴的外露饰物款式简洁，限手表一只、戒指一枚，女性还可佩戴发夹、发箍或头花及一副直径不超过 3 mm 的耳钉。不歪戴帽子，不挽袖子和卷裤脚，不敞胸露怀，不赤足穿鞋，不穿尖头鞋、拖鞋、露趾鞋，鞋的颜色为深色系，鞋跟高度不超过 3.5 cm，跟径不小于 3.5 cm。

(4)佩戴职务标志，胸章牌（长方形职务标志）戴于左胸口袋上方正中，下边沿距口袋 1 cm 处（无口袋的戴于相应位置），包含单位、姓名、职务、工号等内容。臂章佩戴在上衣左袖肩下四指处。按规定应佩戴制帽的工作人员，在执行职务时戴上制帽，帽徽在制帽折檐上方正中。除列车长外，其他客运乘务人员在车厢内作业时可不戴制帽。

(5)餐车工作人员作业时着工作服，戴工作帽（女性戴三角巾）和围裙。

2. 表情自然，态度和蔼，用语文明，举止得体，庄重大方

(1)使用普通话，表达准确，口齿清晰。服务语言表达规范、准确，使用“请、您好、谢谢、对不起、再见”等服务用语。对旅客、货主称呼恰当，统称为“旅客们”“各位旅客”“旅客朋友”，单独称为“先生”“女士”“小朋友”“同志”等。

(2)旅客问讯时，面向旅客站立（列车办公席工作人员办理业务时除外），目视旅客，有问必答，回答准确，解释耐心。遇有失误时，向旅客表示歉意。对旅客的配合与支持，表示感谢。

(3)坐立、行走姿态端正，步伐适中，轻重适宜。在旅客多的地方，先示意后通行；与旅客走对面时，要主动侧身面向旅客让行，不与旅客抢行。列队出（退）勤（乘）时，按规定线路行走，步伐一致，箱（包）在同一侧。

(4)立岗姿势规范，精神饱满。站立时，挺胸收腹，两肩平衡，身体自然挺直，双臂自然下垂，手指并拢贴于裤线上，脚跟靠拢，脚尖略向外张呈“V”字形。女性可双手四指并拢，交叉相握，右手叠放在左手之上，自然垂于腹前；左脚靠在右脚内侧，夹角为 45°呈“丁”字形。

(5)列车进出站时，在车门口立岗，面向站台致注目礼，以列车进入站台开始，开出站台为止。办理交接时行举手礼，右手五指并拢平展，向内上方举手至帽檐右侧边沿，小臂形成 45°角。

(6)清理卫生时，清扫工具不触碰旅客及携带物品。挪动旅客物品时，征得旅客同意。需要踩踏座席、铺位时，戴鞋套或使用垫布。占用洗脸间洗漱时，礼让旅客。

(7)夜间作业、行走、交谈、开关门要轻。进包房先敲门，离开时，应倒退出包房。

(8)不高声喧哗、嬉笑打闹、勾肩搭背，定时定点用乘务餐，其他时段不在旅客面前吃食物、

吸烟、剔牙齿和出现其他不文明、不礼貌的动作,不对旅客评头论足,接班前和工作中不食用异味食品。餐车对旅客供餐时,不在餐车逗留、闲谈、占用座席、陪客人就餐。

3. 温度适宜,环境舒适

(1)车内空气质量与温度。

①空调列车。车厢内空气质量符合国家标准。发电车供电的空调客车须在列车始发前 60 min 供电并开启空调预冷预热,机车供电的空调客车须在列车始发前 60 min(特殊情况 40 min)完成机车连挂和供电,对车厢进行预冷或预热;空调温度调节适宜,体感舒适,原则上保持冬季 18~20 ℃,夏季 26~28 ℃。

②非空调列车。车厢内空气质量符合国家标准。运行途中,车内温度冬季不低于 14 ℃;夏季超过 28 ℃时,使用电风扇。夏季启用单元式空调的车厢,始发前 1 h 对车厢进行预冷,空调温度调节适宜,体感舒适,原则上保持冬季 18~20 ℃,夏季 26~28 ℃。

(2)车内照明符合规定。夜间运行(22:00—7:00)时,硬卧车和软、硬座车照明开关置于半灯位,洗面灯开关置于开位;始发、终到站和客流量大的停站,以及列车途经地区与北京时间存在时差时自行调整。列车终到后供电时间不少于 30 min。

空调列车入库期间以及使用发电车或具备地面电源供电的折返停留列车供电时间不少于 4 h,停留不足 4 h 的不间断供电。

(3)广播视频。

①广播常播内容录音化。使用普通话。经停民族自治地区车站的列车可根据需要增加当地通用的民族语言播音。过港列车可增加粤语播音。直通列车可增加英语播报客运作业信息。

②广播语音清晰,音量适宜,用语准确,内容丰富,更新及时,形式多样,健康活泼,不干扰旅客正常休息。视频播放画面清晰,外放声音不得影响列车广播的正常播放,且音量不得高于 30 dB。

③广播及集中控制的视频播放时间为 7:00—12:30、15:00—21:30。列车在 7:00 以前或 21:30 之后始发或终到的,或者根据季节、昼夜变化情况,可以提前或顺延 30~60 min,其他时间只能播报应急广播。途经地区与北京时间存在时差时,可适当调整。

④广播内容以方便旅行生活为主。始发前,播放旅客引导、行李摆放提示、列车情况介绍以及禁止携带危险品、禁止吸烟等内容。运行中,播放列车设施设备、旅客安全须知、旅行常识、旅行生活知识、治安法制宣传、卫生健康、餐售经营等宣传及前方停站、到站信息预播报等内容,适当插播文艺娱乐、文明礼仪、地方概况、沿线风光、民俗风情、广告等节目。

⑤列车停站信息预、播报及时。执行“一站两报”,即开车后预告下一到站站名和时刻;到站前(不晚于到站前 10 min)再次通报。开车后、到站前硬座车厢乘务员双车(边)通报。

4. 用水供应

(1)供水作业要求。

①空调列车。始发开车前电茶炉水开,清空热水瓶存水;开车后及时为热水瓶注水,途中为有需求的重点旅客供水。

②非空调列车。列车编组按硬座车每三辆、卧铺车每四辆编挂不少于一辆茶炉车;热水瓶、保温桶始发开车前灌满开水,途中及时供水。

(2)车厢不间断供水。上水站到站前、开车后分别核记水位刻度,确认上水情况。

5. 厕所管理

列车渡海以及运行在市区、长大隧道、大桥和站停 3 min 及以上的停车站锁闭厕所;中途停车站提前 5 min、终到站提前 10 min 锁闭厕所。厕所锁闭时，为特殊情况急需使用厕所的旅客提供方便。

空调列车集便式厕所吸污时或未供电时锁闭厕所，其他时间不锁厕所。

6. 电源插座管理

公共区域的电源插座保证符合标示范围的旅行必需的小型电器正常使用。

空调列车在指定位置设置电源插板，供工作人员办公充电使用。

7. 乘降组织

在始发站根据车站通知、在中途站列车停稳后打开车门组织旅客乘降；开车铃响，面向列车，足踏安全线，铃止登车，做到行动迅速，作业统一。遇有高寒、高温、雨雪天气或在办理客运业务的中间站长时间停靠时，列车长与车站确认没有旅客乘降后，可统一组织乘务员提前上车，保留正对车站放行通道的车门开放，其余车门暂时关闭，乘务员在车门口立岗。

8. 卧车管理

卧车及时提醒旅客做好下车准备，不干扰其他旅客。卧车贴身卧具一客一换，卧具终点站收取。夜间运行，卧车乘务员在边凳值岗，定时巡视车厢。始发后和进入夜间运行前，客运乘务人员对卧车核对铺位，对座车进行旅客去向登记。

9. 列车剩余铺位管理

列车剩余铺位在列车办公席或指定位置公开发售，公布手续费等收费标准。

10. 遗失物品管理

发现旅客遗失物品妥善保管，设法归还失主，无法归还时编制客运记录交站处理。无法判明旅客下车站时交列车终到站处理。

11. 全面服务，重点照顾

(1)全面做好基本服务。

①各车厢公布中国铁路 12306 客户服务电话(区号＋电话号码)、铁路 12306 移动端和微信公众号二维码。

②实行首问首诉负责制。受理旅客咨询、求助、投诉，及时回应，热情处置，有问必答，回答准确；对旅客提出的问题不能解决时，指引到相应岗位，并做好耐心解释。

(2)保障重点旅客服务。

①按规范设置无障碍厕所、座椅、专用座席等设施设备，作用良好。

②对重点旅客做到"三知三有"(知座席、知到站、知困难，有登记、有服务、有交接)，优先办理卧铺、安排座席；为有需求的特殊重点旅客联系到站提供担架、轮椅等辅助器具，及时办理站车交接。

(3)尊重民族习俗和宗教信仰。经停民族自治地区车站的列车可按规定在图形标志增加当地通用的民族语言文字，可根据需要增加当地通用的民族语言播音。

六、应急处置

1. 应急预案与培训

火灾爆炸、重大疫情、食物中毒、空调失效、设备故障和列车大面积晚点、停运、变更径路、变更车底等非正常情况下的应急处置预案健全有效，预案内容分工明确，流程清晰。日常组织培训，定期组织演练，培训演练有记录、有结果、有考核。

2. 应急备品

配备照明灯、扩音器、口笛等应急物品，电量充足，性能良好。灾害多发季节增备易于保质的食品、饮用水和应急药品，单独存放。

3. 非正常情况处置

遇火灾爆炸、重大疫情、食物中毒、空调失效、设备故障和列车大面积晚点、停运、变更径路、变更车底等非正常情况时，及时启动应急预案，掌握车内旅客人数及到站情况，维持车内秩序，准确通报信息，做好咨询、解释、安抚、生活保障等善后工作。

(1)列车晚点 30 min 以上时，列车长根据调度、本段派班室(值班室)或车站的通报，向旅客公告列车晚点信息，说明晚点原因、预计晚点时间。广播每次间隔不超过 30 min，有条件的可利用电子显示屏实时显示。

(2)遇列车空调故障时，有条件时将旅客疏散到空调良好的车厢，必要时采取开窗通风措施。在站停车须组织旅客下车时，站车共同组织。按规定做好旅客到站退还票价差额时的站车交接。

(3)遇车底变更时，做好宣传解释，配合车站共同组织旅客换乘其他列车，或者按照车站通报的席位调整计划组织旅客调整席位，按规定做好站车交接。

(4)遇变更径路时，做好宣传解释，配合车站组织不同径路的旅客下车，按规定做好站车交接。

(5)发生人身伤害或突发疾病时，积极采取救助措施，按规定办理站车交接。必要时可请求在前方所在地有医疗条件的车站临时停车处理。

七、列车经营

1. 餐车经营

(1)经营证照齐全有效，经营项目、收费价格公开，无只收费不服务行为；提供发票。

(2)储藏室(柜)、冰箱、吧台、橱柜等处所不随意放置私人物品。餐料、商品在餐车储藏柜、冰箱内等处所定位放置，不占用旅客使用空间。

(3)食品加工用具(刀、板、墩、盆、桶等)有生熟(或成品、半成品，下同)标记，并按标记使用。冰箱使用垫布、盖布，并分别按生熟标记、存放。

(4)厨房有防蝇、防尘、灭鼠措施。

(5)有符合要求的洗消设备和消毒药品，炊、餐、茶、酒具清洁、消毒合格。

(6)销售无包装直接食用的食品时有防蝇、防尘措施，加盖洁净、消毒合格的苫布(盖)，不徒手接触食品。

(7)厨房前门悬挂印有“非工作人员禁止入内”字样的挡帘。除检查等工作必须外，非餐车工作人员不进入餐车厨房。餐车刀具和锅铲等可移动铁器定人管理，定位隐蔽存放，使用完毕后及时归位。

2. 商品经营

(1)销售的商品质价相符，明码标价，一货一签，提供发票。

(2)非专职售货人员不从事商品销售等经营活动，专职售货人员不得超过 4 人(不含餐车)。

(3)经营行为规范，文明售货，不捆绑销售商品。销售人员不在车内高声叫卖、危险演示，销售过程中主动避让旅客。夜间运行时，不得进入卧车销售，座车可根据情况适当延长或提前销售时间，但不得超过 1 h。

(4)售货(饭)车美观整洁,四周有防撞胶带(条),制动装置作用良好,有经营单位审定的价目表。列车编组14辆以上时,售货(饭)车总数不超过4辆,不足14辆的不超过3辆。双层客车可使用规格统一、洁净、无害塑料筐(箱)代替售货车,总数不超过4个。一节车厢内经营的售货(饭)车不超过1辆,经营过程中人车不得分离。非经营期间,售货(饭)车定位制动存放。

(5)供应品种多样,有高、中、低不同价位的预包装饮用水、盒饭等旅行饮食品。尊重外籍旅客和少数民族的饮食习惯。

(6)商品柜、储藏室、蔬菜柜、吧台橱柜(陈列柜)加锁,不放置私人物品;商品、餐料定位放置,不占用通道和旅客使用空间。

(7)餐料、商品有检验、签收制度,采购、保管、加工、运输、销售符合食品卫生安全要求。

(8)空调列车不出售无生产单位、生产日期、保质期和过期、变质以及口香糖等严重影响列车环境卫生的食品。

非空调列车不出售无生产单位、生产日期、保质期和过期、变质的商品以及口香糖和玻璃、瓷器等硬质包装的严重影响列车环境卫生、运输安全的食品和商品。

(9)一次性餐饮茶具符合国家卫生及环保要求。

3. 广告经营

广告发布的内容、形式、位置等符合有关规范,布局合理,安装牢固,内容健康,与列车环境协调,不挤占铁路图形标志、业务揭示、安全宣传等客运服务内容或位置,不影响安全和服务功能,不损伤车辆设备设施。

八、行　李

1. 行李车办公室有遮光帘,有站名牌、货位示意图、隔离带(网)和《押运人员须知》;货仓有“严禁烟火”安全标志,地面有隔水板。

2. 执行行李运输方案,装运行李监装监卸,车门点数,使用规定印章办理站车交接。

3. 行李车货仓保持干净,留有安全通道,保证货物装卸和人员正常通行,货物堆码平稳、牢固、整齐,不堵塞车门,不超载、偏载、超限。贵重品、密件入柜加锁。

4. 及时、正确填写台账资料,及时向前方站做好预报。

5. 行李车内无违章运输物品,无闲杂人员,货仓拉门加明锁。对押运人员查验车票、押运证、身份证,告知注意事项并进行登记。

九、人员素质

1. 身体健康,五官端正,持有效健康证明。

2. 新职人员具备高中(职高、中专)及以上文化程度。软卧列车员能够使用简单英语。

3. 持有效上岗证,经过岗前安全、技术业务培训合格。从事餐饮服务的人员有卫生知识培训合格证明。广播员有一定编写水平,经过广播业务、技术培训合格。列车乘务班组有经过红十字救护知识培训合格的人员。

4. 列车长从事列车乘务工作满2年。列车值班员、列车行李员、广播员(含兼职)从事列车乘务工作满1年。

5. 熟练使用本岗位相关设备设施,熟知本岗位业务知识和职责,掌握担当列车沿途停站和时刻,沿线长大隧道、桥梁、渡海等线路概况,以及上水、吸污、垃圾投放等作业情况。熟悉本岗位相关应急处置流程,具备应对突发事件能力。

十、基础管理

1. 管理制度健全，有考核，有记载。定期分析安全和服务质量状况，有针对性整改措施。

2. 按规定配置业务资料，内容修改及时、正确。

3. 各工种在列车长的领导下，按岗位责任各负其责，相互协作，落实作业标准，有监督，有检查，有考核。

4. 业务办理符合规定，票据、台账、报表填写规范、内容准确、完整清晰。配备保险柜，营运进款结算准确，票据、现金及时入柜加锁，到站按规定解款。

5. 宿营车整齐有序，管理规范，乘务员休息铺位定位管理，有定位图，客运、公安、检车等乘务人员每两人轮流使用一个铺位(日勤人员除外)，不在乘务人员休息区安排旅客。硬卧宿营车旅客与乘务人员休息区之间有挡帘，印有"旅客止步、请勿喧哗"。乘务人员铺位每格有挡帘。宿营车端门有"保持安静"标志。

6. 客运乘务人员配备统一乘务箱(包)，集中在宿营车定位摆放；洗漱用具、茶杯、衣帽鞋等定位摆放；无宿营车时，定位摆放。

7. 库内保洁作业纳入客技站一体化作业管理。客技站有客运备品存放、人员间休和看车值班等场所，向列车提供上下水、照明、用电、上下卧具等作业条件。

8. 定期开展职业技能培训，培训内容适应岗位要求，评判准确。

任务解析

"任务导入"中所述案例解析如下：

对照《铁路旅客运输服务质量规范》中有关服务备品使用的要求，应配置遮光帘、坐便器(配有一次性坐便垫圈)、卧铺套(空调车适用)、被套、被芯、枕套、枕芯、床单、垫毯和边座套(空调车适用)，每格有不锈钢果皮盘，本车厢缺少的备品为卧铺套。

能力测评

一、判断题

1. 由于不可抗力造成的服务质量问题属于法律免责范围。(　　)

2. 旅客、客户来信、来电、来访投诉，新闻媒介曝光，造成不良影响但未造成实质性后果的属于服务质量反映。(　　)

3. 站、车工作人员在执行职务时刁难、打骂旅客、客户造成较大影响的属于服务质量差错。(　　)

4.《铁路旅客运输服务质量规范》要求乘务员对安全设施设备做到知位置、知性能、会使用。(　　)

5.《铁路旅客运输服务质量规范》规定始发后和进入夜间运行前，客运乘务人员对卧车核对铺位，对座车进行旅客去向登记。(　　)

6.《铁路旅客运输服务质量规范》规定停站立岗时，面向旅客放行方向立岗，做好安全宣传，验票上车，重点帮扶，安全乘降。(　　)

二、单选题

1.《铁路旅客运输服务质量规范》规定，从事客运服务工作满(　　)年方可担任客运值班员、售票值班员、客运计划员、综控室操作人员工作。

A. 1　　B. 2　　C. 3　　D. 4

2.《铁路旅客运输服务质量规范》规定，非空调列车冬季车内温度不低于(　　)。

A. 18 ℃　　B. 15 ℃　　C. 14 ℃　　D. 16 ℃

3.《铁路旅客运输服务质量规范》规定动车组列车乘务人员立岗(　　)。

A. 姿势标准，精神饱满　　B. 姿势规范，精力充沛

C. 姿势标准，精力充沛　　D. 姿势规范，精神饱满

4.《铁路旅客运输服务质量规范》总则：铁路旅客运输坚持"(　　)"的服务宗旨。

A. 以人为本、文明服务　　B. 全面服务，重点照顾

C. 人民铁路为人民　　D. 文明服务、礼貌待客

5. 根据《铁路旅客运输服务质量规范》，(　　)是指依靠辅助器具才能行动等需特殊照顾的重点旅客。

A. 特殊旅客　　B. 特殊重点旅客　　C. 病残旅客　　D. 重点旅客

6.《铁路旅客运输服务质量规范》规定：发生人身伤害或突发疾病时，积极采取救助措施，按规定办理站车交接。必要时可请求在(　　)临时停车处理。

A. 前方停车站　　B. 三等以上车站

C. 县、市所在地车站　　D. 前方所在地有医疗条件的车站

三、多选题

1.《铁路旅客运输服务质量规范》规定乘务人员在上班途中只准佩戴的外露饰物有(　　)。

A. 手表　　B. 项链　　C. 手镯　　D. 戒指

2.《铁路旅客运输服务质量规范》规定工作人员在立岗时不得(　　)。

A. 背手　　B. 叉腰　　C. 抱膀　　D. 插兜

3. 根据《铁路旅客服务质量规范》要求，旅客问讯时，面向旅客站立，要做到(　　)。

A. 目视旅客　　B. 有问必答　　C. 回答准确　　D. 解释耐心

4.《铁路旅客运输服务质量规范》规定：列车运行中，(　　)端门锁闭。

A. 休息车　　B. 行李车　　C. 发电车　　D. 邮政车

5.《铁路旅客运输服务质量规范》规定：列车运行中，载客车厢连接端门不锁闭，(　　)锁闭。

A. 车门　　B. 餐车厨房边门　　C. 走廊边门　　D. 厨房后门

6.《铁路旅客运输服务质量规范》规定：应急照明系统覆盖进出站、(　　)、地道等处所，状态良好。

A. 候车　　B. 售票　　C. 站台　　D. 天桥

7.《铁路旅客运输服务质量规范(列车部分)》由(　　)组成。

A. 动车组列车服务质量规范　　B. 空调列车服务质量规范

C. 非空调列车服务质量规范　　D. 普速旅客列车服务质量规范

四、简答题

1. 服务质量问题分为哪几类？

2. 何谓服务标准？

3. 标准按照其性质分哪几类？

4.《铁路旅客运输服务质量规范》对高铁站车交接位置有何规定？

5.《铁路旅客运输服务质量规范》对贴身卧具有何要求？

五、实践题

1. 走访附近的铁路车站，对照《铁路旅客运输服务质量规范》寻找车站存在的问题，形成调研报告。

2. 乘坐铁路旅客列车，对照《铁路旅客运输服务质量规范》寻找列车存在的问题，形成调研报告。

项目四　铁路旅客运输服务质量管理

项目内容

为了保障旅客运输服务质量，运用全面质量管理的基本理论和方法，结合铁路客运服务工作实际情况，有效开展铁路客运服务质量的控制、测评和监管工作。项目四内容导图如图 4-1 所示。

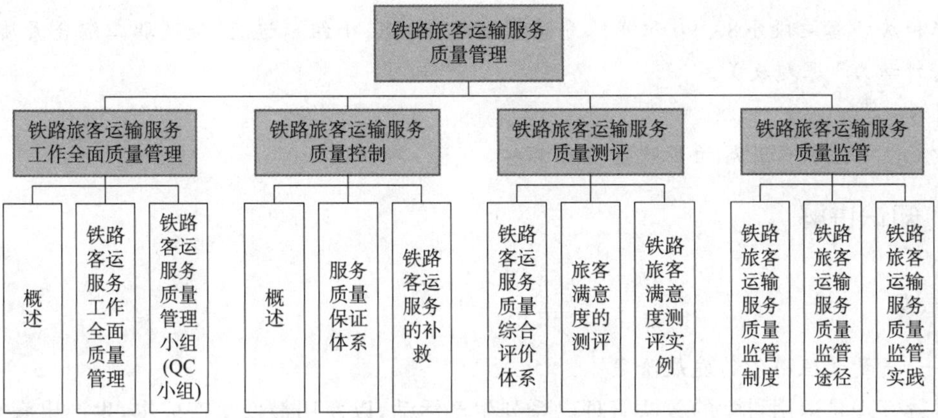

图 4-1　项目四内容导图

学习目标

1. 知识目标

(1)了解全面质量管理的基本理论及方法。

(2)理解铁路客运服务质量控制的原理。

(3)了解并掌握铁路客运服务质量测评的方法及流程。

(4)了解铁路客运服务质量测评体系及测评步骤。

(5)了解铁路旅客运输服务质量监管制度及途径。

2. 能力目标

(1)会组织开展铁路客运服务质量管理小组活动。

(2)会开展旅客运输服务补救工作。

(3)会进行服务质量满意度测评工作。

3. 素质目标

(1)开展全面质量管理，提升服务质量意识，深入推进人民铁路为人民的服务宗旨。

(2)建立质量管理、控制、测评、监管等系统观，树立大局观念。

学习建议

铁路旅客运输服务质量管理、控制、测评、监管的四项工作任务逻辑关系紧密，层层递进，应体系性开展教学工作。管理是做好服务工作、提升服务质量的基础，控制是为确保服务质量提供保障，测评是对服务质量的体验和监督结果，监管从政府层面对服务质量进行管理。

国家职业标准、铁路特有工种技能培训规范链接

国家职业标准《列车长》《列车值班员》《客运值班员》，铁路特有工种技能培训规范《列车长》《列车值班员》《客运值班员》。

任务一　铁路旅客运输服务工作全面质量管理

任务导入

呼和浩特客运段 K89/90 次车队质量管理小组(QC 小组)，进行“提高职工综合素质，增强品牌创新动力”课题攻关。

思考：

该 QC 小组具体开展的步骤主要有哪些？

知识讲解

一、概　　述

(一)质量管理科学的发展阶段

质量管理是运用科学的方法管理一系列生产活动，以使用最低生产成本，生产出满足人们和社会需要的产品。

质量管理科学是现代管理学的重要组成部分，其产生和发展大体可分为三个不同的历史阶段。

1. 质量检验阶段

20 世纪初美国“科学管理”之父泰罗提出了在作业人员中进行科学分工的主张，将计划职能与执行职能分开，并增加一个检验环节，以便监督和检查对计划、设计、产品标准等项目的贯彻执行，从而产生了一支专职检查队伍，形成了一个专职的检查部门。这在质量管理的发展史上，是一个重要的步骤。但是从质量管理的角度来看，虽然设置了专职的检验人员，只不过是事后把关。这样的质量管理应该说还是处于初级阶段，因此它存在着两个很大的缺点：

(1)这种事后把关对于废品、次品来说，虽然可以不让出厂，但是有关原材料、设备、能源、工时以及其他各项费用的损失已经造成，无法挽回，因此，不能起到预防废品、次品产生的作用。

(2)单纯依靠事后检验，而没有科学的检验方法，必然要进行全数检查。全数检查要花费大量人力、物力、财力，是很不经济的，而且无法运用于破坏性检验。

2. 统计质量管理阶段

最先将数理统计方法引入质量管理的是美国人休哈特(Walter A. Shewhart)。他认为质量管理不仅要进行事后检查，而且在发现有废品产生的先兆时就要进行分析改进，从而预防废品产生。控制图就是运用数理统计原理进行这种预防的方法。控制图的出现，是质量管理从单纯事后检验转入到检验加预防的阶段，也是形成一门独立学科的开始。

但是,统计质量管理也存在着不少缺点,其中主要有以下两点:

(1)统计质量管理主要局限于制造和检验部门,忽视了其他部门的工作对产品质量的影响,使质量管理工作具有很大的局限性。

(2)推行统计质量管理过分强调了数理统计方法,忽视了人在管理中的重要作用,因而影响了它的广泛使用和推广。

3. 全面质量管理阶段

1961年,美国人费根堡第一次提出了全面质量管理的概念。他认为全面质量管理是一个企业的各个部门对质量开发、质量保持和质量提高共同努力的总和,使企业能以最经济的费用进行生产和服务,使用户达到最大限度的满意。

从费根堡提出全面质量管理以来,经过许多国家的实践和认识,使全面质量管理在理论和观点、原则和基础、方法和工具等各个方面都得到了丰富和发展,形成了一门新的完整的学科。

(二)全面质量管理的内涵

全面质量管理(total quality control,TQC)是对产品质量形成的全部过程进行严密地控制,保证用经济有效的方法研制、生产和销售能使用户满意的产品和服务。因此,工业企业全面质量管理就是对产品全面质量的管理、全部过程的管理和全员参与的管理。有人称之为"三全"管理。

1. 全面质量的管理

对工业产品而言,即对产品性能、使用寿命、可靠性、安全性、价格、交货期、售后服务等各方面的质量进行全面管理。对服务工作而言,即对被服务者的物质需求质量和精神需求质量进行全面管理。

2. 全部过程的管理

对产品的设计过程、制造过程、辅助过程以及销售和使用过程的质量加以全部管理。也就是把产品的质量管理贯穿于产、供、销的全过程。对于服务工作的全过程应分服务前、服务中和服务后三个阶段。也就是说服务工作的全过程的管理,不仅是面对旅客和用户所进行的服务,还包括服务前所做的一切准备工作以及服务后的一切善后工作。

3. 全员参与的管理

企业的全体人员人人参加质量管理。"前方""后方"互相协调,各自做好本职工作,共同保证产品质量和服务质量。

"三全"管理的目的是保证和提高产品的质量,它的落脚点应该放在全员参加的基础上。只有企业的全体职工人人都参加全面质量管理,人人都关心产品质量,并以自己的工作质量来保证产品的质量,才能达到提高产品质量的目的。因此,"三全"管理是一个整体,是一个系统管理,它应该以全员参与管理来保证全部过程的管理,以全部过程的管理来保证产品质量。

(三)全面质量管理方法

在质量管理过程中,可供选择的方法有很多,如PDCA循环法、调查表法、排列图法、直方图法、因果图法、控制图法、散布图法、矩阵图法等。下面对几种常用的质量管理方法做简要的介绍。

1. PDCA循环法

PDCA由Plan(计划)、Do(执行)、Check(检查)、Action(处理)四个单词的第一个字母组成。PDCA循环法将质量划分为相互联系、顺序循环的四个阶段。

(1)计划阶段,包括分析现状找出存在的主要问题、寻找主要问题发生的原因、找出主要原因、制定措施四个步骤。

(2)执行阶段,按计划实施。

(3)检查阶段,调查实施的效果。

(4)处理阶段,包括巩固措施、处理遗留问题。

PDCA循环法是质量管理最基本的方法。牡丹江客运段北京车队QC小组采用四次PDCA公关循环,收到了良好的效果。第一次:强化岗位培训;第二次:夯实精品列车管理基础;第三次:创新精品车的金牌服务特色;第四次:让目标旅客满意,暂突红旗列车"十三连冠"。

2. 排列图法

排列图法是把不良、缺陷、损失金额、事故等,按其产生的原因、状况进行分类,统计每一类发生的频数或金额的大小,然后按数值的大小进行排列,画成一个个直方图,并画出积累百分数曲线。排列图可以给出改善工作的重点,找出主要影响因素,有效地解决质量问题。图4-2为旅客对某旅客列车餐车的意见经统计整理后画出的排列图。

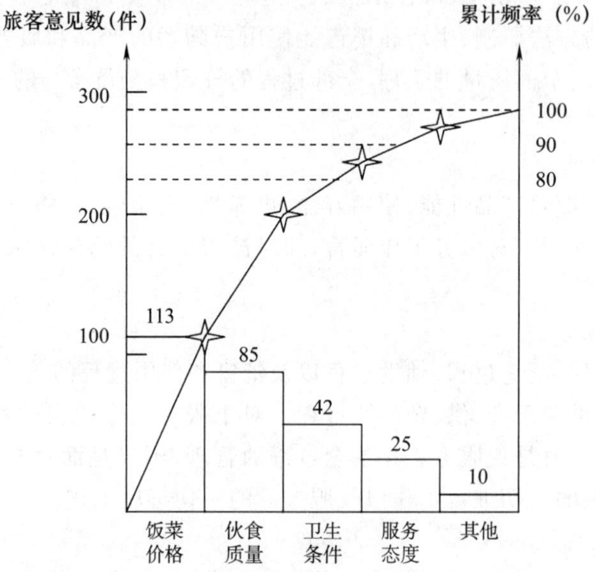

图 4-2 排列图示例

3. 因果图法

因果图法就是把对问题(结果)有影响的原因加以分析和分类,并将其相互关系用箭头表示,找出主要原因,有针对性地采取措施、解决问题。

4. 控制图法

稳定的生产状态下生产的产品质量服从一定的概率分布,以质量考核的特征值为纵坐标,被测试产品的序号为横坐标,在掌握概率分布的基础上,确定特征值的中心线,根据测定值在图中的分布判断质量是否异常。

5. 矩阵图法

矩阵图法是把与研究问题有关的多种对应关系的因素排列成矩阵的形式,矩阵图中行列的交叉处,给出行列对应关系和关系程度,由此探讨问题所在,获得解决问题的着眼点。表4-1为某客运站查找行李差错原因采用的矩阵图。

表 4-1　查找行李差错原因矩阵

行李差错分析	现象	票货分离	◎	◎		○	○
		掉件			◎		
		顶件运输	○			◎	
		误计件数					◎
	原因		不执行票货核对规定	计划不准	拖车不捆绑	交接不清	唱数不准
	根源	仓库面积小	○				
		不执行作业过程			○		
		违章作业	◎		◎		△
		业务素质低		◎		◎	◎

注：◎——有密切关系；○——有关系；△——似有关系；空白——无关系。

二、铁路客运服务工作全面质量管理

从 20 世纪 70 年代开始，美国、日本等发达国家在商业、交通运输业、金融、保险、饭店等服务性行业中引入了全面质量管理，并取得了良好的效果。我国在服务性行业中推广全面质量管理，对提高服务质量同样起着非常重要的作用。

客运服务工作与工业企业和其他服务性行业虽然有所不同，但是全面质量管理的理论和方法完全可以采用。客运服务工作的全面质量管理也是“三全”管理。

1. 客运服务工作全面质量的管理

旅客运输产品的质量特征包括安全、舒适、准确、快速、经济、便利和文明服务。其中安全、准确、快速、经济属于物质需求，舒适、便利和文明服务则属于精神需求，这是客运服务工作的范畴。铁路的各项技术设备是为了保证旅客的物质需求，同时也是做好服务工作的基础。

在旅客运输中通常把安全正点作为重点来抓，这是完全有必要的。但是如果只抓安全正点，忽视其他质量指标，或是只注意旅客的物质需求，忽视精神需求，放松服务工作，旅客是不会满意的，也不符合全面质量管理的要求。

北京西站运用先进的管理手段，把客运服务工作纳入现代企业管理中，逐步形成了适应旅客需要的有形管理模式。北京西站“036”号候车室针对重点旅客的特殊需求，创造了五个“A”(ALL，所有)的服务管理模式。一是让所有的困难旅客在“036”号候车室内感觉不到困难和不方便；二是所有岗位都能及时发现需要帮助的困难旅客，对老幼病残孕都要做到“察”“询”“导”，主动服务，用心服务；三是所有客运服务员都要做到首问负责、直接负责、全过程负责，既能确保服务责任和服务质量，又能适应旅客的心理特点；四是所有服务环节都得到质量管理体系的全面控制，逐步实现对重点旅客服务的规范化、科学化；五是所有服务员的工作质量都要达到“036”式岗的标准，让有困难的重点旅客都能感受到同标准、同质量的热情、周到的服务。

2. 客运服务工作全部过程的管理

旅客运输的产品——位移，是从始发站开始，通过运载工具(列车、动车组)到达目的地(终到站)。产品的生产过程也是产品的消费过程，二者不能分开。旅客运输的生产流程为

购票 → 安检候车 → 上车 → 运行 → 下车 → 出站

客运服务工作贯穿在全部运输工作过程中，全部运输过程可以分为运输前、运输中和运输后三个阶段。

（1）运输前，包括问询、购票、托运行李、候车、检票、上车等服务工作。

（2）运输中，包括迎送旅客、安排座席、维持秩序、按时报站、开关车门、餐茶供应、清扫车厢、广播宣传、解答问题等服务工作。

（3）运输后，包括清理车厢备品、引导旅客出站、取行李、处理旅客违章事件等服务工作。

铁路运输是一台巨大的联动机、流水线，客运服务过程的三个阶段是一个不可分割的整体。长途旅客列车跨越几个省市，行程数千公里，经过许多区间和车站，无论哪一个部门、哪一个环节出了问题，都会影响旅客运输产品的质量。而且一旦造成损失，常常是难以弥补的。因此，客运服务工作全过程的管理更显得重要。

3. 客运全体职工参加服务工作的管理

服务工作全面质量的管理、全面服务过程的管理，都必须通过全体人员的参加才能实现。车站的客运职工、旅客列车的乘务人员位于客运服务工作的第一线，直接面向旅客，为旅客服务。如果没有他们参加服务工作的管理，没有他们对提高服务质量的关心和积极性，要想改善和提高服务工作质量只能是一句空话。

当然，客运服务工作仅仅是客运产品生产过程的一部分。因此，除了广大客运职工参加服务工作的管理外，其他与客运工作有关的部门，如车务、机车、车辆、线路、通信信号等直接或间接与客运产品质量有关的人员，都应该从不同的方面、不同的系统参加客运的全面质量管理，这样才能保证客运产品质量的改善和提高。

三、铁路客运服务质量管理小组（QC小组）

在各种工作岗位上，从事各项工作的职工、干部围绕企业的方针目标，以改进服务工作质量，提高经济效益和社会效益为目的，运用质量管理的理论和方法，组织起来开展活动的小组，称为质量管理小组（简称QC小组）。QC小组是全面质量管理的重要组成部分。

（一）QC小组的作用

1. 开展QC小组活动可以实现全员参加管理

企业中的每一个部门、每一个成员、每一项工作，都是企业不可缺少的部分。它们的具体任务不同，但目的都是保证服务质量。开展质量管理小组活动，可以把企业中的成员按照部门、课题、各自的工作内容或职责范围组织起来，通过学习质量管理的理论与方法，发现问题，查找原因，制定措施，改进工作，不间断地活动下去，以达到改进企业总体工作质量的目的。实践证明，在企业中开展QC小组活动，是广泛动员全体职工参加企业管理的好形式，所以在企业中实行全员性的质量管理，必须普遍开展QC小组活动，并不断提高其效能。这是企业推行全面质量管理的重要基础。

2. 开展QC小组活动可以调动职工的积极性

发挥每个职工的智慧，调动职工积极性，是开展QC小组的真正目的。每个人都有在特定条件下表现自己和施展自己能力的欲望，都想让社会或周围承认自己存在的价值。对企业而言，这就是潜在的能量，关键在于能否巧妙地挖掘出来。QC小组就是要利用它特殊的组织形式和多样的活动方式，形成一种团结和谐的气氛，创造一个互相学习、不断进取的环境。在QC小组中，每个人都有机会对自己岗位的工作、所在的集体、整个企业存在的问题提出自己的看法和建议。在这些活动中，每个人的才能、智慧都可以得到充分发挥。

3. 开展 QC 小组活动可以改善企业的素质

一个企业服务工作质量的优劣，说明了这个企业素质的高低。提高企业素质的方法虽然很多，但是不论哪种方法都离不开全体职工对这些方法的接受程度。广大职工参加 QC 小组活动，努力学习全面质量管理的理论和方法，学会一些数理统计知识和科学管理程序，可以使广大职工在掌握一般专业技能的基础上提高一步，有利于在企业中贯彻执行各种先进的科学的管理制度及有关的标准，不断提高质量管理的水平，使企业的各项基础工作得到完善和提高，逐步实现企业的管理现代化。

4. 开展 QC 小组活动可以提高企业的经济效益和社会效益

QC 小组活动参加者是以生产第一线的工人和基层干部为主，他们最熟悉自己的工作，最了解服务工作中存在的问题，最清楚需要解决哪些主要矛盾，而且对改善服务工作的要求也最迫切。如果把他们组织起来，并在开展 QC 小组活动时运用掌握的专业技能和科学方法，大多数课题都会迎刃而解，也比较容易取得成果，使服务工作质量得到提高，增加企业的经济效益。

呼和浩特客运段 K89/90 次车队 QC 小组，进行“提高职工综合素质，增强品牌创新动力”课题攻关，选题依据：

(1)旅客要求——安全、舒适、便利，有草原特色的服务。

(2)国铁集团要求——提高人员素质，适应铁路发展的新形势。

(3)铁路局集团公司要求——创建学习型班组，争做知识型职工。

(4)客运段要求——培养高素质的职工队伍，为段创新服务做贡献。

(5)客运段车队要求——提高职工队伍综合素质，为品牌创新奠定基础，强化“精、诚、细”服务理念，使列车成为“流动的宾馆，温馨的家园”。

围绕提高人员综合素质，强化班组的质量管理，创新列车服务工作开展各项活动，形成了一套具有自己特色并结合自己服务特点的服务法，全力打造了“草原第一品牌”的良好形象。

(二)QC 小组活动的课题类型

QC 小组活动的课题类型分为问题解决型和问题达成型。

1. 问题解决型

问题解决型包括现场型、管理型、攻关型、服务型。

现场型是以班组和现场存在的问题为改进对象，以稳定工序质量、改进产品质量、降低消耗、提高生产效率、改善生产环境为目的，以操作工人为主体开展活动的课题。

管理型是以提高管理水平为目的，以业务工作质量和效率方面存在的问题为改进对象，以管理部门工作人员为主体开展活动的课题。

攻关型是以解决部门以上的技术关键问题为对象，须跨班组(甚至跨部门)，由有关领导、技术人员和工人三结合组织攻关的难度较大的课题。

服务型是以实现服务工作、标准化、程序化、科学化，提高服务质量、经济效益和社会效益为目的，以从事服务工作人员为主体开展活动的课题。

2. 问题达成型

问题达成型，即创新型，是以运用创新思维开发新产品、新方法，达到有挑战性的目标，以技术人员、管理人员等为主体开展活动的课题。

(三)QC小组的活动

QC小组的活动要有明确的目标,要紧紧围绕攻关课题的要求进行活动。具体步骤如下:

1. 调查现状,分析情况

根据小组选定的课题,详细调查与这个课题有关的现实情况。然后进行仔细地分析,找出存在的问题,确定活动的具体目标。

2. 分析问题存在的原因

根据调查现状的结果,在掌握足够信息的基础上进行分析,分析产生问题的原因及有关的影响因素。

3. 找出主要原因

针对原因分析中找出的各种影响因素,结合现场调查,找出主要影响因素。

4. 制订对策计划

根据影响因素的顺序制订出具体可行的对策措施,绘制出对策表。在对策计划制订过程中,必须明确每项措施的具体解决方法、负责人、完成时间、地点、预算结果等,以便能按计划检查落实。

5. 落实对策

发动QC小组成员或请领导发动有关人员,按照对策计划中的各项规定,落实完成各项工作争取的措施。

6. 检查结果

在各项措施完成后,按照对策计划中预料的标准,逐项检查各项措施完成情况。同时检查对比对策实施前后的变化,尤其要注意主要问题是否解决,是否达到了预期效果。

7. 标准化

为巩固已经取得的成果,要把对策实施中行之有效的措施和经验,在报请有关部门后,写入相应的规章、制度中去,以便本部门及有关单位今后照此标准执行。

8. 总结

QC小组在取得成果后,要认真总结活动情况及经验,表彰先进。同时根据本次活动中遗留的问题选择新的课题,安排下一步工作。

任务解析

“任务导入”中所述案例解析如下:

案例中的QC小组开展的步骤主要有调查现状,分析情况;分析问题存在的原因;找出主要原因;制订对策计划;落实对策;检查结果;标准化;总结。

任务二　铁路旅客运输服务质量控制

任务导入

20××年×月×日,旅客罗××在开车铃响后到达××车站候车室进站口,持当日××次旅客列车车票要求进站乘车去北京。车站客运人员以开车铃响后不能进站为由拒绝了他进站。罗××去售票厅退票又遭拒绝。事后旅客向有关部门进行了投诉。

思考：

1. 该案例中旅客的服务期望有哪些？

2. 该案例中铁路运输企业可采取哪些服务补救措施？

知识讲解

服务质量控制是服务质量管理的重要一环，了解质量控制的概念、方法对具体实施铁路客运服务质量的控制具有十分重要的意义。

一、概　　述

服务质量控制是对服务质量标准具体实施过程的有效管理，用以保证提供的服务能满足旅客的要求。服务企业为了克服服务质量体系的不稳定性，达到预期的服务质量标准，必须实施服务质量控制。

铁路旅客服务质量控制是指铁路运输企业把客运服务质量的各项指标控制在旅客可接受的范围之内，使客运服务系统处于稳定、良好的循环状态而采取的一切技术和管理活动。客运服务质量控制是运输企业的主动行为，是以服务质量标准（服务质量规范）为控制依据，对服务过程进行有效的管理与控制，保证提供的服务能更好地满足旅客的需求。

（一）客运服务质量的影响因素

服务营销理论指出影响服务质量的三大要素包括人员、硬件和软件。这三者相辅相成，缺一不可，共同构成图 4-3 中的三角关系，即“服务金三角”。

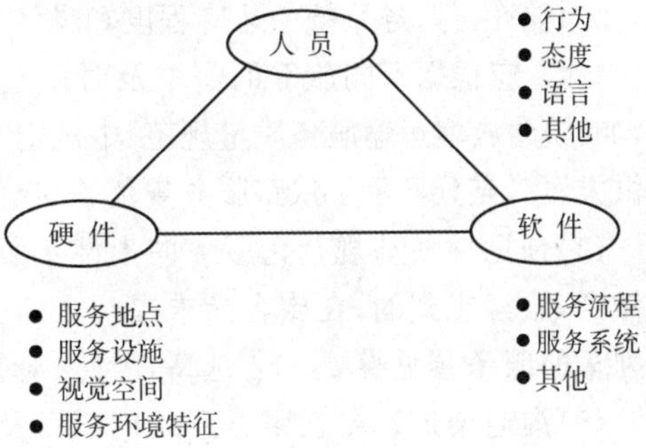

图 4-3　服务金三角

对这三大要素的要求和描述就构成了优质服务标准的基本内容。在这三大要素中，硬件和软件的因素是比较确定和稳定的，人员的因素就比较易变和复杂，也是关键因素。

1. 人员

人员指完成服务项目的工作人员。服务的硬件和软件是有理性、有规则的，而旅客服务却是感性的，在服务中具有人性化的一面，涉及人与人的接触，涵盖了在服务时每一次人员接触所表现出的态度、行为和语言技巧。

在铁路旅客运输产品质量管理的过程中，对服务人员的着装、姿态、语言方面制定标准化要求，以及在运输企业内部建立良好的招聘、培训、考核、激励机制等对提高客运服务产品质量起着至关重要的作用。

2. 硬件

硬件指服务发生的物理环境的各个方面，服务提供者与旅客的相互活动都在其内部进行。硬件很像有形商品的包装，可以方便或者是阻碍服务的进行，也履行着对外传递信息的重要职能，硬件为旅客的整个服务体验设定了基调。硬件包括服务地点、服务设施、视觉空间和服务环境特征四个关键领域。

（1）服务地点是服务组织提供服务产品和旅客进行服务体验的地点，如车站、列车车厢、售票点等等。

（2）服务设施包括设施的质量和数量两个方面，设施的质量直接决定给旅客提供的服务是好还是坏，设施的数量则决定提供服务能力的大小。

(3)视觉空间是指服务场所的视觉效果。它带给旅客"第一印象"，因此非常重要，视觉空间包括颜色、服务场所的通道设计、服务场所的座位安排、服务场所的设备定位、服务场所的光线。

(4)服务环境特征是指服务场所的环境，包括环境的色彩与照明、音响的音量与音高、气味、空气清新度、温度与湿度、环境的清洁度。

在铁路旅客运输中，硬件包括旅客列车车体及相关设备条件、站场条件等，旅客在开始旅行前，对铁路运输的第一印象就来自车站、列车的硬件和站场条件等，可以说它们为旅客的整个服务体验设定了基调。

3. 软件

软件指服务发生的程序性和系统性。它涉及服务的递送系统，涵盖了工作如何做的所有程序，提供了满足客户需要的各种机制和途径。服务软件包括以下七个关键要素：

(1)时间。向旅客提供服务时，其服务的及时性和迅速性应该适度，即在规定为旅客提供服务时，应按实际情况从旅客的角度出发规定具体时间标准。

(2)流畅性。为旅客提供服务时应保证各环节、各部门的相互配合与合作，形成紧密的服务链。保证为旅客提供服务流程的顺利实施，避免服务流程中的阻塞和停滞现象的发生。

(3)弹性。服务系统的适应程度和灵活程度。服务规范和服务规章在实际执行时应有一定的"弹性"，应根据不同旅客的需求及时调整。近年来，铁路旅客运输服务的"弹性"有了一些进步，如《铁路旅客运输服务质量规范》中规定"……厕所锁闭时，为特殊情况急需使用厕所的旅客提供方便"，充分显示了铁路服务规范的"弹性"。等级越高的旅客列车服务"弹性"应该越大。

(4)预见性。从规范化服务向人性化服务发展，不断体现对旅客的人文关怀。旅客提出的要做到，旅客想到的，在旅客尚未提醒之前，抢先一步，向他们提供所需的服务。等级越高的旅客列车的服务预见性要求会越高，因此，对乘务员的素质和能力要求越高。

(5)沟通渠道。要在服务系统内部以及旅客与服务人员之间能进行有效的信息沟通，应设法提供各种沟通渠道。

(6)旅客反映。对于旅客对服务的要求和反映应该及时了解，建立良好的旅客信息反馈系统。这需要具有良好服务素质的服务人员的观察、分析，并采取积极有效的解决办法。

(7)组织和监督。有效的服务程序需要组织，同样，组织需要监管。要保证服务质量监督监管机制的有效性，并且成为进一步提高服务质量的积极因素，需要进一步完善服务质量的监督制度。

在铁路旅客运输中，软件包括列车上的一切服务内容、服务方法和服务规程。由于运输产品的特殊性还包括旅客可以感受到的、与运输组织有关的运输指标的要求等，如旅客列车的到开时间、平均停站距离等。

(二)铁路客运服务质量控制的原理

1. 旅客的服务期望

服务质量不仅取决于企业实际提供的功能质量和技术质量如何(客观性)，还取决于感知与顾客的期望之间的对比如何(主观性)。顾客在接触服务之前，对服务一般都有期望，想象服务应当是什么样的；接受服务之后就有了亲自感知，知道服务实际是什么样的。如果顾客感知到的服务(P)符合其期望的服务(E)($P \approx E$)，就会感到满意，这就是良好的服务质量；如果顾客感知到的服务高于期望的服务($P > E$)，会感到欣喜，这就是卓越的服务；如果顾客感知到的服务低于期望的服务（$P<E$），就会不满，这就是不良的服务质量。也就是说，服务产品的质量和顾客的期望与感知之间的差距密切相关，差距（$P<E$）越大，顾客感知的质量越差；超越（$P>E$）越大，顾客感知的质量越好。

2. 旅客服务期望的影响因素

服务期望是顾客评价服务质量的前提，了解影响服务期望因素有助于服务组织采取适当的措施，对其进行一定程度的控制，从而改变其与服务实际感受的对比关系，提高顾客的满意度。这些因素包括：

(1)旅客的旅行消费经验。消费者通过以往的消费经验所建立起来的个人消费经验，是对即将消费服务的一种"想当然"看法，即"某某服务应当是怎样的"。

(2)旅客的个人需要。包括个人生理和心理的需要。

(3)消费者角色的感知程度。消费者个人在消费之前对自己即将扮演的角色的认识程度，如有人认为自己是"上帝"，有人则认为自己只是"普通消费者"。

(4)消费者个人当时所处的一种状态。如消费者有非常重要的活动要参加，就不能容忍有片刻的耽搁；消费者心情很好的时候，则可能对一些服务漏洞持宽容的姿态。

(5)其他人力所不能控制的环境因素。如遇到狂风、洪水等自然灾害和意外事故等，此时旅客的服务期望会大大降低。

(6)服务组织的口碑。消费者从他人口中或者某个媒体的宣传报道等渠道，了解到服务组织的有关情况。

(三)铁路旅客因素服务质量控制的条件和程序

1. 条件

服务质量控制是减少旅客感知与期待差异的过程，其目标的实施要具备以下条件。

(1)制定质量控制所需要的各种标准，包括服务标准（规范）、作业标准、设施设备标准等。这些标准是判断服务质量是否处于稳定状态的依据。

(2)建立一套信息反馈系统，实时把控铁路客运服务生产过程各环节执行情况。

(3)制定具有纠正服务质量及标准的偏差措施。

2. 程序

一般控制过程分为确定目标、衡量绩效、纠正偏差三部分，铁路企业应根据铁路服务产品的特点，制定质量控制的基本工作程序。具体如下：

(1)确定铁路旅客运输服务质量控制计划与标准。

(2)实施质量控制计划与标准，并在实施过程中进行监视、评价和验证。

(3)发现服务质量问题并找出原因。

(4)采取纠错措施，排除造成质量问题的不良因素，恢复其正常状态。

二、服务质量保证体系

1. 服务质量保证的基本概念

铁路旅客运输服务质量保证可分为三层意思理解，对旅客运输服务的质量保证、对旅客运输服务全过程的质量保证以及对下道工序的质量保证。

从管理思想看，客运企业生产出来的产品要对旅客运输服务实行质量保证，就是能使旅客满意、安心乘车，旅行过程中能得到安全感和满足感；从铁路客运产品质量的形成过程看，铁路客运企业的"质量保证"工作应当是系统性的，应当建立在车、机、工、电、辆整个系统上；从铁路运输生产的连续性特点上来看，在运前服务、运输生产和运后服务的各个阶段中都要保证质量，做到对旅客负责，对所有后续过程负责，使旅客满意，使所有后续过程的有关单位满意。

当然，对于铁路运输企业来说，最基本、最本质的还是对用户，即对旅客运输服务的质量保证。它是我们考虑问题的出发点和归宿。全部过程的质量保证则是对旅客运输服务质量保证的手段。

2. 质量保证体系的基本概念

客运企业为了适应市场经济发展，在市场竞争中以质取胜，必须建立质量保证体系。客运企业为了实现自己的方针目标，优质高效地为旅客服务，就要把各部门、各单位以及全体客运职工和整个客运系统的工作综合地组成一个有机的整体，按照规定的质量标准，进行各项质量管理活动。这个有机的整体就是质量保证体系。

建立质量保证体系是现代化大生产系统管理的客观要求。现代化大生产的质量管理，特别是铁路运输生产，要求能从"系统"的角度去观察、思考、分析和解决问题，才能保证旅客在乘车旅行的全过程中得到满意的服务。不同旅客运输方式间的竞争最终是服务质量的竞争，为此，必须从管理思想上抓住"质量保证"，从管理技术上抓住系统管理，从生产过程中抓住质量控制，才能以质取胜。总之，要把铁路运输系统的多部门、多工种组成一个有机整体，使联动机能够有效地转动。

3. 质量保证体系的基本内容

(1)要有明确的目标和目标值

按照系统理论，每一个质量保证体系都可以视为一个人造系统，或称目的性系统。人造系统总是要根据某一特定目标来构筑，因此，客运企业在建立质量保证体系时，首先要确定的是"体系"所要达到的目标和目标值，即首先要明确建立质量保证体系要"保什么""保到什么程度"。为了便于衡量和考核，目标项目必须以目标值来反映，目标值一般应当瞄准国内外同类服务的先进水平。

(2)规定标准程序

根据客运产品产生和形成过程的要求，合理规定保证体系的各项业务工作流程即技术作业过程的标准化。但有了标准化的作业过程，并不等于建立了质量保证体系，还必须处理好作业之间、单位之间、人与人之间的相互协调和衔接。如我国铁路运输系统每年的春节旅客运输工作，从国铁集团到各铁路局集团公司、站段，从人员到物质以及客流调查、加开临时旅客列车等一整套春运工作就具有质量保证体系的一些重要特征。

(3)健全组织机构，形成组织保证系统

质量保证体系要求对整个体系中的各级组织乃至每一个人，都要规定他们在质量管理活动中的责、权、利。每个作业乃至每一管理点，都要人人责任明确、标准清楚、能够考核，形成严密的组织保证系统。

在建立质量保证体系中所强调的组织保证系统，与设立组织机构虽有联系，但这仅是组织上的保证。一般来说，设立和宣布组织机构容易，但真正形成组织保证系统就需要花力气。它要求各级组织、各部门、各工种都按规定的标准开展工作，真正从组织上形成质量保证活动的有机整体。

(4)建立信息传递和信息反馈系统

旅客的流动是旅客运输系统中的基本运动过程。伴随着旅客流动会产生有关客流信息，再根据客流信息规划和调节客车、旅客列车等客运运能的数量、分布、结构、旅客列车开行方案等。因此，可以透过各类客流信息去分析和掌握客流的规律，从而组织好客流和旅客列车的运行。

当今社会从工业化时代进入了信息化时代，信息成为一种能创造价值的企业资源，已成为影响生产力、竞争力和社会经济的重要因素。交通运输生产力配置、安全和效率在很大程度上取决于信息的获取、处理和利用。有流就有信息的传递和反馈，在现代化大生产中，信息流具有越来越重要的作用，只有信息流畅通无阻，运输系统才能很好运行。因此，如何保证信息流的畅通无阻，是建立质量保证体系的一个非常重要的问题。

在建立质量保证体系的活动中，除了要强调站、车间这种运输企业内部的信息流以外，同样重要甚至有时是更加重要的是来自客运市场以及来自旅客的信息反馈。这种外部的信息反馈特别是来自旅客的有关服务质量的信息，是改进工作，提高客运服务质量，贯彻"人民铁路为人民"的重要基础。

(5)提高客运人员素质，建立保证人员质量的保证体系

这个体系的研究对象是人，包括提高人的政治素质和业务素质两个方面，这是质量保证体系的一个重要组成部分。

提高人的素质也要有明确的目标，即要围绕客运企业发展方向的要求和实现方针目标去培养人才，提高客运职工和各级干部的政治素质和业务水平。客运人员的素质是客运企业的基础质量。因此，建立强有力的思想政治工作体系和技术教育体系，是质量保证体系中基础的基础，是必须加大投入的重点工作。

由于客运产品质量形成过程和路外、地方单位有密切关系，所以建立质量保证体系应当向路外延伸，搞一体化服务，如和地方的旅店、饭馆、汽车公司等单位建立协作关系，建立和水运等部门联运的质量保证体系等。

三、铁路客运服务的补救

服务补救是企业针对服务失误采取的行动。有效解决旅客的问题会对顾客满意度、忠诚度及最低绩效产生重大影响。也就是说，经历服务失误的旅客，如果经企业努力补救并最终使之感到满意，将比那些问题未被解决的旅客更加忠诚。因为服务产品生产与消费的同步性，旅客在购买决策做出前无法检验产品的质量，只能依据相关信息来做出判断，口碑往往成为旅客所依赖的检测依据，这时忠诚度、口碑将会变成营利性的。那些因投诉而使其问题迅速得到解决的旅客与那些投诉但未得到解决的旅客相比，更可能发生再次购买行为。铁路客运服务的补救措施如下：

1. 欢迎并鼓励抱怨

即使在一个追求100%服务品质零缺陷的组织中，失误也会发生。服务补救策略的关键就是欢迎并鼓励抱怨。抱怨应该是被预期、被鼓励和被追踪的。抱怨的旅客应该被真正当成朋友看待。

2. 快速行动

有抱怨的旅客希望得到快速的回应，这要求有能够快速行动的系统和程序以及相关员工。旅客希望听到其抱怨的人能快速解决问题，因此相关负责人必须对员工进行培训和授权，以使问题在发生时就得以解决。也可采用旅客自行解决问题的方法，建立一个允许旅客亲自解决服务需要的系统，例如旅客购票时可选择购买静音车厢服务，满足安静旅行需求。

3. 公平待客

在快速反应时，公平对待每一位客户也至关重要。公平对待包括每一位旅客应得到的权益。

4. 从补救经历中学习

通过追踪服务补救的努力和过程，能够获知在服务系统中需要进行改进的问题。通过进行原因分析，识别出问题的来源，进行过程改进，以彻底解决产生问题的原因。

5. 从失去的旅客身上学习

有效服务补救策略的另一个重要部分是从已经决定离去的旅客身上学习。正式的市场调查可以发现旅客离开的原因，这有助于避免未来的失误。

任务解析

“任务导入”中所述案例解析如下：

1. 案例中旅客罗××的服务期望是要求进站乘坐××次旅客列车去北京，在被拒绝进站后又要求办理退票。

2. 案例中铁路运输企业严格执行铁路的规章制度，从作业程序上来讲是没有问题的。但是，在服务补救方面做得是不够的，要及时给旅客解释铁路规章制度规定及规定原因，同时也可建议旅客改签当日其他车次的车票，避免矛盾激化。

任务三　铁路旅客运输服务质量测评

任务导入

×月×日，××客运段开展了一次高速动车组旅客列车客运服务质量测评工作。

思考：

1. 该案例中高速动车组旅客列车服务质量测评的基本步骤有哪些？

2. 该案例中调查问卷的指标体系如何设计？

知识讲解

一、铁路客运服务质量综合评价体系

铁路客运服务质量综合评价是由旅客满意度、旅客投诉、新闻媒体曝光、内部监督检查四部分的内容组成，按照其在客运服务质量中的作用大小，对客运服务质量进行定量测评，反映旅客、媒体、管理人员对客运服务质量的体验和监督结果。

综合评价结果可以反映出客运服务质量在旅客满意度、旅客投诉、新闻媒体曝光、内部监督检查方面存在的问题和不足，也可在企业间、企业内部或对不同时期的量化数据进行对比分析，使企业准确掌握服务质量与旅客需求之间的差距，有针对性地制订措施，不断提升客运服务质量。

1. 旅客满意度

旅客满意度是指旅客对所接受客运产品和服务的满意程度，铁路旅客满意度的合理区域是旅客对铁路客运服务可以接受的区域。

铁路旅客满意度的调查与掌握是研究铁路客运服务的基础之一。对铁路旅客满意度的调查,将使铁路客运服务部门和人员以旅客为中心,站在旅客的角度来评价铁路客运服务产品和质量,促使铁路重新审视自己的客运服务系统并进行改善,以保证铁路客运服务水平的整体提高。

一般来说,旅客满意度分别为“很不满意”“不满意”“基本满意”“满意”“很满意”五个级度,根据心理学中的梯级理论对五梯级给出了如下参考指标:

(1)很不满意:旅客感觉愤慨、恼怒、投诉、主动反宣传、受骗。

(2)不满意:旅客感觉气愤、烦恼、抱怨、反宣传、后悔。

(3)基本满意:旅客感觉无明显正、负情绪,无所谓、印象不深、还算过得去。

(4)满意:旅客感觉称心、赞扬、愉快、乐于宣传、物有所值。

(5)很满意:激动、满足、感谢、主动宣传、能成为铁路忠诚顾客。

旅客对铁路客运服务的感知下限选定在“基本满意”,而上限选定为“很满意”,两种标准之间的区域构成了服务合理区域。当旅客的满意度超出服务合理区域,就应该引起铁路重视。

2. 旅客投诉

旅客投诉是旅客对产品和服务不满意的集中表现方式,是消费者对产品质量向组织提出不满意的表示。旅客投诉信息主要由铁路客户服务中心提供,包括旅客来电、来信、来访和12306邮箱反馈的投诉信息。

3. 新闻媒体曝光

新闻媒体曝光信息主要是收集主要媒体对铁路客运服务质量问题的曝光。来自不同部门的信息,经相关部门核实确认后作为评价信息使用。将核实确认后的信息与考核标准对照,进行相应的赋值和进一步计算。未经核实、确认的信息不作为评价信息使用。

新闻媒体利用信息传播手段对铁路旅客服务质量进行监督,也在一定程度上反映了服务质量存在的不足,是铁路旅客综合评价的一个重要方面和影响因素。

4. 内部监督检查

内部检查信息包括客运、安监、卫生、财务等部门不定期的检查情况,对照铁路旅客运输服务质量考核标准,将检查发现的问题录入问题库,根据每类具体问题的性质划分评定等级,反映具体问题的严重程度。内部监督检查的主要目的在于监督和控制服务质量,强化规范服务。

二、旅客满意度的测评

旅客满意度的测评,可以通过建立一个客运服务的评价指标体系进行。在整个铁路旅客满意度调查中,由于满意是人的一种心理现象,旅客满意度的级度界定是相对的。在研究中虽有层次之分,但在实际操作中界限模糊,从一个层次到另一层次并没有明显的界限,因此,在铁路旅客满意度调查中,需要结合旅客访谈和其他方式从定性和定量两个方面进行判断。

一般来说,旅客满意度测评有以下几个基本步骤:

1. 确定旅客满意度测评指标体系

旅客满意度评价指标的建立应该从旅客的需求出发,确定对旅客评价影响较大的指标及其权重。而旅客调查的目的在于通过抽样调查获取真正反映旅客感受和期望的数据,因此,评价指标体系的确定是旅客调查成功与否的关键。

(1)评价指标体系的构建原则

①全面性。评价指标应该尽可能全面、系统地反映旅客对铁路客运服务系统的评价。

②针对性。要针对影响旅客评价的最主要因素选取具有代表性的指标,准确反映评价体系。

③独立性。指标应该具有独立性,具备自己的影响特性,不能被其他指标代替。

④可操作性。在指标的选择上不能过于繁杂,数据要便于收集,能被一线客运服务人员所理解。同时,对于旅客来讲也能容易接受和正确评价。

⑤定量分析和定性分析相结合。由于服务的特点,很难完全进行定量分析。因此在研究时,应以定量分析作为基础,结合定性分析,综合分析各项指标。

(2)指标的量化

旅客满意度的测评指标主要采用态度量化方法,即分别对"很满意""满意""基本满意""不满意""很不满意"赋予5、4、3、2、1的值(或相反顺序),让被访者打分或直接在相应位置打钩或画圈。

(3)确定测评指标权重

每项指标在测评体系中的重要性不同,需要赋予不同的权数,即加权。加权方法除了主观赋权法以外,有直接比较法、对偶比较法、德尔菲法、层次分析法,企业可以依据测评人员的经验和专业知识选择适用的方法。

2. 确定被测评对象

根据调查的目的,在进行满意度测评时候,应该先确定要调查的旅客群体,以便针对性地设计问卷。一般来说,可以对旅客按照社会人口特征(性别、年龄、文化程度、职业、居住地等)、消费行为特征(即心理和行为特征)、购买经历来分类。

3. 抽样设计

一般进行随机抽样,可根据企业实际情况选用简单随机抽样、分层抽样、整群抽样、多级抽样、等距抽样和多级混合抽样等不同的抽样方法。较常用的是简单随机抽样,它是各种抽样方法的基础。

4. 问卷设计

按照已经建立的旅客满意度测评指标体系展开,成为问卷上的问题。问卷设计是整个测评工作中关键的环节,测评结果是否准确、有效,很大程度上取决于此。

(1)问卷设计思路首先要确定旅客满意度测评目的,了解旅客的需求和期望,调查顾客对质量、价值的感知,制定质量标准。

(2)问卷的基本格式一般包括介绍词、填写问卷说明、问题和被访者的基本情况。

(3)问卷中的问题可分为封闭式、开放式和半开半闭式三种。

①封闭式给出答案,由被访者进行选择,一般有是非题和选择题两种形式。

是非题一般采用"是"或"否","有"或"无"的答题方式,例如:

您是否进行过电话订票?

□是　□否

选择题,给出三个或更多答案,被访者可选一个或多个答案,例如:

您用过的购票方式主要有:

□车站窗口　□电话　□网络　□代理机构　□其他形式

②开放式不给出答案,由被访者自由发表意见,例如:

您认为电话购票对您的出行有什么帮助?＿＿＿＿＿＿＿＿＿＿

③半开半闭式，其最常见的形式是在封闭式的选择后面，增加开放式的回答，例如：

您选择电话购票的原因是：

□工作忙 □费用低 □行为习惯 □其他原因＿＿＿＿＿＿

5. 实施调查

铁路客运服务部门可选择第一方、第二方或第三方进行旅客满意度调查，但这三种方式的客观性、可靠性、经济性存在差异。相对来说，委托第三方进行旅客满意度调查比较客观、科学、公正，可信度较高，但费用也高。实施调查常用方法有：

(1)旅客面谈。可以与一个被访者面谈，也可以与几个被访者集体面谈。调查可以比较深入，但人力成本高，面不够广，且易受调查人员的素质水平影响，客观性不强。

(2)网络问卷调查。方便快捷，是主要的调查方法。

(3)电话调查。比较直接、快捷，但受时间限制，调查不太能深入。

(4)电子邮件调查。把问卷以附件的形式发送给用户，让客户在电脑上填写回复邮件。

(5)其他调查。还可以通过消费者协会的信息、各种媒体的报道、行业协会的研究结果、订单编号分析等方法来实施调查。

6. 调查数据汇总整理

收集问卷后，应统计每个问题的每项回答的人数及其所占被访者总数的百分比，并以图示或者表格的方式直观地表示出来。

7. 计算旅客满意度指数

采用加权平均的方法计算旅客满意度指数。

8. 编写旅客满意度指数测评报告

旅客满意度测评报告的一般格式是：题目、报告摘要、基本情况介绍、正文、改进建议、附件。

正文内容包括：测评的背景、测评指标设定、问卷设计检验、数据整理分析、测评结果及分析。

三、铁路旅客满意度测评实例

1. 评价指标体系的构建

(1)一级和二级评价指标

在查阅国内外相关文献资料和前期研究的基础上，结合我国铁路旅客运输服务的实际状况和服务流程等方面，构建出旅客评价指标体系。指标体系分为三个层次，铁路旅客满意度为总的测评指标，同时根据旅客评价满意度的含义及客运服务的特点设计了 3 个一级指标，即服务基本环境、服务人员素质和服务补救水平。再将一级指标进一步展开构成可以直接测量的二级指标共 13 个，即设施齐全、环境整洁，购票方式和等候时间，出行的经济性，出行的安全性，列车运行正点，站车服务项目，仪容举止，服务意识，服务技能，重视旅客抱怨投诉，耐心解释、真诚道歉，合理经济补偿，服务系统改善。这些指标将转化为旅客满意度调查问卷中的具体选项对旅客进行调查，如图 4-4 所示。

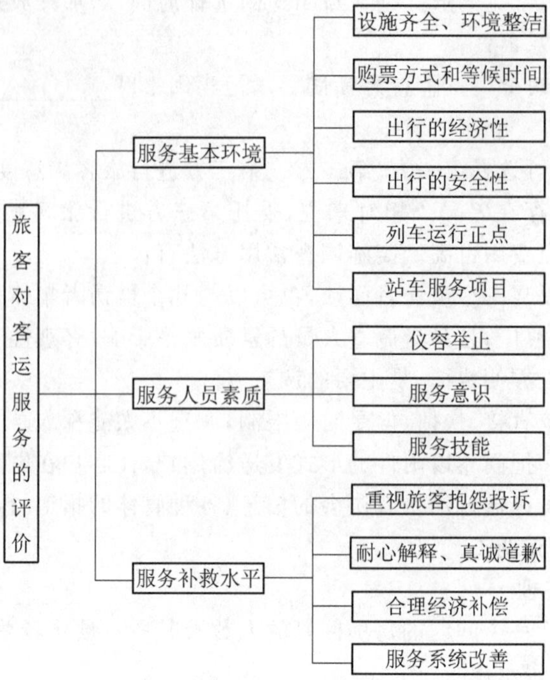

图 4-4　旅客评价客运服务的二级指标体系

(2)三级评价指标的构建

将二级指标继续展开,形成旅客评级客运服务的 50 个三级指标,见表 4-2。

表 4-2　旅客评价客运服务的三级指标体系

二级指标	三级指标
设施齐全、环境整洁	站车设施是否齐全和满足出行需要
	站容车容的卫生整洁
	环境的舒适性
购票方式和等候时间	站内和其他(电话、网络、代售)售票方式是否方便
	售票信息发布提供及时准确
	列车种类的选择是否满足自己需求
	购票成功的等候时间
	春节、五一、十一期间购票难易程度
出行的经济性	和其他运输方式比较票价合理
	列车运行速度满足出行要求
	站车商品销售价格合理
	春运其他运输方式票价上浮的出行影响
出行的安全性	站车乘降组织是否有序
	安全提示和安全检查是否到位
	列车运行的事故发生率
	人身和财产的事故发生率

续上表

二级指标	三级指标
列车运行正点	列车出发时刻正点
	列车到达时刻正点
	列车运行时刻正点
站车服务项目	基本满足型服务项目的提供(如问讯、厕所设置等)
	其他型服务项目的提供(如茶座、站车文化活动等)
仪容举止	仪容大方,态度热情
	行为举止自然高雅
	服务用语礼貌规范
服务意识	能坚持旅客至上
	明确自己对于旅客是服务者
	能够预期旅客的旅行需求
	能主动发现旅客困难并加以解决
服务技能	能持之以恒提供服务
	服务作业标准
	服务程序规范
	心理状态健康
重视旅客抱怨投诉	认真倾听旅客的意见和要求,不无端指责旅客不责怪旅客要求过高
	能代表铁路而不是服务人员个人接受旅客意见
	不回避铁路的服务承诺与责任
	及时受理并尽快回复
	给予旅客足够的时间
耐心解释、真诚道歉	为旅客解释铁路客运服务的相关规定和政策
	承认目前服务中存在的问题
	对自身错误行为进行及时真诚道歉,使其感到满意
	对旅客自身过高要求耐心解释
合理经济补偿	因铁路自身的失误时,能对旅客进行有法规依据的合理补偿
	经济补偿标准明确
	经济补偿的程序简单明了
	经济补偿能够及时实现
服务系统改善	同类问题不再出现
	更加重视旅客需求并能设法满足
	能做出新的服务承诺
	服务标准得到改善,更加合理
	对于经常出现的问题,铁路会改善自己的内部服务系统

2. 调查问卷的设计

(1)设计的原则与思路

①在问卷设计上要尊重旅客,要体现出调查客观性和科学性。

②由于第三级指标多达50个，而且旅客在站车环境下，出行时间较紧迫，心情比较焦急，选用第三级指标来设计问卷很容易出现旅客不能准确做完多达50个问题的回答，而且拒绝接受调查的比例较高。在正式调查前的预调查中，按照第三级50个指标设计的问卷，旅客同意接受调查的比例不到被问讯数的1/5，不能全面反映旅客评价。所以问卷应根据二级评价指标来设计，通过旅客对第三级评价指标的阅读，根据自己的实际感受做出对二级指标问题的选择。

③对三级指标的研究主要通过调查人员对旅客的访谈和参考其他部门和学者的已有研究成果来实现。

④对旅客没有经历过的指标，采用情景模拟实验法对旅客进行调查。为了使被访者更主动融入调查的情景，以保证答案有效，将旅客自己即将乘坐的车次的内容纳入问卷中的情景设计中。

⑤为了减少甚至避免被访旅客在回答问卷时可能出现的偏差，本次调查以某某机构研究的名义进行，以确保旅客的中立性。

⑥由于调查选择在铁路车站和列车范围内进行，旅客在回答问卷时有时间上的限制，不能占用旅客太多时间，所以问卷设计采用封闭式问题又称选择式问题形式，便于调查和计算机数据处理。

⑦问卷的标度方法。调查问卷采用Likert(李克特)标度法，应答的标度分成五级。一般认为分级愈多，要求调查对象的分辨能力愈强，而且分级的数量常常与信度有关。例如，分级数量在7至10时，信度减少得很少；分级数量为5时，信度减少12%；分级数量为2时(是/否应答)，信度减少35%。标准的5分级Likert标度法具有易于操作，相比较(是/否)应答更为敏感，以及信度损失并不明显等优点。在研究中，根据铁路旅客群的分布特点，在问卷中把应答选项分为"很满意""满意""基本满意""不满意""很不满意"。

(2)问卷的形式

根据旅客评价的指标体系和以上问卷设计的原则和思路，设计使用问卷，见表4-3。

3. 旅客评价的量化处理

(1)测评标度等级的换算

旅客对客运服务评价为满意或者不满意都是针对某特定时间的特定服务事件而言的，满意与不满意程度的区分，决定了旅客满意等级。在满意度计算中，将"很满意""满意""一般满意""不满意""很不满意"五个等级换算成分数，见表4-4。

(2)权重的确定

各项指标的权重也是通过在预调查中由旅客对其相对重要性打分，再结合铁路客运服务部门对指标重要性的判断进行修正而最终确定的。这种从旅客自身角度出发为主来确定权重的方法，克服了旅客满意度调查中评价指标多由专家或调查方自己制定，很难真实地反映旅客的真实需求和期望的弊端，真正体现了"以旅客为中心"的服务理念，使得调查结果更真实地反映旅客的心理需求和期望。

表 4-3　铁路旅客运输服务状况问卷调查表

尊敬的旅客，为了更好地测评铁路旅客运输服务水平，能在以后为您提供更优质的服务，我们真诚地邀请您参加本次问卷调查，对您的回答和相关资料严格保密，并真诚地感谢您的参与。

1. 您的年龄是：

□≥50 岁；□36～49 岁；□≤35 岁

2. 您的月收入情况：

□≥8 000 元；□3 001～7 999 元；□≤3 000 元

3. 您对铁路车站、列车的环境和设施是否满意？

□很满意；□满意；□基本满意；□不满意；□很不满意

4. 您在购买车票时对可供选择的购票方式和等待时间的长短是否满意？

□很满意；□满意；□基本满意；□不满意；□很不满意

5. 和其他运输形式比较，您对选择铁路出行的经济性是否满意？

□很满意；□满意；□基本满意；□不满意；□很不满意

6. 您对铁路所提供的人身、财产的安全保障是否满意？

□很满意；□满意；□基本满意；□不满意；□很不满意

7. 您对每次出行所乘列车的运行正点率是否满意？

□很满意；□满意；□基本满意；□不满意；□很不满意

8. 铁路给您出行提供的服务项目种类是否让您满意？

□很满意；□满意；□基本满意；□不满意；□很不满意

9. 当您乘坐火车时，车站、列车服务人员的仪容举止是否让您满意？

□很满意；□满意；□基本满意；□不满意；□很不满意

10. 您对铁路客运服务部门和服务人员的服务意识是否满意？

□ 很满意；□满意；□基本满意；□不满意；□很不满意

11. 您对服务人员的服务技能水平是否满意？

□很满意；□满意；□基本满意；□不满意；□很不满意

12. 铁路客运服务部门和人员对您和其他旅客的抱怨和投诉的重视程度是否每次都让您满意？

□很满意；□满意；□基本满意；□不满意；□很不满意

13. 当您和其他旅客进行抱怨或者投诉后，铁路的解释和道歉是否每次都让您满意？

□很满意；□满意；□基本满意；□不满意；□很不满意

14. 当您或者假设您因为铁路原因遭受精神或者经济损失后，如果您提出经济赔偿，铁路解决这个问题的态度和措施是否每次都能让您满意？

□很满意；□满意；□基本满意；□不满意；□很不满意

15. 当您和其他旅客向铁路进行抱怨或投诉后，铁路对自己服务系统的改善程度是否能让您觉得满意？

□很满意；□满意；□基本满意；□不满意；□很不满意

16. 您对铁路最不满意的环节是：

17. 您对铁路最满意的环节是：

如果您希望得到本次调查的结果，请你留下您的通信方式，我们将在调查结束后及时通知您。最后祝您旅途愉快，阖家欢乐。

姓名：　　　　　　　　　　　　　　　　　　　电话：

通信地址：

××机构课题组

年　月　日

表 4-4　旅客满意度测评等级评分表

等级	很满意	满意	基本满意	不满意	很不满意
分数	5	4	3	2	1

(3)数学量化分析

对旅客满意度进行数学量化分析的方法一般有：直接计算法、百分比法和加权平均法等。

本书选择常用的加权平均法，公式为

$$\mathrm{CSI}=\sum\lambda_j S_j$$

式中 CSI——旅客满意度指数；

λ_j——第 j 项指标的加权系数，是该项指标在所有指标中所占的比重，$0\leqslant\lambda_j\leqslant 1$，$\sum\lambda_j=1$；

S_j——第 j 项旅客满意度值，通过将收集的用户满意度数据统计汇总计算后得出。

经统计分析得出每一指标项的平均得分，再将各指标的分值加权求和，即可得出所调查的铁路旅客满意度的最终得分。

(4)旅客评价区域的确定

在旅客评价区域的确定中，参考国际对于满意度调查的惯例，结合铁路客运服务自身的特点，对旅客评价满意度值的计算结果区域进行如下确定：

满意度分值在 0～1.49 区间，表示旅客评价很不满意。

满意度分值在 1.5～2.49 区间，表示旅客评价不满意。

满意度分值在 2.5～3.49 区间，表示旅客评价基本满意。

满意度分值在 3.5～4.49 区间，表示旅客评价满意。

满意度分值在 4.5～5.00 区间，表示旅客评价很满意。

4. 旅客满意度调查的实施

某铁路企业在××年 7—8 月期间进行了“某铁路单位旅客运输服务状况评价”的问卷调查，调查涉及 9 个城市的铁路客运车站及不同种类的旅客列车。

在调查时分别深入到铁路候车室、车站广场和列车车厢，并注意不同层次、不同收入和不同工作性质的旅客分布。调查工作有较广泛的代表性，较客观地反映了当前该单位铁路客运服务旅客满意度的现状。

本次旅客问卷调查采用现场发放问卷并收回的方法，共收回问卷 843 份，其中有效问卷 816 份。

5. 旅客满意度调查数据的统计与计算

(1)数据的统计

①被调查旅客基本情况

年龄段分布情况：≥50 岁，171 人，占 21%；36～49 岁，248 人，占 30.4%；≤35 岁，397 人，占 48.6%。

月收入分布情况：≥8 000 元，188 人，占 23.1%；3 001～7 999 元，356 人，占 43.6%；≤3 000 元，272 人，占 33.3%。

②调查数据汇总计算

对调查原始数据的统计见表 4-5。

表 4-5 调查原始数据统计表

序号	指标名称	很满意	满意	基本满意	不满意	很不满意	总得分
1	设施齐全、环境整洁	163	396	152	68	37	3 028

续上表

序号	指标名称	很满意	满意	基本满意	不满意	很不满意	总得分
2	购票方式和等候时间	31	252	334	121	78	2 485
3	出行的经济性	92	387	149	67	21	2 610
4	出行的安全性	282	364	107	49	14	3 299
5	列车运行正点	24	105	230	341	116	2 028
6	站车服务项目	102	309	245	85	15	2 666
7	仪容举止	218	422	124	47	5	3 249
8	服务意识	101	257	279	133	46	2 682
9	服务技能	117	255	287	108	49	2 731
10	重视旅客抱怨投诉	62	386	218	109	41	2 767
11	耐心解释、真诚道歉	86	329	249	110	42	2 755
12	合理经济补偿	13	5	49	240	512	1 214
13	服务系统改善	43	215	337	144	77	2 415

(2)旅客满意度计算

①计算二级指标满意度

对二级指标满意度值的计算结果见表4-6。

表4-6　二级指标满意度计算

序号	指标名称	权重	总得分	人数	满意度值
1	设施齐全、环境整洁	0.1	3 028	816	3.71
2	购票方式和等候时间	0.3	2 485	816	3.05
3	出行的经济性	0.2	2 610	816	3.20
4	出行的安全性	0.1	3 299	816	4.04
5	列车运行正点	0.2	2 028	816	2.49
6	站车服务项目	0.1	2 666	816	3.27
7	仪容举止	0.2	3 249	816	3.98
8	服务意识	0.4	2 682	816	3.29
9	服务技能	0.4	2 731	816	3.35
10	重视旅客抱怨投诉	0.3	2 767	816	3.39
11	耐心解释、真诚道歉	0.1	2 755	816	3.38
12	合理经济补偿	0.4	1 214	816	1.50
13	服务系统改善	0.2	2 415	816	3.00

②计算一级指标满意度值

服务基本环境满意度值：

$3.71\times0.1+3.05\times0.3+3.20\times0.2+4.04\times0.1+2.49\times0.2+3.27\times0.1\approx3.16$

服务人员素质满意度值：

$3.98\times0.2+3.29\times0.4+3.35\times0.4\approx3.45$

服务补救水平满意度值：

$3.39\times0.3+3.38\times0.1+1.50\times0.4+3.00\times0.2\approx2.56$

③旅客满意度值

3.16×0.4+3.45×0.4+2.56×0.2≈3.16

④信度检验

经统计，此调查问卷13个题项总的Cronbach α信度系数（克隆巴赫系数）为0.824 1，故可认为此问卷具有很高的内部一致性。

6. 对铁路旅客满意度测评进行分析和撰写报告

通过对铁路客运服务旅客满意度的测量，可以分析出铁路提供的客运服务水平与旅客实际需求水平的差异，并可以进一步找出产生原因和设计补救措施。

在统计分析中，根据服务合理区的定义，把分值在2.5～4.49之间的评价指标分值确定为服务合理区的区域，再结合旅客访谈进行研究。

(1)铁路作为我国主要的旅客运输方式之一，由于近年来的投入加大和强化服务管理，在乘坐环境的硬件设施、安全性、人员的仪容举止、服务技能、重视旅客抱怨投诉、耐心解释、真诚道歉等得到旅客的较高认可，其得分在评分中值3.30以上，旅客评价较为满意。另外，购票方式和等候时间、出行的经济性、站车服务项目、员工服务意识、服务系统改善等也得到认可，其得分在评分中值3.00以上，旅客评价也是满意的。

(2)低于服务合理区的主要有列车运行正点、合理经济补偿两个指标，得分分别为2.49和1.50。列车运行正点指标接近服务合理区，铁路客运企业应采取措施努力提升列车运行正点率；合理经济补偿已经处于很不满意区域，值得铁路高度重视。

(3)在三个一级指标中，服务人员素质得分最高，而服务补救水平最低，这要求铁路切实有效地重视自己的服务缺失，加强服务补救，努力提高自己的补救水平。

任务解析

"任务导入"中所述案例解析如下：

1. 案例中高速铁路旅客列车服务质量测评的基本步骤有确定旅客满意度测评指标体系、确定被测评对象、抽样设计、问卷设计、实施调查、调查数据汇总整理、编写旅客满意度指数测评报告。

2. 案例中指标体系分为三个层次，铁路旅客满意度为总的测评指标，同时根据旅客评价满意度的含义及客运服务的特点设计3个一级指标，即服务基本环境、服务人员素质和服务补救水平。再将一级指标进一步展开构成可以直接测量的二级指标共13个，即设施齐全、环境整洁，购票方式和等候时间，出行的经济性，出行的安全性，列车运行正点，站车服务项目，仪容举止，服务意识，服务技能，重视旅客抱怨投诉，耐心解释、真诚道歉，合理经济补偿，服务系统改善。

任务四　铁路旅客运输服务质量监管

任务导入

交通运输部制定的《客规》、国铁集团制定的《国铁集团客规》共同规范铁路旅客运输客运服务工作，于2023年1月1日起施行。

思考：

1. 交通运输部制定的《客规》在铁路旅客运输服务质量监管制度中处于何种地位？

2. 交通运输部制定的《客规》与国铁集团制定的《国铁集团客规》有何关系？

知识讲解

国家铁路局运输监督管理司负责铁路旅客运输服务质量监管工作，其工作职责如图 4-5 所示。

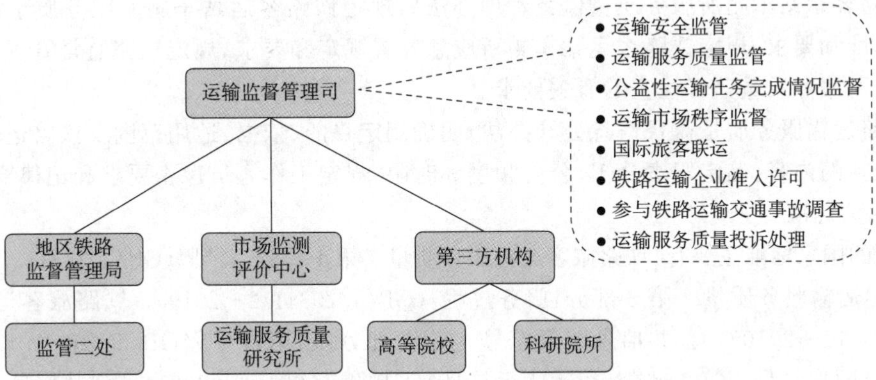

图 4-5　国家铁路局运输监督管理司职责

一、铁路旅客运输服务质量监管制度

铁路旅客运输服务质量监管制度包括法律法规、规章、规范性文件、国家标准、行业标准等。

1. 法律法规

适用的法律法规主要有《铁路法》、《民法典》、《消费者权益保护法》、《中华人民共和国安全生产法》（以下简称《安全生产法》）、《铁路安全管理条例》、《信访工作条例》等。

2. 规章

适用的规章主要有交通运输部《客规》、《铁路旅客车票实名制管理办法》、《铁路旅客运输安全检查管理办法》、《铁路运输服务质量监督管理办法》、《国铁集团客规》、《铁路旅客运输管理规则》。

《铁路旅客车票实名制管理办法》明确了铁路旅客车票实名购买、实名查验的基本内涵、适用范围和作业要求，规定了铁路运输企业、购票人及乘车人在车票实名制管理中的权利义务，提出了有关安全保障、应急措施、现场处置及监督管理等的具体要求。

《铁路旅客运输安全检查管理办法》确定了安全检查和危险物品的定义，明确了国家铁路局、地区铁路监督管理局、铁路运输企业、旅客在铁路旅客运输安全检查过程中的职责、权利与义务，明确了铁路旅客运输安全检查设备的配备范围、作业条件及人员要求，提出了制定相应应急措施及现场处置的要求，强化了工作人员履职的要求，体现了政企分开、转变职能、依法监管的精神，符合国家铁路局职责定位，有利于落实企业安全生产主体责任。

3. 规范性文件

适用的规范性文件主要有《铁路旅客禁止、限制携带和托运物品目录》（国家铁路局公安部公告第 1 号）、《铁路客运站车厕所服务质量监督管理办法》（国铁运输监〔2018〕27 号）、《铁路运输服务质量监督信息公开办法》(国铁运输监〔2018〕65 号)等。

《铁路旅客禁止、限制携带和托运物品目录》由国家铁路局、公安部联合公布。《铁路旅客禁止、限制携带和托运物品目录》规定禁止托运和随身携带的物品包括枪支、子弹类(含主要零部件)、爆炸物品类、管制器具、易燃易爆物品、毒害品、腐蚀性物品、放射性物品、感染性物质和其他危害列车运行安全的物品(如可能干扰列车信号的强磁化物、硫化氢及有强烈刺激性气味或者有恶臭等异味的物品、容易引起旅客恐慌情绪的物品、不能判明性质但可能具有危险性的物品),以及法律、行政法规、规章规定的其他禁止携带、运输的物品。

《铁路客运站车厕所服务质量监督管理办法》,规定铁路客运站车厕所服务质量需要达到的统一标准和要求,规定铁路客运站车厕所应急处置规定和要求,规定铁路监督管理部门对客运站车厕所服务质量监督检查的有关要求。

《铁路运输服务质量监督信息公开办法》明确制定目的、依据、适用范围及铁路运输服务质量信息包括的内容,确定职责分工、公告频度和时限,规定工作人员保密要求和纪律要求。

4. 国家标准

适用的国家标准主要有《铁路旅客运输服务质量　第 1 部分:总则》(GB/T 25341.1—2019)、《铁路旅客运输服务质量　第 2 部分:服务过程》(GB/T 25341.2—2019)、《铁路旅客运输词汇》(GB/T 13317—2010)、《公共信息图形符号　第 1 部分:通用符号》(GB/T 10001.1—2023)、《公共信息图形符号　第 3 部分:客运货运符号》(GB/T 10001.3—2021)、《公共信息导向系统　设置原则与要求　第 3 部分:铁路旅客车站》(GB/T 15566.3—2020)、《安全标志及其使用导则》(GB 2894—2008)、《消防安全标志　第 1 部分:标志》(GB 13495.1—2015)。

国家铁路局组织编制的国家标准《铁路旅客运输服务质量　第 1 部分:总则》(GB/T 25341.1—2019)和《铁路旅客运输服务质量　第 2 部分:服务过程》(GB/T 25341.2—2019)已于 2020 年 7 月 1 日正式实施。该标准以人民为中心,突出人性化服务理念,以旅客需求为关注焦点,通过系统整合设计,形成车站、列车的完整服务链;从铁路行业管理的角度,对铁路客运票务服务、进站服务、候车服务、站台服务、行李运输服务、列车服务和出站服务等提出了统一要求;采用可量化指标,提高了标准的科学性、可操作性和实施一致性。此标准的实施进一步提升了铁路旅客运输服务质量,满足旅客运输服务质量的新要求,提高铁路旅行的舒适性和出行体验。

5. 行业标准

适用的行业标准主要有《铁路磁介质纸质热敏车票　第 1 部分:制票机》(TB/T 3277.1—2011)、《铁路磁介质纸质热敏车票　第 2 部分:自动售票机》(TB/T 3277.2—2011)、《铁路磁介质纸质热敏车票　第 3 部分:自动检票机》(TB/T 3277.3—2011)等。

二、铁路旅客运输服务质量监管途径

铁路旅客运输服务质量监管途径主要包括客运服务质量监督检查、客运服务质量问卷调查、添乘旅客列车、客运服务质量体验式调查、客运服务质量专项调查、旅客投诉处理等。

1. 客运服务质量监督检查

调查运输高峰期(如春运、暑运、黄金周等)、重大活动(如两会期间)及专项检查(如安全、防洪)等。

2. 客运服务质量问卷调查

开展客运服务质量问卷调查,推动解决人民群众关心的铁路旅客运输服务质量突出问题，促进行业更好践行“人民铁路为人民”服务宗旨，让人民群众在铁路的发展中有更多获得感。

3. 添乘旅客列车和客运服务质量体验式调查

添乘旅客列车主要添乘和谐号、复兴号动车组列车，真实感受铁路旅客运输服务质量。

客运服务质量体验式调查由国家铁路局委托有关院校开展。站在铁路运输行业监管的角度，从可得性、便捷性、舒适性、规范性、文明性等方面，亲身体验客运站车服务质量，系统处理、分析调查数据，形成调查报告。

4. 客运服务质量专项调查

客运服务质量专项调查包括开展新型卧铺动车组列车服务质量调查、铁路客运站车旅客引导系统专项评估调研、铁路旅客售票调研、铁路行李快件运输调研、代购网站有偿抢票问题调研、网上订餐专项调查等。

5. 旅客投诉处理

国家铁路局政府网站于 2014 年 1 月 6 日开通邮件接受各类投诉，均按规定进行妥善处理，收到良好效果。国家铁路局各监督管理局也积极接受投诉、进行处理，例如，2023 年成都铁路监督管理局共收到投诉举报 56 件，全部受理，无逾期受理、逾期办结情况，其中服务环节问题 23 件、列车正晚点问题 8 件、票务问题 7 件、设备设施问题 6 件、12306 客服问题 5 件、客运安全问题 3 件、列车服务问题 3 件、其他问题 1 件。

三、铁路旅客运输服务质量监管实践

国家铁路局于××年×月×日组织开展了某型卧铺动车组列车服务质量调查，重点围绕某型卧铺动车组列车的特点，在旅客乘坐“舒适性”“方便性”“私密性”等感知体验上展开。调研步骤包括调查设计、调研及数据分析、体验评价、意见建议等。

1. 调查设计

问卷设计依据体验式调查的基本原则，以某型动车组列车的乘车体验感知为内容设计问卷。体验指标包括舒适性、方便性、私密性，见表 4-7。

表 4-7　体验指标及内容

体验指标		体验内容
舒适性	空间布局	车厢整体感受、卧席空间感受（纵向、横向、高度）
	服务设施	铺位、卧具、靠背、茶桌、衣帽裤挂等硬件设施感受； 灯光、空气（空调）、噪声等环境感受
	动力学性能	列车加减速感受、颠簸程度感受
方便性		上下铺位、座位（靠背）的方便性； 卫生间、洗漱间往返（走道）、行李架、裤挂及衣帽挂、搁置生活物品（茶座）的方便性
私密性		空间私密性感受、个人及物品安全性感受

2. 调研及数据分析

本次调查对象为乘坐 D×××次列车的旅客，共随机发放问卷 250 份（往返各 125 份），回收有效问卷 228 份。调查样本结构见表 4-8。

表 4-8　调查样本结构

<table>
<tr><td>样本属性</td><td colspan="12">样本结构</td></tr>
<tr><td>乘坐过横列式动卧</td><td colspan="6">131/是</td><td colspan="6">97/否</td></tr>
<tr><td>乘坐上、下铺</td><td colspan="6">100/上</td><td colspan="6">128/下</td></tr>
<tr><td>乘坐靠走道、窗户</td><td colspan="6">114/走道</td><td colspan="6">114/窗户</td></tr>
<tr><td>旅客性别</td><td colspan="6">128/男</td><td colspan="6">100/女</td></tr>
<tr><td>旅客体样</td><td colspan="4">40/偏瘦</td><td colspan="4">145/适中</td><td colspan="4">43/偏胖</td></tr>
<tr><td>旅客身高</td><td colspan="3">18/1.6 m 以下</td><td colspan="3">94/1.6～1.7 m</td><td colspan="3">95/1.7～1.8 m</td><td colspan="3">21/1.8 m 以上</td></tr>
</table>

3. 体验评价

旅客对某型卧铺动车组列车整体环境的评价如图 4-6 所示。

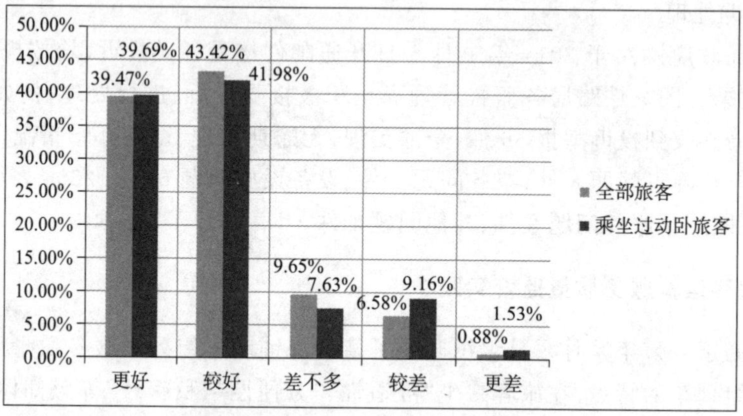

图 4-6　旅客对某型卧铺动车组列车整体环境的评价

其亮点主要包括：

(1)车内环境方面，旅客给予高度认可，82.9%的旅客认为车内环境好和较好。

(2)服务特性方面，旅客对方便性、私密性和舒适性等给予较全面的肯定，尤其是私密性方面。

(3)硬件设施方面，旅客对车辆人性化设计表达了最大程度的惊喜，其中对小茶桌给出最高评价，认为方便、较方便的比例为 94.3%，赢得最高赞扬。

其不足主要包括：

(1)身材高大或较胖的旅客反映铺位短、窄，脚部活动空间不够；靠窗铺位空间小于靠过道铺位。

(2)结伴出行的旅客反映车厢空间较小，不便交流。

(3)7%的旅客对新型卧铺动车组列车的设计、服务提出不足之处。

(4)上铺的旅客认为行李存放不方便、不够安全。

(5)较年轻的旅客反映车内无 Wi-Fi 可用。

4. 意见建议

国家铁路局将调查情况形成报告，提出有关建议，并向有关部门发函。

有关建议主要包括研发设计新产品，满足家庭、团体旅客出行需求。调整靠背的高度、弧度、宽度，使用较软的材料，使之更符合人体工程学，增强旅客乘坐的舒适性。在不改变定员的情况下，加高茶桌高度，增加新型动车组卧铺列车的脚部活动空间，方便旅客翻身或起身。在各铺位设置可以单独控制的空调送风口，旅客可以自由调节送风量或关闭送风口。铺位号的导向标志应更加清楚、明确，箭头和数字的颜色对比度应更大，便于旅客更快捷地找到自己的铺位。

任务解析

"任务导入"中所述案例解析如下：

1. 铁路旅客运输服务质量监管制度包括法律法规、规章、规范性文件、国家标准、行业标准等，交通运输部制定的《客规》是以交通运输部令的形式发布的，属于部门规章。

2. 近年来，铁路政企分开改革持续深入推进，铁路营业里程不断增加，高速铁路快速发展，铁路旅客运输领域发生巨大变化，铁路运输企业不断突破传统客运服务形式，实现服务经营创新。为了更好适应铁路改革发展新形势新要求，保护旅客和铁路运输企业的合法权益，交通运输部制定发布了部门规章《客规》。国铁集团为了维护铁路旅客运输正常秩序，保护铁路旅客运输合同各方当事人的合法权益，依据交通运输部《客规》制定发布了《国铁集团客规》，为格式合同条款。

能力测评

一、判断题

1. 矩阵图法是把不良、缺陷、损失金额、事故等，按其产生的原因、状况进行分类，统计每一类发生的频数或金额的大小，然后按数值的大小进行排列，画成一个个直方图，并画出积累百分数曲线。(　　)

2. 顾客感知到的服务(P)符合其期望的服务(E)($P\approx E$)，就会感到满意，这就是良好的服务质量。(　　)

3. 经历服务失误的旅客，如果经企业努力补救并最终使之感到满意，将比那些问题未被解决的旅客更加忠诚。(　　)

4. 国家铁路局运输监督管理司负责铁路旅客运输服务质量监管工作。(　　)

二、单选题

1. 下列属于QC小组活动中的问题达成型课题类型的是(　　)。

A. 创新型　　B. 现场型　　C. 管理型　　D. 攻关型

2. 下列属于铁路旅客运输安全监管的行政法规的是(　　)。

A.《安全生产法》

B.《铁路安全管理条例》

C.《铁路旅客车票实名制管理办法》

D.《铁路客运站车厕所服务质量监督管理办法》

3. 铁路12306应达到的旅客满意度为(　　)。

A. ≥95%　　B. >98%　　C. >75%　　D. 100%

三、多选题

1. 下列属于全面质量管理方法的有(　　)。

A. PDCA循环法　　B. 调查表法

C. 排列图法　　D. 矩阵图法

2. 下列属于QC小组活动中的问题解决型课题类型的有(　　)。

A. 创新型　　B. 现场型　　C. 管理型　　D. 服务型

3. 下列影响到旅客服务期望的主要影响因素有(　　)。

A. 旅客的旅行消费经验　　B. 旅客生理需要

C. 旅客心理需要　　D. 其他行业的服务水平

4. 下列属于铁路客运服务质量综合评价内容的有(　　)。

A. 旅客满意度　　B. 旅客投诉　　C. 内部监督检查　　D. 外部监督检查

5. 国家铁路局运输监管司负责的工作有(　　)。

A. 运输安全监管　　B. 运输服务质量监管

C. 运输服务质量投诉处理　　D. 运输事故处理

6. 开展QC小组活动可以实现的主要功能有(　　)。

A. 改善与旅客关系　　B. 调动职工的积极性

C. 提高企业员工素质　　D. 提高企业的经济效益和社会效益

四、简答题

1. 何谓全面质量管理?

2. 何谓PDCA循环法?

3. 何谓质量管理小组(QC小组)?

4. 何谓铁路旅客服务质量控制?

5. 何谓铁路客运质量保证体系?

6. 何谓服务的合理区域?

7. 铁路旅客运输服务质量监管途径有哪些?

五、实践题

开展一项旅客满意度单项指标的满意度测评工作。

项目五　铁路旅客服务心理

项目内容

服务旅客已实现“走得了”向“走得好”的理念转变。利用心理学的一般知识，认识铁路旅客旅行心理的一般性认识、服务期望和服务需求。认识铁路旅客的个性心理和群体心理，开展有针对性服务工作。认识铁路客运服务人员心理，维护客运职工心理健康，消除心理疲劳，加强心理卫生。项目五内容导图如图 5-1 所示。

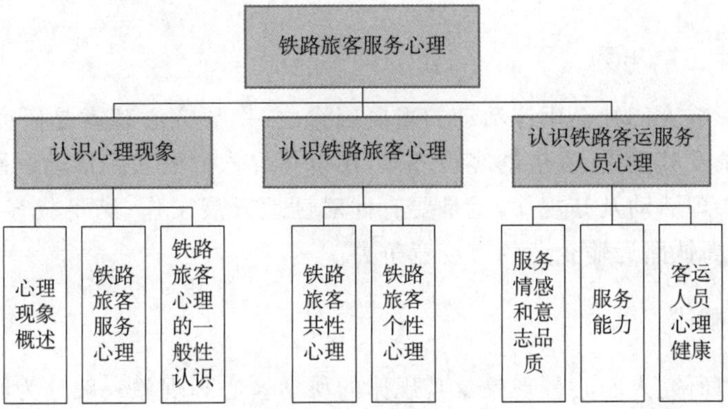

图 5-1　项目五内容导图

学习目标

1. 知识目标

(1)了解铁路旅客心理的一般性认识。

(2)了解铁路客运服务人员心理。

2. 能力目标

(1)会进行不同类型旅客个体心理分析，并开展针对性服务工作。

(2)会进行群体旅客的心理分析，并开展针对性服务工作。

3. 素质目标

(1)研究不同旅客的心理，开展诚信服务，践行社会主义核心价值观。

(2)研究员工的服务心理，锤炼坚强的服务品质、服务意志，践行人民铁路为人民的服务宗旨。

学习建议

利用心理学的一般知识，借助社会学调查方法，分类研究铁路旅客的旅行心理，针对性开展服务工作，更好地满足旅客需求。

国家职业标准、铁路特有工种技能培训规范链接

国家职业标准《列车长》《客运值班员》，铁路特有工种技能培训规范《列车长》《客运值班员》《铁路客户服务员(客运)》。

任务一 认识心理现象

任务导入

某位旅客选择国庆黄金周乘坐高速铁路旅客列车出行，产生购票困难、站车人员拥挤、列车车厢温度偏高、服务人员服务表情僵化等旅行感知。

思考：

铁路旅客对铁路客运服务感知是如何形成的？

知识讲解

心理因素是影响人们社会生产活动的重要因素之一，研究心理就是研究人们在各种活动中发生的心理现象及其发生、发展的客观规律，用以指导人们的实践活动。研究铁路旅客在旅行过程中的各种心理活动及其规律，就是要有针对性地开展工作，满足旅客旅行需要，为旅客提供优质服务，提高铁路运输企业的市场竞争力。

一、心理现象概述

心理学是一门研究人的心理现象及其规律的科学。心理现象一般分为心理过程和个性心理两个方面。

心理过程是指人的心理活动发生、发展的过程，即客观事物作用于人(主要是人脑)，在一定的时间内大脑反映客观现实的过程，包括认识过程、情绪和情感过程、意志过程，三者统一称为“知情意”。譬如，一位铁路职工热爱铁路事业，其中就包含了他对铁路的认知、真挚情感以及铁路工作中的意志品质。在实际生活中，认识、情感和意志三者是相互联系、相互促进和相互统一的。

个性心理是显示人们个别差异的一类心理现象。由于每个人的先天条件、生活环境、所受的教育影响、所从事的实践活动不同，心理过程在每一个人身上产生时又总是带有个人特征，这样就形成了每个人的兴趣、能力、气质、性格的差异。譬如，在旅客长途乘车过程中，有的旅客乐于与周围的人交流，可以起到减轻旅途疲劳的作用；而有的旅客会选择比较安静的休息方式，听听音乐，看看风景，同样也可以减轻疲劳；而个别旅客却表现相当紧张，感觉特别疲惫，特别在长时间乘车后，甚至会表现为列车综合征，出现自我伤害行为。所有这些都是个性的不同特点在具体环境中的反映。通常把人在心理现象中的兴趣、能力、气质和性格，称为个性的心理特征。

心理现象的各个方面并不是孤立的，而是彼此联系着。不仅在认识、情感或意志过程之间，而且在个性心理特征和心理过程之间也密切联系。没有心理过程，个性心理特征就无从形成。同时，已经形成的个性心理特征又制约着心理过程，在心理过程中表现出来。

二、铁路旅客服务心理

(一)铁路旅客服务心理的概念

铁路旅客服务心理是指铁路客运服务人员通过对客运服务接触过程中的旅客和自身的研究,揭示服务过程中旅客与客运服务人员交往时的一些心理活动规律,从而指导旅客服务工作。旅客运输服务的性质决定了掌握铁路旅客服务心理的重要性。要服务好每一位旅客就必须了解不同旅客的需求和期望,这是做好服务工作的前提条件。另外,铁路旅客服务工作的主体是服务人员,服务人员心理素质的提高、服务人员的选择、训练等都需要铁路旅客服务心理学的指导。对铁路客运服务人员来讲,掌握一定的旅客服务心理知识对提升自己的服务水平,保证服务质量会起到一定积极的作用。

目前,我们对铁路旅客服务心理的研究还不够成熟,一些概念甚至还没有明确的范畴,有些论断还缺乏充分的科学证明,对铁路旅客服务工作的指导性和重要性还没有完全体现出来,需要广大客运职工结合我国铁路旅客服务的实际,在今后的研究和生产实践中进一步发展和完善。

(二)学习铁路旅客服务心理的意义

具备和应用铁路旅客服务心理知识的作用,主要体现在以下几个方面:

1. 有助于提高劳动生产率

通过对铁路服务过程中旅客与客运服务人员在交往时的一些心理活动规律的研究,准确了解客运职工的心理状况,掌握旅客需求、期望以及双方在服务接触时的心理和行为反应,可以制定出更加科学有效的服务方法、服务标准,从而指导旅客服务工作,极大地促进服务水平的提高,提高企业的劳动生产率。

2. 有助于铁路客运服务工作质量的改善和提升

当前绝大多数客运职工都能够正确对待本职工作,热情真诚对待旅客,受到旅客的好评。但由于种种原因部分人员不能摆正自己位置,不熟悉旅客需求与期望,使旅客对铁路产生了“门难进、脸难看、话难听、事难办”的印象,对铁路的形象造成了不良的影响。通过学习,有助于客运职工摆正自己位置,加强对铁路的情感,坚定工作意志,全面了解旅客的所想所为,提高服务意识和服务能力,使客运服务工作质量得到改善和提高。

3. 有助于铁路服务管理水平的提高

随着各种交通运输方式在客运市场竞争的加剧,必然要求铁路提升客运服务管理水平,要求在管理理念、管理方式和管理体制上都要适应客运市场的变化。服务管理的主体是铁路各级管理者,而对象是广大客运职工,因此,熟悉职工的心理状况、尊重职工的个性与兴趣、合理满足职工的需求和期望,对于充分调动和发挥职工的积极性和创造性、改善客运服务系统、提高铁路服务管理水平有着重要的现实意义。

4. 有助于铁路客运职工的心理健康

目前,有相当多的铁路客运职工对于心理健康不够重视,不了解其重要性,更谈不上搞好心理卫生、及时进行心理干预。把职工的“消极”心理状态带到旅客服务工作上来,降低了服务水平,造成了身体的不适,影响了工作效率。因此,维护职工的心理健康是当前的重要任务。

三、铁路旅客心理的一般性认识

(一)铁路旅客感觉和知觉

人们认识世界的过程是感性到理性的过程,感知觉是认识世界的开端,构成了认知过程的初级阶段。

1. 感觉和知觉

感觉是认识的入口和开端,没有感觉便不会有比较高级和复杂的知觉、表象和思维,知觉是不同于感觉的一种心理现象。感觉是客观事物直接作用于人的感觉器官,在人脑中所产生的对事物个别属性的反映。感觉作为一种最简单的心理现象,在动物心理进化过程中和在儿童心理发展的初期,都曾经独立地存在过,但是在正常的成年人的心理活动中却很少独立存在。在成年人那里,除非在某些特殊情况下,如来不及看清物体的时候,才有单纯的感觉。而知觉是客观事物直接作用于人的感觉器官,人脑对客观事物整体的反映。知觉的特性有:

(1)知觉的整体性

知觉的整体性是指把客观事物或现象作为统一的整体来反映性能。如旅客对服务的印象,很多时候并不是通过全程来体现的,而是在某一个环节就决定了。

(2)知觉的选择性

知觉的选择性是指在许多知觉中,人们将某一对象区分出来,优先予以反映。如人们想到铁路,首先出现在头脑中的就是车站和列车。

(3)知觉的理解性

知觉的理解性是指个体用已有的经验和知识去知觉当前的客体。如某旅客曾经在铁路有过一次不愉快的服务,他就会自觉不自觉地把这种不愉快扩展到以后的乘车过程中。

(4)知觉的恒常性

知觉的恒常性是指知觉的条件在一定范围内改变时,知觉的印象保持不变。如旅客一旦形成了对铁路良好的或者不好的印象,那么在相当长的时间里将一直保持,直到有更大的变化产生时才会改变。

知觉之所以能对客观事物作整体反映,是因为客观事物本身就是由许多个别属性组成的有机整体,大脑皮层联合区具有对来自不同感觉通道的信息进行综合加工分析的机能。

2. 铁路旅客知觉

铁路旅客知觉是当前铁路服务环境在旅客头脑中形成的对铁路客运的直观形象的反映。它反映的不是旅客服务的个别属性,而是铁路旅客服务的整体,是对大量自己所能感觉到的有关铁路客运的信息进行综合加工后形成的有机整体。旅客对铁路客运服务的知觉,主要形成在两个方面:

(1)旅客对铁路的知觉

旅客对铁路的知觉包括对出行环境的知觉和对车次、列车的知觉等。对出行环境的知觉包括卫生、乘车秩序、色彩、空调温度、服务设施等方面的感觉,对车站、列车的知觉包括乘车是否方便、乘坐是否舒适等。

(2)旅客对服务人员的知觉

旅客对服务人员的知觉包括人员的仪表仪容是否整洁大方、服务礼仪是否规范、服务表情是否亲切和语言是否文明等,其中客运职工和旅客的首次接触在旅客知觉中起到重要的作用。

作为一名铁路客运服务人员,在对待旅客的知觉时应该努力克服心理上的某些定势效应,不能以旅客的衣着或者言行来看人服务，更不能因为对某一旅客给自己的第一印象不好而采取消极态度或故意不为其服务等，从而影响到自己的服务质量甚至是铁路的良好声誉。客运人员必须明确服务对象是具体的、有个性的，应根据旅客的不同特点采取针对性的服务，努力使每一位旅客对服务感到满意。

（二）铁路旅客态度

1. 铁路旅客态度的构成

态度是人们对于事物所持有的肯定或否定、接近或回避、支持或反对的心理和行为倾向。人们对待事物的态度，是对该事物采取行动前的倾向性，会影响行为的进程和发展。铁路旅客态度对其选择出行方式的影响主要是在旅客对铁路服务的好恶评价和价值判断方面。

旅客态度具有主观性、复杂多样性、指向性、相对稳定性和可塑性的特点，一般由以下成分构成：

（1）认知成分

认知成分是指旅客对铁路设施和铁路服务的看法、评价以及带有评价意义的叙述。它由观点、知识和信息组成，既包括对旅客对铁路的知晓，也包括对旅客对铁路服务的评论、赞同或反对。

（2）情感成分

情感成分是指旅客由对铁路的认知而产生的对铁路出行的一种情绪情感体验，即态度中的情绪和感受部分。如具有较高忠诚度的旅客，即使在铁路上有过不愉快的经历，但是仍然会选择铁路出行。

（3）意向成分

意向成分是指旅客对铁路的反映倾向，是行为的准备状态，即准备对铁路做出某种反映。

2. 旅客态度的转变

在旅客出行期间，其态度的对象主要是铁路客运站车服务人员、客运设备以及其他铁路因素等。旅客对铁路服务的态度一旦形成，就具有稳定持久性，会对其做出正确判断起到先入为主的作用，不会轻易发生较大变化。它决定了旅客的态度面对不断变化的铁路环境的忍耐性的高低，也预示了旅客对铁路反应模式的某种规律性。

影响旅客态度转变的因素很多，包括宣传手段是否合适、旅客是否积极参与、周围的群体是否对旅客的服务消费态度改变产生积极影响等。

对于旅客态度，铁路客运职工应该想方设法把其转变到铁路希望的水平上。在掌握旅客态度（消极态度、中立态度、积极态度和积极态度的强化）的基础上，根据具体服务环境来选择合适的转变态度的方式。如通过增加旅客对铁路产品的信息认知、对服务的信赖程度等，展示铁路人性化服务的特点，降低旅客态度转变的难度。

同时，客运职工还要注意通过自己良好的积极的态度去感化旅客，消除双方偏见和隔阂，将有助于旅客和服务人员双方关系的融洽，有利于服务过程的顺利进行，从而使服务质量有所提高。

（三）铁路旅客的服务期望及影响因素

铁路客运服务质量优劣取决于旅客服务期待和实际感知之间的对比，从某种意义上讲，对铁路客运服务质量优劣的评价很大程度上由旅客期望决定。

1. 铁路旅客的服务期望

按照满意度理论，旅客对服务的满意度则取决于实际服务提供与旅客期望值的差距，如果实际服务提供高于旅客期望值，则旅客满意；反之则不满意。作为铁路来讲，要提升旅客服务水平，就必须重视研究旅客心理状态与服务需求，要能够明确旅客的服务期望，有针对性地改进旅客服务工作，更新服务理念与服务管理，全面提升旅客的出行舒适度与旅客满意度。

不同的旅客对铁路的客运服务持有不同类型的服务期望状态：一是理想服务，二是适当服务，三是预测服务。理想服务反映旅客希望得到的服务；适当服务反映旅客愿意接受的服务，是最低的可接受的期望，它处在服务合理区的最底线之上，是旅客承认并愿意接受服务差异的范围；预测服务反映旅客认为其可能得到的服务。例如，一位旅客根据以往春运期间乘车的经验，认为回家的车票很难买，车上的服务也很差，因此只期望能买到票回得了家即可。但由于今年春运铁路在这条线路上增加了两趟临客，他很方便地买到了座位票，而且车上的服务与平时相比也没有下降，使他很顺利地回到了家，那么他对铁路的满意度就相当高。在这个例子里，旅客的理想服务期望就是能像平时一样买到座位票，顺利回家；适当服务期望就是能买到一张回家的无座票并能上车就可以，哪怕整个旅途服务质量有所下降也能接受；预测服务就是旅客对春运期间自己乘车状况的一种可能性的考虑。

服务水平的高低直接影响旅客心理感受。高于理想服务水平，旅客非常高兴并感到吃惊，服务以积极的方式引起旅客的注意；低于适当服务水平，旅客感到受到挫折并对铁路的满意度降低，服务以消极的方式引起旅客的注意。

2. 影响服务期望的因素

影响服务期望的因素很多，一般可分为影响理想服务期望的因素、影响适当服务期望的因素和影响预测服务的因素。

(1)影响理想服务期望的因素

影响理想服务的因素包括两大类：一是忍耐服务的强化，另一类是个人因素。忍耐服务的强化，一方面受到派生服务期望的影响，另一方面受个人服务理念的影响。派生服务期望指的是某旅客的期望受到另一群人期望的驱动。例如，一趟列车严重晚点，而铁路又没有解释原因，到了终点站如果多数旅客倾向于拒绝下车而期望铁路做出经济补偿的话，那么原先没有这种想法的旅客一般也会选择这种做法。个人服务理念指的是旅客对于服务的意义和旅客服务正确行为的根本态度。个人因素指的是每个旅客由于自身心理条件的不同，因此各自的理想服务期望也是不一样的。

(2)影响适当服务期望的因素

影响适当服务水平的因素包含五个方面：暂时服务强化因素、可感知的服务替代物、自我感知的服务角色、环境因素和预测服务。

暂时服务强化因素，通常是短期的、个人的因素，这些因素使旅客更加认识到服务的需要。当旅客在个人迫切需要服务的紧急情况时会提高适当服务期望水平，尤其在认为所需要的是铁路可以提供的反应水平时。当初始服务失败时，对补救服务的适当服务期望将会提高。

可感知的服务替代物，指旅客可以获得服务的其他提供商。如旅客可选择铁路、公路、航空以及水运出行，当民航出台了航班晚点的补偿规定后，旅客也会对铁路的晚点提出相应要求。旅客可感知的服务替代物的存在提高了适当服务的水平，缩小了容忍区域。

自我感知的服务角色，指旅客对所接受的服务水平施加影响的感知程度。明确说明所期望的服务水平的旅客，可能对铁路没能提供达到该水平的服务更为不满。旅客在服务中积极参与也影响该因素。旅客感觉到他们没有履行自己的角色时，其容忍区域会扩大。如果旅客在服务传递中对服务施加了影响，对适当服务的期望就会提高。

环境因素，指旅客认为在服务交付时不由服务提供商所控制的条件。一般而言，环境因素暂时降低了适当服务的水平，扩宽了容忍区域，如春运期间的旅客对于服务质量的下降会表现出相当的宽容。

预测服务，指旅客相信他们有可能得到的服务水平。这种服务期望可以看作是旅客对即将进行的交易或交换中可能发生事件的预测。

(3)影响预测服务的因素

影响预测服务的因素有以下四个：明确的服务承诺、含蓄的服务承诺、口头交流及过去的经历。

明确的服务承诺，是铁路传递给旅客的关于正式和非正式的说明。明确的服务承诺既影响理想服务水平，又影响预测服务水平。

含蓄的服务承诺，是与服务有关的暗示。含蓄的服务承诺往往被与服务有关的价格和有形性控制。一般而言，价格越高，有形性印象越深，旅客的服务期望也越高。如旅客购买了特快空调车、动车组列车的车票，那么他一定会有能享受较好服务的暗示。

口头交流，指由当事人而不是铁路发表的个人及非个人的言论，专家、朋友和家庭也是可以影响理想和预测服务水平的口头交流的来源。由于口头交流被认为没有偏见，所以是很重要的信息来源，特别对于旅客运输这种在购买和直接体验之前难以评价的服务中，口头交流非常重要。

过去的经历，指旅客在将经历与其最理想的服务进行比较。

影响旅客服务期望的因素包括可控因素和不可控因素。明确的服务承诺和含蓄的服务承诺是影响旅客服务期望的可控因素。忍耐服务的强化、个人因素、暂时服务强化因素、可感知的服务替代物、自我感知的服务角色、口头交流、过去的经历、环境因素、预测服务是影响旅客期望的不可控因素。

(四)铁路旅客的服务满意

旅客满意是广义上的感知方式，是旅客的实践反映。它用以判断一件产品或服务的特性，或其本身的尺度，或者说它提供了一个与旅客相关实践的愉快水平。在服务过程中，旅客会从对服务的整体感觉上来对服务满意进行评估和追踪。影响旅客满意的因素主要有产品和服务的特性、消费者情感、服务成功或失败的归因、对平等或公正的感知。

服务质量是旅客对产品服务成分的感知，也是旅客满意的决定性因素。从心理学角度来看，服务质量主要由以下五个方面构成：

1. 可靠性

可靠性是指准确可靠地执行所承诺服务的能力。例如，由于旅客问讯工作量大，工作单调重复，车站服务台的职工难免会出现不耐烦的情绪，工作变得消极。如果我们在选择人员时，考虑到黏液质的职工心理比较耐心细致，表达能力强，安排他们在这个岗位就会收到比较好的效果。

2. 响应性

响应性是指帮助旅客及时提供便捷服务的自发性。铁路客运职工不论处在客运工作的任何工种上，都应该把旅客放在第一位，主动及时地解决旅客的困难，不能互相推诿、工作拖拉，令旅客对铁路产生不好的印象。

3. 安全性

安全性是指职工的知识和谦恭态度以及表达自信与可信的能力。一个具有良好心理素质的铁路客运职工，往往会在工作中表现自信成熟，让旅客认为值得信赖，也有利于旅客服务工作的组织。

4. 移情性

移情性是指设身处地为旅客着想和对旅客给予特别的关注。客运职工在为旅客服务时，应设身处地地为旅客着想，把自己放在旅客的角度来处理旅客的要求和困难，特别对于特殊和重点旅客，应该给予特别帮助。

5. 有形性

有形性是指有形的工具、设备、人员和书面材料的外表。铁路客运设备的更新以及服务礼仪水平的提高都对旅客产生积极的作用，帮助他们改善对铁路的认识和态度，增强对铁路的满意度和忠诚度。

服务是通过服务接触完成的，服务接触是一个"真实瞬间"的概念，如同为旅客满意和服务质量建立框架。每一次接触都是建立质量和满意感知的机会，旅客会对服务接触的满意与不满意进行描述和体会。

任务解析

"任务导入"中所述案例解析如下：

铁路旅客感知是当前铁路服务环境在旅客头脑中形成的对铁路客运直观形象的反映。它反映的不是旅客服务的个别属性，而是铁路旅客服务的整体，是对大量自己所能感觉到的有关铁路客运的信息进行综合加工后形成的有机整体。

任务二　认识铁路旅客心理

任务导入

通过中国国家铁路集团有限公司官网，在铁路文化菜单栏收集三名铁路客运服务榜样的特色服务做法。

思考：

铁路企业提供哪些服务满足旅客的不同心理需求？

知识讲解

铁路旅客乘车旅行的心理活动贯穿旅行过程的始终。铁路旅客作为个体，心理活动既体现着一般规律，又有个别特点，既有共性特点，又有个性特点。

一、铁路旅客共性心理

1. 旅客的旅行动机

铁路旅客旅行动机来自旅客为什么要选择铁路出行。随着人们生活水平的不断提高，人们旅行需要水平也不断提高，其购买动机主要表现如下：

(1)求速度

选择铁路旅行的人们，不管是出差旅游者，还是商务旅客，都希望能尽快到达目的地。以前从上海到北京的特快旅客列车单程需要约 12 h，要在车上过一夜，而现在乘高速动车组列车只需约 5 h。高速铁路的快速发展，已经满足了大多数旅客们尽快到达目的地的心愿。

(2)求便利

在乘坐铁路的旅客中,求便利成为旅客的普遍动机。随着铁路技术的发展和管理水平的提升,旅客列车开行密度的加大,旅客购票、乘车越来越便利,很好地满足了旅客方便出行的要求。例如,往返于南京上海两地的高速铁路旅客列车,每天开行数百趟,运行时间 90 min 左右,方便快捷,成为两地人员出差及探亲旅游的首选交通工具。

(3)求舒适

旅客追求旅行中的舒适性也是旅客的普遍旅行动机。随着铁路客运设备设施的提档升级,旅行条件得到了明显改善,旅客旅行的舒适性得到了很好满足。

需要指出的是,旅客仅由一种动机而采取行动的情况在实际生活中为数不多,通常是多种动机共同作用的结果,因此,在客运服务工作中,不能孤立地看待旅客的上述动机。

2. 铁路旅客的旅行需要

不同旅客的心理需求是有差异的,旅客旅行需要的具体表现有:

(1)安全心理

旅客乘坐铁路旅行最根本的需要就是安全的需要,它包括人身安全和财产安全两个方面。旅客常综合考察旅行安全的各种因素,再做出是否旅行的决定。努力实现旅客旅行的安全心理要求,这是所有客运服务人员的首要工作。铁路运输部门要加强铁路沿线、车站和列车的治安管理,从技术装备上提高运输工具的安全性,从安全管理上提高客运服务人员对不安全因素的预测和及时处置的能力。

(2)顺畅心理

旅客购票、候车、乘降、餐饮、换乘是否顺畅也是旅行出行要重点考虑的。当其中某一环节出现问题时,铁路客运部门应从旅客角度出发,尽最大努力满足旅客需要。要做好宣传工作,告知旅客实情。遇到无法满足旅客需求的情况,要进行耐心解释。

(3)快捷心理

随着社会的发展,人们的时间观念发生了重大的变化,“快捷”已成为铁路旅客一项很重要的需求。缩短旅行时间,迅速到达目的地,可以节约时间,同时减少旅客旅行疲劳。

(4)方便心理

满足旅客的方便心理要求,要使旅客感到处处、事事、时时方便,节省时间。如完善网络售票系统,方便操作;增加自动售票设备,增设售票窗口,减少旅客排队购票等候时间;延长售票时间,使旅客随时都能购票;妥善设置候车室、检票口、站内通道引导牌,减少旅客进出站走行距离等。

(5)经济心理

经济心理主要表现在旅行需要的满足程度与所付出的费用和时间相比较,希望在一定的需要满足程度之下,所付出的费用和时间最少。如普速旅客列车的低票价很好地满足了务工人员的需求。

(6)舒适心理

随着经济的发展、人们生活水平的提高,旅客对旅行的舒适性提出了较高的要求,对乘车环境、文化娱乐、饮食、休息等内容的要求相应提高。这种需要的强度和水平受多种因素影响,特别是旅行时间的长短往往是起决定作用的因素。

(7)安静心理

保持旅行环境的安宁,减少喧哗,是人之常情,也是大多数旅客的共同心理需求,尤其是在人员较多的候车室和列车车厢内，要求更为迫切。

要保持旅客旅行中的安静环境，一方面旅客本身要约束自己，另一方面客运服务人员要加强对乘车环境的管理，确保旅行环境的整洁有序，避免旅客大声喧哗，更要避免与旅客发生口角、争吵，影响旅客休息。

(8)尊重心理

受尊重是人的正当需要。每一位旅客都希望自己的人格、习俗、信仰、愿望受到客运服务人员的尊重，能看到热情的笑脸，听到友善的话语，体验到铁路这个临时大家庭的温暖。一旦人格受到侮辱，自尊心受到伤害，便会产生反感，甚至可能导致双方的冲突。

二、铁路旅客个性心理

铁路客运人员既要掌握旅客的共性心理，又要了解旅客的个性心理，才能更加主动更有针对性地做好服务工作。由于铁路旅客的年龄、性别、职业身份、兴趣爱好、旅行动机等各不相同，不同旅客的心理活动和心理特点差异很大，因而对服务形成了不同的需要。根据不同标准，旅客可分为以下类型：

(一)根据旅客心理和行为表现特点划分

1. 好奇型旅客

好奇型旅客的特点是善问好动。客运人员应主动耐心地多介绍一些旅客列车的情况，如动车组座椅的调节和转动、小桌板使用等，会使他们感到满意。

2. 文雅型旅客

文雅型旅客的特点是举止文雅礼貌。客运人员可为他们挑选一些报纸、杂志等，满足他们对知识的渴求。

3. 活跃型旅客

活跃型旅客的特点是喜欢活动，爱在列车内走动，乐于助人。客运人员可主动介绍家乡情况，并帮助寻找同乡作为伴侣，服务效果更佳。

4. 满足型旅客

满足型旅客的特点是大多无过高要求，较能体谅客运服务人员，易于满足。客运人员对他们要主动给予照顾和关心。

5. 安静型旅客

安静型旅客的特点是动作、反应较缓慢，易于疲劳。客运人员对其要给予较多的关心、照顾。在他们睡眠休息时，可为他们拉上窗帘、关上阅读灯(如有时)。在可能的情况下，也可为他们调整一下座位。

6. 享受型旅客

享受型旅客的特点是对旅途生活要求较高，比较讲究。客运人员应尽量提供有利条件，满足其需要，若条件达不到时应做耐心解释，切忌有急躁情绪和冷淡态度。

7. 抑郁型旅客

抑郁型旅客的特点是往往沉默寡言，食欲和睡眠较差。客运人员应热心相待，主动关心，减轻其乘车心理压力。

8. 焦躁型旅客

焦躁型旅客的特点是情绪不稳定，易于亢奋。客运人员对他们应见机行事，不一定要有过多接触。

9. 挑剔型旅客

挑剔型旅客的特点是性格外向，说话尖刻，好挑剔。客运人员应虚心接受其意见，避免发生争执。

(二)根据出行目的划分

按旅行目的不同可以把旅客分为公务、商务出行、旅游及探亲访友。旅行目的不同，心理活动和状态也会存在差异。

1. 公务、商务出行

公务、商务出行旅客共同的个性心理要求是希望能享受到较好的旅行条件，喜欢乘坐速度快、条件好的列车，对运行时间要求高，怕列车晚点；在旅途中喜欢站车清洁、有序；爱阅读、喜安静；对旅客运输服务工作的质量和工作人员服务态度等较为关注。

2. 旅游

随着人民生活水平的提高，以出门旅游为目的的旅客越来越多。他们共同的个性心理是盼望顺畅、便利，能够玩得愉快、高兴。他们愿意多听、多看，比如旅游目的地的人文地理、风光特色、风味小吃等，他们不仅希望得到优质服务，还希望了解目的地的旅游知识。

3. 探亲访友

探亲访友旅客在铁路旅客中占有一定的比例，尤其是在法定节假日、传统节假日或寒暑假等期间。探亲访友旅客共同的个性心理表现在最基本的平安、顺畅、便利、安静等方面。

(三)根据旅行中的出行的情况划分

在旅客旅行中会出现种种突发情况，这时，旅客心理活动和需要也会呈现出不同的特点和状况。

1. 没有买到车票，却又想乘车的旅客

这类旅客想方设法上车。客运服务人员应理解他们的心情，了解这些旅客急于上车的原因，如确有急事，应采取灵活机动方法，允许上车后补票。

2. 上错车、坐过站、下错车、中途漏乘等旅客

在发生此类情况后，旅客心情焦虑、慌乱，希望客运服务人员帮助妥善安排。客运服务人员应及时安慰，稳定旅客情绪，同时积极想办法帮助解决，防止发生其他意外。

3. 违章乘车的旅客

在旅行中，常会出现买短途票乘坐长途车、无票乘车、越席乘车、携带危险品、携带超重物品乘车等情况。这些旅客常常心理惊恐不安，怕被发现。客运服务人员应坚持原则，按章办事，在处理中应注意服务态度。

4. 对旅行条件不满意、不如意的旅客

在旅客旅行过程中，总会出现一些对旅行条件和服务不满意的事情，在这种情况下，旅客常表现出埋怨、气愤、不满情绪。对此，客运服务人员一方面检查自己工作中存在的问题，采取适当的方法改进；另一方面应耐心解释，争取旅客的谅解。

5. 遇到意外事件的旅客

遇到意外事件可能由两方面原因造成：一是旅客原因造成的意外事件；二是铁路运输企业的原因造成的意外事件。对铁路运输企业的原因造成的意外事件，如发生列车运行事故，会影响旅客正常旅行，甚至威胁到旅客旅行安全。这时，旅客会焦虑不安、心情烦躁，客运服务人员应沉着、冷静，稳定旅客情绪，积极妥善处理。

6. 突发疾病或分娩的旅客

旅行中生急病或者旅客突然分娩，病人和家属亲朋会感到痛苦、着急、忧虑，急盼工作人员帮助，这时客运服务人员要为之寻医送药，妥善处置，有条件允许时下车送医院处置。

任务解析

“任务导入”中所述案例解析如下：

一次，正在当班的南昌站客运车间客运值班员李军推一位身患重病、无法行走的八旬老人进站上车。这中间要经过一段较长斜坡，为了防止老人前倾滑出座位，李军变推着走为退着走。这样一来，老人可以安稳坐在轮椅上。上车时，连人带轮椅100多斤的重量，压在李军的手臂上，但她咬牙坚持住，与列车员合力将老人抬上车。

包头客运段青岛车队乌京四组值班员赵阳践行“人民至上、生命至上”。“看您衣服破了，我这里有针线。”“给您创可贴，还有碘伏棉签，赶紧先消消毒。”……在车厢里巡查时，赵阳总能第一时间观察到旅客需要什么。

一次，Z14次列车从上海站发出不久，上海客运段高铁一车队列车长顾蓉发现11号车厢5号下铺有一位老年旅客晕车。她立即按师傅传授的“三穴位”按摩法，先拿清凉油让老人嗅味，再为老人手上的合谷穴抹上清凉油，接着按摩10 min，然后请老人躺下休息。列车驶过南京长江大桥时，顾蓉再次巡视车厢，看到老人已经坐了起来，欣赏窗外的长江美景。顾蓉半蹲下来，为老人介绍了大桥历史，并告诉老人列车还将经过淮河、黄河、海河上的大桥。列车抵达北京站后，老人在下车前拉住顾蓉的手，激动地说：“谢谢你一路的重点照顾，不是亲人，胜似亲人！”

任务三　认识铁路客运服务人员心理

任务导入

某客运人员近期在一次心理调查中常出现精力不济、反应迟钝且伴有注意力不集中、思维不敏捷、情绪低落、精神不振、活动效率降低、错误率上升等情况。

思考：

铁路企业应如何应对案例中客运人员出现的上述情况？

知识讲解

铁路旅客服务工作是一项综合的系统工程。铁路客运服务工作质量高低与铁路客运服务人员的心理品质有很大关系。从心理学角度来讲，作为铁路客运服务人员应具有必要的心理修养、心理能力，并保持较高的心理健康水平才能适应工作的要求。

一、服务情感和意志品质

（一）情　感

情绪与情感是人对于客观事物是否符合自己的需要所产生的一种主观体验。短时间内的主观体验叫情绪，比如喜悦、气愤、忧愁等情绪；长时间内与社会性需要相联系的稳定的体验叫情感，如理智感、道德感、美感等。

心理学上把人们在长时间内保持的一种比较微弱的情绪状态叫心境。因为心境可以维持较长的时间，所以人的心境对行为的影响也相对要长。

人们在一定场合爆发出来的强烈的情绪叫激情。激情出现时可以对人们的行为造成重大影响，甚至可以改变人的理智状态，使理智变得十分模糊或难以控制。例如在每年的春运期间，由于客流大，此时的旅客相对于平时就更加容易激动，如果铁路客运职工处理不好，就很容易引起冲突，对铁路造成不良的影响。

情绪是内心的主观体验，需要通过一定的形式表现出来，表达的方式即表情。表情主要有言语表情和动作表情两大类。例如，我们一直强调"微笑服务"，在服务过程中，客运服务人员为什么要微笑呢？其实微笑就是一种特殊语言——情绪语言，它在很多时候可以代替言语。在与旅客交往过程中，微笑对旅客的情绪有着主动作用和诱导作用，能使旅客产生信任，能引导旅客的情绪变得平和稳定；微笑是服务工作的润滑剂，也是服务人员与旅客建立感情的基础。

在铁路的旅客服务过程中，长期以来存在对情绪与表情研究的忽视，忽略了其对服务的重要意义。作为铁路客运人员，特别是一线服务人员，更应具备很好的情感倾向，即明确本职工作的性质，热爱自己的工作并能主动热情地为旅客服务。服务人员除了良好的感情倾向外，还要有深厚的、持久的、积极的情感。如果服务人员具备了良好情感，就自然会对所有的旅客热情接待、微笑和周到服务，并乐于完成旅客提出的要求。同时在与旅客交流时，会虚心听取旅客的意见，不计较他们的语气轻重，意见是否合理。另外，服务人员应该学会控制自己的情绪与心境，要明确自己的社会角色，明确情感的对象是广大旅客，用理智的方法来控制自己的言行。除此之外，铁路客运服务人员还要学会对旅客情绪的理解，学习标准的服务表情进行微笑服务，掌握旅客情绪活动的规律，提前控制各种情感因素，进而提升自己的服务水平和旅客满意度。

怎么才能培养自己良好性格情绪呢？服务人员要重视自己性格的培养，就要认清和把握自己的性格特点，扬长补短，使自己的性格更好地适应服务工作需要。特别是年轻职工，更要把握青年兴奋性高、波动性大、封闭性和多样性的情绪特点。服务人员要想保持或培养自己良好的情绪，首先要有远大的抱负和志向，其次要增强适应生活的能力，再次要不断地调整适应能力。

(二)意　志

意志就是人自觉地确定目的并支配其行动以实现预定目的的心理过程。它能够自觉地确立目的，是人行为的特征之一，能够有意识、有目的、有计划地向着一定的和事先知道的目标前进。

意志对人行动的支配或调节作用表现为两方面。一方面，这种支配或调节是根据自觉的目的进行的；另一方面，正是通过这种对行动的支配或调节，自觉的目的才能得以实现。

意志对行动的调节，有发动和制止两个方面。前者在于推动人去从事达到预定目的所必需的行动，后者在于制止不符合预定目的的行动。意志两方面的调节作用在实际活动中是统一的。例如，一位铁路职工有了更好地为外国旅客服务的决心，就会促使他去学习外语，同时抑制其他不相干的活动。

意志不仅调节外部动作，还可以调节人的心理状态。当人排除外界干扰，把注意集中于完成本职工作时，就存在着意志对自己注意、思维等认识活动的调节。例如，在春运客流高峰期，面临客流多、突发情况多、任务重等情况，铁路客运人员应能够克服内心的焦急与烦躁，使自己保持镇定,有条不紊地完成工作,表现出意志对情绪状态的调节。

意志对行为的调节和支配并不总是轻而易举的,常会遇到各种外部的或内部的困难,因此,意志行动的实现往往与困难的克服相联系。所谓困难,是实现有目的的行动的障碍。而克服困难,就意味着对行动的预定目的的坚持。所以,意志行动中所克服的困难越大,意志行动的特征就显得越充分、越鲜明。

服务人员良好的意志品质,表现为意志的自觉性、果断性、坚持性和自制力。意志的自觉性是指服务人员对于自己的行为目的正确性和重要性的认识,尤其是行为效果和社会意义;意志的果断性是指服务人员明辨是非及时采取决策与执行决定;意志的坚持性是指服务人员以充沛的精力和坚韧的毅力,不屈不挠地坚持,不懈地去达到目的;意志的自制力是指服务人员在意志行动中善于控制自己的情绪,约束自己。这些都是服务人员做好服务工作的基本条件。

铁路客运服务人员意志品质的培养要有一个过程,即下决心、树信心、持恒心。在培养自己的意志品质中,最关键的要战胜自己,即在克服困难中锻炼自己的意志,这些都需要服务人员从自身角度出发,注意培养自己良好的性格意志情绪。

(三)意志和情感的关系

情感可以成为意志的动力。当某种情感或情绪对人的一定行为起推动或支持作用时,就存在这种情形。例如,对铁路客运事业的热爱,就会激励广大铁路客运职工克服工作和生活中的困难,不断提高自己的服务水平。

情绪也可以成为意志的阻力,特别是人在从事他所不乐意去干的活动时就发生这种情形。对于这项活动,困惑、焦虑、彷徨及痛苦等不乐意的情绪是一种消极的体验,它妨碍着意志行动的贯彻,造成意志过程的内部困难,也动摇和销蚀着人的意志。

由于意志本身执行着调节功能,因此,对某项意志行动起阻碍作用的情绪实际上同时处于相互制约、此消彼长的关系之中。在这种情况下,意志行动最终是否得到实现,取决于种种主客观条件,特别是意志和消极情绪之间力量的对比。意志力薄弱而消极情绪强烈,会导致意志行动半途而废;意志坚强则可以克服不利情绪的干扰,把行动贯彻始终。

意志对情绪的影响,有时还表现为对情绪的直接控制。例如,一个职工遭遇家庭不幸而陷于悲伤之中,但是为了不妨碍本职工作,在工作时仍然能够面带微笑地完成服务工作,那么他就是凭借意志的力量,在某种程度上抑制了一种情绪而激发了另一种情绪。

平时人们所说的“理智与情感的冲突”,其实就是意志与情感的冲突。所谓“理智对情感的驾驭”,其实是由意志遵循理智的要求而实现对情感的驾驭。认识过程本身并不具有控制情感的功能,控制是由意志来完成的。所谓“理智战胜情感”,是指意志的力量根据理智的认识克服了与理智相矛盾的情感。而“情感战胜理智”,是指意志力不足以抑制情感的冲动而成为情感的俘虏,背离了理智的方向。

总之,认识、情感和意志是密切联系、彼此渗透的。发生在实际生活中的同一心理活动,通常既是认识的,又是情感的,也是意志的。任何意志过程总包含理智成分和或多或少的情绪成分,而理智和情感过程也包含意志成分。实际上并不存在纯粹的、不与任何认识和情绪过程相关联的意志过程。因此,不能把意志仅仅归结为反映活动的效应环节,而应看作是完整反映活动的一个方面。

二、服务能力

（一）能　　力

能力是人们表现出来的解决问题可能性的个性心理特征，是完成任务和达到目标的必备条件，它直接影响活动的效率，是活动顺利完成的最重要的内在因素。

完成任何一项活动都需要人的多种能力的结合。例如，画画必须有完整的知觉能力、识记与再现表象的能力、使用线条表现实物的抽象力与想象力、目测长度比例的能力、估计大小或亮度关系的能力、透视能力和灵活自如的运笔能力等。

一个人具有某些突出的能力并能将各种能力结合起来，出色地完成有关的任务，这就是才能。

一个人的能力不可能样样突出，甚至还会有缺陷，但是人可以利用自己的优势发展其他能力来弥补不足，同样也能顺利地完成任务或表现出才能，这种现象叫作能力的补偿作用。例如，盲人缺乏视觉，却能依靠异常发达的触摸觉、听觉、嗅觉及想象力等去行走、辨认币值、识记盲文、写作或弹奏乐曲，有时表现出惊人的才能。又比如，有些人机械记忆能力比较薄弱或在成年后有所减退，但仍然可以依靠或发展自己特有的理解力、判断力去掌握各种知识或做出有分量的决策，并不比其他人逊色。所有这些都表明，才能并不取决于一种能力，而有赖于各种能力的结合。

（二）能力的发展

能力发展主要是由环境、教育和实践活动所决定的。

环境主要是指物质和文化环境。研究表明，物质和文化环境的改善进一步促进了能力的提高。如果没有充足的休息、科学的饮食和愉快的心情，能力的发展将会受到限制。美国密执安大学做过一个实验，通过对头发的分析，发现学习成绩好的学生头发中，锌和铜含量高于学习成绩差的学生，而碘、铅和镉的含量却较低，整体营养情况较好；而学习成绩差的同学恰恰相反，而且相对前者，身边不稳定的因素也大大增加，这些都影响了能力的提高。铁路客运职工由于处在一个连续的倒班工作环境里，生理和心理都受到一定的影响，所以在日常生活中，更加要注意保持一个良好的心态和有规律的饮食和休息，丰富自己的文化生活，从而为能力的提高打下一个良好的基础。

教育在能力发展中起主导作用。在教育过程中，学习掌握知识、技能的同时也发展着能力。目前，铁路各级单位对职工的培训工作相当重视，已经实现了制度化。铁路客运服务工作不是一个简单的劳动，而是一门服务艺术。随着社会的发展，所面临的服务对象、服务环境已经发生了巨大的变化，在这种情况下，只有主动加强自身的学习，努力学习新技术、新技能，才能更好地满足旅客需求，提高旅客满意度。

环境和教育作为能力发展的外部条件，而人的能力最终还是要通过主体的积极活动才能得到发展，在工作中，这表现为人的主观能动性。铁路客运服务人员必须认识到能力是在人的活动中形成和发展起来的，一个人的能力水平与他从事活动的积极性成正比。

（三）客运服务能力

一般来说，要给旅客提供良好的服务，铁路客运职工在服务工作中应该具备以下基本能力。

1. 观察能力

在铁路服务工作中，观察应该有明确的目的和任务。要细心体察，整理和总结观察结果，善于积累经验。通过观察及时了解旅客的需求、情绪，以及旅客对铁路所提供服务的意见，从而有针对性地提供给旅客更恰当的服务。

2. 注意能力

注意是指心理活动对一定对象的指向和集中。指向是指人们的心理活动有选择地朝向一定对象，而同时离开其余对象。集中是指人们的心理活动不仅指向某种事物，而且坚持在这一对象上使注意活动不断深入。服务人员的注意能力有以下特性：

(1)注意的稳定性与持久性，指服务过程中服务人员注意在一定事物上所能持续的时间与稳定性。

(2)注意的范围性，指在同一时间内服务人员所注意对象的数量。

(3)注意的分配性，指服务人员在一定时间内注意力分配到两种或者几种不同的动作上。

(4)注意的灵活性，指服务人员能够灵活地分配注意力，根据需要及时将注意力迁移到新的对象上去。

3. 表达能力

表达能力是服务人员与旅客进行交往时运用语言、表情传递有关信息的能力，包括表情与语言两个部分。

表情主要是指服务人员的态度、手势和目光。例如，态度是否傲慢、慌乱、冷淡、随便，手势的幅度不宜过大，目光是否能表达自己的感情等。

语言主要是指服务人员是否使用规范的或普遍认可的语言形式。例如，语言是否能简明扼要地表达思想，是否能注意到旅客的感受和体验，是否恰当和有条理等。

4. 劝说能力

劝说能力是指在服务过程中，通过劝说使旅客态度有所改变的能力。在劝说旅客时，应该热诚、同情、真实地面对旅客，富有同情心，要做到有针对性和耐心，要注意劝说的场合和使用的语言，急旅客所急，想旅客所想，让旅客真正感受到铁路的人性化服务。

三、客运人员心理健康

在铁路旅客服务中，客运职工是居于第一线的，具有主导作用。维护客运职工的心理健康、消除心理疲劳、加强心理卫生，对于激励职工的积极性、提高劳动生产率和服务水平有着重大意义。

(一)心理疲劳和员工倦怠

1. 心理疲劳和员工倦怠的关系

铁路旅客运输工作，由于其运输的不间断性和繁重性，很容易产生心理疲劳。心理疲劳是指因心理、精神原因而非生理躯体原因导致无精打采、懒散无力，使反应速度、灵活性和准确度降低的心理机能消极状态。心理疲劳通常表现为自感体力不支、精力不济、反应迟钝且伴有注意力不集中、思维不敏捷、情绪低落、精神不振、活动效率降低、错误率上升，严重时还会引起头痛、眩晕、心血管和呼吸系统功能紊乱、食欲减低、消化不良、失眠等。

心理疲劳一般发生在以下两种情景之中：一种是活动中紧张程度过高，致使心理活动异常、心理机能降低而显得不堪重负，难以承受精神压力而疲惫不堪；一种是长时间从事单调、乏味而令人厌烦的活动，致使兴致索然、情绪低落、活力降低而出现烦躁懒散、疲惫无力等。

心理疲劳与生理性疲劳、病理性疲劳不同。生理性疲劳与病理性疲劳尽管同心理疲劳一样也会导致工作能力减弱、工作效率降低、错误率增加等后果，但都是一种自然性防护反应。

生理性疲劳是由身体的肌肉承担高强度或长时间的活动造成的,削弱的主要是人的体力,其表现是肌肉疲劳;病理性疲劳是由各种疾病引起的,削弱的主要是人的躯体机能,其表现是体虚乏力;心理疲劳则肌肉活动强度不大也无躯体疾病,纯粹由神经系统活动过于紧张或过于单调引发,削弱的是人的意志。

员工倦怠,指影响到员工工作效率和工作安全的身体和心理疲劳。心理疲劳很容易使员工产生倦怠,心理疲劳与员工倦怠在铁路客运服务中相当普遍。

由于铁路改革步伐的加快、职业要求不断提高,处在服务第一线的员工身心健康方面的问题开始暴露出来,应引起铁路管理部门的充分关注。

2. 心理疲劳和员工倦怠的原因

造成铁路客运服务人员的心理疲劳和倦怠的原因多种多样,但主要是以下两个方面:

(1)铁路客运企业对员工的特殊工作要求

由于旅客运输的连续性,使得员工不得不打乱正常的生活作息时间,全天候地从事客运工作。长期上夜班的员工生物钟被打乱,可能出现慢性身心综合疲劳症。另外在一些客运的高峰时期(如春运、黄金周等法定节假日),要求员工大量加班加点,在工作时对员工施加过多的心理压力,或者让员工做大量简单重复的工作等,可能自觉和不自觉地忽视了员工的身心健康,造成心理疲劳。

(2)客运人员自身生活方式不够合理

客运服务人员在从事繁重工作的同时,没有及时根据工作调整自己的生活作息时间。例如,有些员工有深夜看电视或上网的习惯,晚睡晚起;还有的员工或吸烟喝酒过度,或饮食结构不合理,或缺少体育锻炼等。以上这些不良生活习惯除直接引起工作中的疲惫之外,还常会造成不同程度的睡眠失调(如失眠多梦等),间接地造成上班时身心倦怠。

铁路必须正确对待心理疲劳和员工倦怠现象,不能完全把原因归于员工本人,应该根据具体情况帮助有关员工解决这一问题,这对提高铁路服务质量,提升服务水平都有十分重要的意义。

(二)心理挫折与心理防卫

1. 心理挫折

在心理学上,挫折是指一种情绪状态,主要是指个体在从事有目的的活动过程中,由于遇到阻碍和干扰,使个人需要不能满足,动机无法实现而产生的紧张状态和情绪反应。人们的需要产生动机,动机一旦产生,便引导人们的行为指向目标。但这种指向目标的行为,由于受到社会、政治和经济的制约,并不是任何时候都能达到目标。行为的结果受到阻碍,达不到目标的情况是常有的,这就是挫折。特别在现今的服务环境中,认识什么是挫折,对改变员工的行为、提高职工的积极性具有重要意义。挫折产生可分为外在因素和内在因素两类。

(1)外在因素

外在因素又可分为实质环境与社会环境。实质环境是指个人能力无法克服的自然环境,如无法预料的天灾地变、衰老疾病、天气影响旅游等。社会环境是指所有个人在社会生活中所遭受到的政治、经济、道德、宗教、风俗习惯等人为的限制。

(2)内在因素

内在因素包括个人的生理条件与动机的冲突。个人的生理条件,是指个人具有的智力、能力、容貌、身材以及生理上的缺陷疾病所带来的限制。例如,一个色盲者无法进医学院念书或担任某些特殊的工作。动机的冲突,是指个人在日常生活中,经常同时产生两个或两个以上的动机，假如这些并存的动机无法同时获得满足，而且互相对立或排斥，其中某一个动机获得满足，其他动机受到阻碍，则产生难于做抉择的心理状态。

铁路客运人员的挫折因素主要有学习挫折、家庭挫折、人际挫折、恋爱挫折、病残挫折、激情挫折、专业选择挫折等。

不同的人对挫折的承受能力是不一样的。承受能力是对个体产生挫折感的最小刺激量，承受能力越低挫折感就越强。个人的抱负水平、容忍力影响着人的承受能力，其中容忍力是受到挫折时避免行为失常的能力，它受生理因素、认知因素、社会经验的影响。

人们受到挫折会产生各种行为，作为铁路客运职工来说，当受到挫折后，其原因不论是属于外在因素还是内在因素，都不应该把愤怒、攻击、不安、冷漠等情绪上的反映带到工作中去，应该努力控制自己的情绪，通过工作缓解自己的压力。

2. 心理防卫

个人受到挫折后，所表现的愤怒、压抑或焦虑的情绪反应，都将同时引起生理上的变化，如血压升高、汗腺分泌增多、胃液分泌减少等，长久下去便导致身心性疾病，如高血压、胃溃疡及偏头痛等。因此，个人为了减压或避免挫折可能带来的不愉快与痛苦，在生活经验中学会某些适应挫折情况的方式，这些适应方式在性质上是防卫的，精神分析家将此称为防卫方式。各人从其生活经验中寻其惯用的一套，成为其性格中的一部分，常见的有以下几种：

(1)合理化作用。个人无法达成其追求的目标，或其表现的行为不符合社会的价值标准时，给自己找出适当理由来解释。这个理由未必是真正的理由，而且第三者看来往往是不合乎逻辑的，但本人却能以此说服自己，感到心安理得。

(2)逃避作用。个人不敢面对自己预感的挫折情境，而逃避到安全的地方，即逃向另一现实。

(3)压抑作用。将可能引起挫折的欲望以及与此有关的感情、思想等抑制而不承认其存在，或将其排除于意识之外。

(4)代替作用。个人对某一对象所抱持的动机、感情与态度，不为社会所接受或遇到困难时，将此种感情与态度转向其他对象以取代之，称为代替作用。

(5)表同作用。个人为迎合供给需要满足的保护者(如父母、师长等)，在思想上及行为上模仿他们，将自己与他们视为一体，照着他们的希望行动，如此可以减少挫折，称为表同作用。

(6)投射作用。存在于个体内部的许多动机中，有些是自己不愿承认的，或者因为承认了之后引起内心的不安及厌恶感，因而无意识中把这些动机及与此有关的态度、习性等排除于本身之外，而加到别人或物体上，称为投射作用。

(7)反向作用。个体为防止某些自认为不好的动机呈现于外表行为，采取与动机相反的行动，即想借助相反的态度与行为，抑制内心的某些动机。

防卫方式具有调和自己与环境间矛盾的功能。它可减低情绪冲突，从自身内在具有危险的冲动中保护自己，缓和伤感的经验，减轻失望感，消除个人内在、外在因素的冲突，协助个体保持价值观与充实感，使个人有机会“退一步想”或“从另一个角度看”而导致解决问题的可能。个人应该学会防卫方式进行调和，面对不能调和的应主动地去心理咨询，在心理医生的指导下缓解或消除心理上的痛苦，以最合理的方式处理好挫折。

(三)心理预防

对于铁路客运服务人员的心理状况，根据铁路服务工作的实际情况，从个人和单位的角度采取一些有效措施加以缓解与疏导。

1. 从员工个人角度

(1)创造和谐的自然和社会环境，建立良好的人际关系，储备社会支持力量，提高适应社会和改造社会的能力。人际关系的实质就是人与人之间心理上的距离，即情感关系。人们通过正常的交往、沟通、参与、融合，建立起良好的人际关系，它对身心健康具有重要的促进作用，反之，不协调的人际关系会造成心理失衡。

(2)锻炼体魄和培养健康的人格。预防身心疾病有赖于躯体的强壮，要通过劳动、工作、学习、体育锻炼与合理营养摄入，使机体功能处于最佳状态。培养健全的人格，对于身心疾病的预防具有重要的作用。

(3)保持良好的情绪。情绪是身心联系的桥梁，保持良好的情绪反应，就是要建立良好的心理防御机制，使人在心理活动中，尤其是情绪失去平衡时，能够自觉、不自觉地以某种理由或方法去抵消、回避或否认内心所产生的紧张、不安和痛苦，从而恢复自身心理上的平衡和稳定。

(4)及早发现，及早治疗。首先要采取有效的躯体治疗，以解除症状，促使康复。其次要采取精神药物治疗，如抗抑郁、抗焦虑药物的使用等。此外还可以进行心理咨询与心理治疗。

2. 从单位的角度

(1)调整工作安排。

铁路的倒班制无法改变，但可以在工作中合理调整工作安排，尽量减少加班加点，对简单重复的工作，实行工作轮换制，以减少员工的精神疲劳度。在工作环境布置中，应采取科学布局，在视觉、触觉和设备布置上注意减少员工疲劳，如保证充分照明、空气流通、尽量采用自然光等。

(2)提供健康教育和体育锻炼机会。

通过定期医疗检查和咨询帮助员工了解自身的各种健康问题，进行健康生活方式的教育，让员工知道体育锻炼、合理饮食和按时睡眠等的重要性；为夜班工人开办夜间工作健康知识讲座；在企业里提供健身器材鼓励员工在上班前、下班后和中间休息时参加锻炼；建立员工武术、长跑兴趣小组等。

(3)加强心理健康教育。

在工作之余，也需要对员工进行心理健康教育和心理干预。要帮助员工正确认识自己的工作环境和在工作生活中出现的不良反映，掌握一些基本的心理学知识和心理疏解方法。

(4)员工帮助计划(EAP)。

运用EAP来调整企业员工的心态、生态、形态和状态，实践证明是一个相当有效的方法。

任务解析

“任务导入”中所述案例解析如下：

随着铁路改革步伐的加快，职业要求不断提高，处在服务第一线的员工，很容易产生心理疲劳，应引起铁路管理部门的充分关注。铁路必须正确对待员工倦怠现象，不能完全把原因归于员工本人，应该根据具体情况帮助有关员工解决这一问题。这对提高铁路服务质量，提升服务水平都有十分重要的意义。

能力测评

一、判断题

1. 心理学是一门研究人的心理现象和规律的科学。心理现象一般分为心理活动和心理状态两个方面。(　　)

2. 铁路客运服务人员服务铁路旅客时必须了解不同旅客的需求和期望,这是做好服务工作的前提条件。(　　)

3. 铁路客运服务质量优劣取决于旅客服务期待和实际感知之间的对比,从某种意义上,对铁路客运服务质量优劣的评价很大程度上由旅客期望决定。(　　)

4. 由于铁路旅客旅行动机、兴趣爱好、职业身份各个不同,心理活动和特点差异很大,所以铁路客运工作人员只需要掌握旅客个性心理就能提供优质服务。(　　)

5. 铁路客运服务质量高低与铁路客运服务人员的心理素质和修养有很大关系,铁路客运员工必须保持较高的心理健康水平才能适应工作的要求。(　　)

二、单选题

1. 把客观事物或现象作为统一的整体来反映的知觉性能是指(　　)。

A. 知觉的整体性　B. 知觉的选择性　C. 知觉的理解性　D. 知觉的恒常性

2. 反映铁路旅客认为其在旅行中可能得到的服务是指(　　)。

A. 理想服务　B. 适当服务　C. 预测服务　D. 意外服务

3. 高速铁路在我国的快速发展,满足了广大人民尽快到达旅行目的地的心愿,从铁路旅客心理学角度来说,主要是满足了旅客(　　)的旅行动机。

A. 求经济　B. 求速度　C. 求便利　D. 求舒适

4. (　　)是人们表现出来的解决问题可能性的个性心理特征,是完成任务和达到目标的必备条件,它直接影响活动的效率,是活动能够顺利完成的最重要内在要素。

A. 气质　B. 能力　C. 性格　D. 人格

5. 个体为防止某些自认为不好的动机呈现于外表行为,采取与动机相反的行为来抑制内心的某些动机的心理防御是指(　　)。

A. 合理化作用　B. 逃避作用　C. 投射作用　D. 反向作用

三、多选题

1. 铁路旅客态度具有主观性、复杂多样性、指向性、相对稳定性和可塑性的特点,一般由(　　)构成。

A. 认知成分　B. 情感成分　C. 意向成分　D. 意志成分

2. 影响铁路旅客预测服务的因素包括(　　)。

A. 含蓄的服务承诺　B. 口头交流

C. 过去的经历　D. 明确的服务承诺

3. 影响铁路旅客满意的因素主要有(　　)。

A. 运输产品和客运服务的特性　B. 铁路旅客情感

C. 服务成功或失败的归因　D. 对平等或公正的感知

4. 铁路客运服务人员要给旅客提供良好的服务,应该具备的能力有(　　)。

A. 观察能力　B. 注意能力

C. 表达能力　D. 劝解能力

5. 造成铁路客运服务人员的心理疲劳和倦怠的原因多种多样，主要有(　　)。

A. 天气和环境　　　　　　　　　　B. 铁路客运的特殊工作要求

C. 铁路客运工作人员的个性特点　　D. 铁路客运人员自身生活方式不够合理

四、简答题

1. 研究铁路旅客服务心理的意义有哪些?

2. 何为铁路旅客的服务期望? 铁路旅客的服务期望有哪些?

3. 铁路旅客的旅行需要有哪些?

4. 何为服务情感和意志品质? 其相互关系如何?

5. 如何做好铁路客运服务人员的心理预防工作?

五、实践题

1. 走访不同铁路旅客，了解铁路旅客的出行动机和需要。

2. 开展团队拓展和心理训练，提高情绪管理和压力应对能力。

项目六　铁路旅客运输服务工作内容和技能技巧

项目内容

认识车站、列车服务工作内容，开展站车服务工作。根据礼仪规范要求，开展文明服务工作。利用服务工作的技能技巧，开展优质服务工作。项目六内容导图如图 6-1 所示。

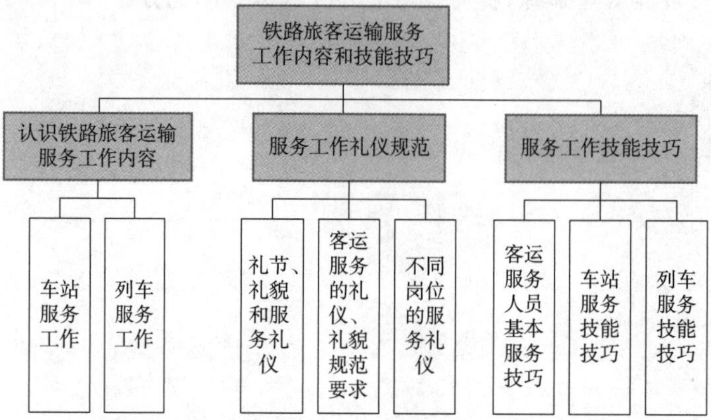

图 6-1　项目六内容导图

学习目标

1. 知识目标

(1)了解铁路车站、列车服务工作的主要内容。

(2)掌握客运服务礼仪、礼貌规范要求及不同岗位的服务礼仪。

2. 能力目标

(1)会根据礼仪规范要求开展文明服务工作。

(2)会利用服务工作技能技巧开展优质服务工作。

3. 素质目标

苦练、巧练，培育爱岗敬业的服务意识。

学习建议

校内利用礼仪实训室、客运站车实训场所，校外利用站车教学实习基地，结合教学内容开展养成训练。

国家职业标准、铁路特有工种技能培训规范链接

国家职业标准《列车长》《列车值班员》《客运值班员》，铁路特有工种技能培训规范《列车长》《列车值班员》《客运值班员》《铁路客户服务员(客运)》。

任务一　认识铁路旅客运输服务工作内容

任务导入

××年×月×日,国家铁路局委托某铁路高校开展了体验春运期间客运站车的服务质量工作。

思考:

从旅客的角度,铁路运输企业提供了哪些服务工作?

知识讲解

车站和列车服务工作,应最大限度满足旅客在旅行中物质和文化生活等方面的需要,要树立全心全意为人民服务的思想,坚持"全面服务、重点照顾"的原则,文明、礼貌地为旅客提供优质服务。

一、车站服务工作

车站服务工作包括问讯处、候车室服务工作,旅客乘降及广播宣传工作,小件寄存,车站美化及卫生工作等。

(一)问讯处服务工作

问讯处应设在旅客比较集中的站前广场、广厅、售票厅、候车室等地,车站应通过问讯处正确、迅速、主动、热情、耐心地解答旅客旅行中提出的各种问题,使旅客在购票、托运和提取行李、上车及换乘等方面得到便利。问讯处应根据客流动态及车站具体情况进行宣传和组织工作,尽可能使旅客在旅行中不发生错误。解答旅客问讯的方法可分为口头解答(包括电话问讯、广播通知、电视问讯)和文字解答(包括文字张贴、揭示牌揭示)。口头解答问讯时要做到"有问必答,答必正确,百问不烦",让旅客满意。文字张贴内容应通俗易懂,版面要鲜明、美观,夜间应有充足照明。电子揭示牌揭示的内容应连续、滚动地显示,为旅客提供方便。

(二)候车室服务工作

候车室是旅客休息和等候乘车的场所,候车室内应设有一定数量的座椅,并有足够的通路,保证室内整洁、空气流通,重点推进商务座候车专区、重点旅客候车区、儿童候车娱乐区、军人候车区和哺乳室等车站"四区一室"建设,为旅客创造一个良好的候车环境。

候车室工作人员应主动迎送旅客,安排旅客座席,坚持"人坐两行,包摆一趟"的方法,既保证旅客的安全,又保证旅客休息。及时通告有关列车到、发和检票进站时间,加强安全、卫生及旅行常识的宣传工作。搞好清洁卫生,随脏随扫,冬季搞好采暖,夏季搞好通风,要主动、热情、诚恳、周到地为旅客提供优质服务,满足旅客饮水、吃饭、洗脸和文娱活动等要求。

(三)旅客乘降工作

乘降工作组织的目的是迅速集散与疏导旅客,维持车站的秩序,对进站人员持用的乘车凭证要进行检验。检票前清理站台,安排上要先重点(老、幼、病、残、孕、带婴儿的旅客)、后团体、再一般。

站台客运员应坚守检票口、天桥口、地道口及进站通路交叉地点,按距离最短、交叉最少的进出站流线组织旅客进出站、上下车。随时做到扶老携幼,督促旅客及时上车,保证旅客安全。

出站人员凭乘车凭证检票出站。

维持站台正常秩序。应在进出站流线上多设置路标、指示牌等以指明道路。在进出站检票口应做好检票工作，查堵无票旅客与爆炸品、易爆品等危险品工作。加强站台巡视，确保旅客安全。

组织换乘的旅客在适当地点候车、换乘，保证乘降工作安全、迅速、不乱、不错。

（四）广播宣传工作

客运站的广播对客运工作人员起着指挥生产的作用，对旅客起着导向作用。通过广播可将车站的接发车准备、检票、清扫及整顿秩序等工作及时传达给工作人员，以便按照统一的作业过程有条不紊地完成各项工作。通过广播，将列车的到达、出发时刻及其他有关事项通知候车室、广场和站台上的旅客，以便组织旅客及时进出站和上下车。对广播工作的具体要求是：

(1)认真执行党的方针政策，充分发挥广播对旅客的服务、宣传、组织作用。

(2)广播员应按照列车到开顺序和旅客候车规律编制广播计划，做好安全、服务、卫生和旅行常识的宣传，适当播放文艺节目。

(3)勤与运转室联系，准确掌握列车运行情况，遇列车晚点及作业变化及时广播通告。

(4)转播时要预先确认，认真监听，严防误转误播。直播时要事先熟悉材料，做到发音准确、音量适宜、语言通俗易懂，并要积极收集资料，丰富广播内容。

（五）小件寄存

寄存处是旅客临时保管随身携带品的场所。做好寄存工作能给上车前、下车后的旅客创造便利条件，所以应安全正确、迅速地为旅客办理寄存。传统寄存方法是设置木格物架，并按寄存物品进行分区、分堆、分线保管。先进的寄存方法是采用双控编码锁寄存柜，旅客可自己选定号码开柜、寄存，既安全又方便，为车站服务人员的管理工作创造良好条件。

（六）车站美化及卫生工作

客运站是城市的大门，是旅客聚集的地点。做好车站的清洁卫生、站容整顿和绿化工作，既可美化站容、净化空气，又为旅客提供良好的环境。

(1)车站站容要求庄重、整洁、美观大方，设备齐全，标志明显，搞好绿化。栽种树木以常青树为宜，并采取乔木和灌木、花树和花卉相结合的绿化方法，有规划地绿化车站。合理安排站前广场上各种车辆的停靠位置和走行通道，统一布置大型宣传广告和标语。

(2)要保持车站的卫生，必须建立日常清扫和定期突击相结合的管理制度，按班组划分清洁区，分片包干和专人负责相结合，执行检查和评比制度并定期公布。

（七）旅客文化生活服务

旅客文化生活服务设施在大站上设有：

(1)书报阅览室。阅览室设置在候车室或广厅内。室内布置整洁、光亮，备有足够数量的桌椅、书报、杂志并按期调换，旅客可借用报刊和文娱用品。

(2)电视厅、电影院。在较大的客运站上设有电视厅、电影院，放映时间应根据车次、客流情况而定。

(3)餐厅、茶室。为满足旅客在饮食方面的需要设立餐厅，有条件许可的可增设茶室。在候车室内，应保持足够的供旅客饮用的开水。

(4)售货部。候车室内应设有小卖部，在大型客运站还可开设商场，供应旅客在旅行生活中所需的商品，从而使车站转变为多功能的服务场所，进行一条龙服务。

二、列车服务工作

列车服务工作包括车厢服务工作、列车广播工作和餐车供应工作。

(一)车厢服务工作

始发站检票前,乘务员应做好各种准备工作,严守车门,扶老携幼,迎接旅客。车上乘务员要为上车旅客安排座席及随身携带品的放置地方。开车后,乘务员按作业过程进行工作,服务态度应主动、热情,语言文明、表达得体、准确,举止稳重、大方,处理问题机动灵活、实事求是。到站前及时准确通报站名,组织旅客安全上下车。

(二)列车广播工作

列车广播工作的主要任务是介绍铁路安全、旅行常识;正确及时地做好站名通告;为活跃旅客的旅行生活可适当播放一些文娱节目和录像;为保证旅客身体健康做好列车卫生宣传工作。

列车广播员应根据旅客心理及客流特点对乘务中各区段、各区间的播音内容做出详细安排,经列车长审查批准,按计划执行。

(三)餐车供应工作

车站要做好旅客列车的给水工作,确保列车车辆满水,满足旅客用水的需要。列车应保证有足够的开水或安全饮用水供旅客饮用。

饮食供应工作的基本任务是保证广大旅客在旅行中的饮食需要,保证饮食卫生,不断提高服务质量,为旅客旅行及国际友人友好往来服务。工作中要认真执行“全面服务、重点照顾”的原则,尊重少数民族和外籍旅客的饮食习惯、禁忌避讳。餐车要加强食品采购、保管、加工、销售等环节的管理,严防食物中毒。

积极推进列车扫码点餐服务。餐车供应工作根据列车运行时间,实行一日三餐的供应方法,以具有特色的快餐为主,适当供应单炒菜,有条件可供应冷饮、夜宵及其他商品。面向市场,采取灵活经营方式,参与市场竞争,只有这样,才能满足旅客不同消费水平的需要,实现良好的社会效益和经济效益。

任务解析

“任务导入”中所述案例解析如下:

同学们体验了春运期间铁路候车室服务工作、旅客乘降工作、站车广播宣传工作、车厢服务工作、餐车供应工作等,系统处理、分析调查数据并形成调研报告。站在铁路运输行业监管的角度,亲身体验春运期间客运站车的服务质量。

任务二　服务工作礼仪规范

任务导入

某旅客购买了 2023 年 10 月 12 日 9:00 由南京南站开往北京南站的 G6 次旅客列车二等座车票,到售票窗口要改签当日 10:01 的 G8 次去北京南站的车票,G8 次列车只余一等座车票。

思考：

G8 次旅客列车已无二等座车票，只有一等座车票，铁路售票员服务标准沟通语言如何？

知识讲解

在铁路旅客运输服务工作中，注意礼仪礼貌，做到礼貌待客，是做好客运服务工作的关键，体现了铁路部门对旅客的基本态度，也反映了客运服务人员的文化修养和素质。而娴熟的服务技能、技巧是决定服务质量水平的基础，是提高服务质量的技术保证。因此，每个客运工作人员都应加强礼仪、礼貌修养，提高自身服务技能，在客运服务工作中为旅客提供优质服务。

一、礼节、礼貌和服务礼仪

（一）礼节及表现

礼节是对他人态度的外在表现和行为规则，是礼貌在语言、行为、仪态等方面的具体规定。例如，在日常生活中，见面时人们相互之间问好、打招呼，一些人初次见面还互递名片；在不同场合要注意服装穿着；人们之间相互探访要讲究适当的时机，谈话和打电话要注意态度、语气、声调。在客运服务工作中，服务人员要仪表端庄，对客人要主动问候，适当称呼，得体应答，热情迎送，熟练操作，规范服务。这些都是礼仪规定，是人们在长期交往和日常客运服务工作中形成的一种规则和固定形式，因此，也是铁路客运部门对旅客服务所必须遵守的行为规则。

（二）礼貌及其表现

礼貌是人们在社会交往时相互表示友好和尊敬的行为规范。

礼貌的实质是对别人的尊重，即尊重别人的劳动、尊重别人的感情、尊重别人的自尊心、体谅别人的难处、帮助别人解决困难等。这样才能与人融洽相处，获得友谊、谅解和支持。在客运服务工作中，客运服务人员应对旅客有尊重之心，礼貌就会自然而生，就会在语言上、态度上、行为上有所表现。在外表上，要讲究仪表、风度；在语言上，要谈吐文雅、亲切；在行为上要落落大方、彬彬有礼；在态度上，要诚恳、热情、和蔼和耐心。这样才能与旅客相互尊重、和谐相处，才能适应现代社会交往和服务工作的需要。

（三）服务礼仪

礼仪一般是指在较大或较隆重的场合为表示礼貌和尊重而举行的礼宾仪式，是人们在社会交往中，在礼遇规格、迎宾次序等方面应遵循的礼节、礼貌要求。在铁路客运服务中，客运服务礼仪是指铁路车站、列车服务工作中向旅客表示敬意的仪式和礼节，是客运服务礼节、礼貌规范的总称，是客运服务工作人员必须遵循的服务规范。它是铁路客运服务工作不可缺少的一部分，渗透在客运服务的方方面面，贯穿于客运服务始终。塑造现代铁路礼仪礼貌，不但是客运服务人员的工作需要，也是一个人道德文化修养的直接表现，更重要的是反映出铁路的企业形象。为了提高铁路客运服务人员的综合素质，保证铁路客运的优质服务，必须学习和提高服务礼仪礼貌。

二、客运服务的礼仪、礼貌规范要求

（一）仪　　表

仪表是人的外表，包括容貌、个人卫生和服饰等，是个人精神面貌的外在表现。良好的仪表可给旅客留下美好而深刻的印象，既有利于工作，也有利于塑造铁路的良好形象。客运服务

人员仪表的具体要求如下：

(1)着装要清洁整齐，工作时要穿统一制服，铁路制服要求整洁、端庄、得体、规范，给旅客以责任感。上岗前鞋袜、帽、领带(结)、帽徽、肩章、领章要佩戴整齐，胸卡、肩章等服务标志要正确佩戴，女士穿中跟或平跟鞋、肉色袜，不穿高跟鞋，男士应穿黑色皮鞋、深色袜，衣服纽扣要齐全扣好，不可敞胸露怀，不可卷袖子和裤脚。

(2)仪容要大方、整洁，精神饱满。男士不留胡须、长发，发脚不过耳、领，女士发不过肩。不留怪异发型，不披头散发。应淡妆上岗，不宜化浓妆，不宜使用香水和香粉。

(3)注意个人清洁卫生、爱护牙齿，早晚刷牙，饭后漱口，保持牙齿健康、清洁。勤洗手、常修剪指甲，勤洗澡、防汗臭，上班前不吃异味食品和不喝含酒精的饮料。头发要保持整洁，发型大方，不染彩色头发。

(二)表　情

表情是人的面部动态所流露的情感，在给人的印象中，表情非常重要，是服务态度的重要组成部分。在为旅客服务时应该做到面带微笑、和颜悦色，给人以亲切感；做到聚精会神、注意倾听，给人以尊重感；要坦诚待客、不卑不亢，给人以真诚感；要沉着稳重，给人以镇定感；要神色坦然、轻松、自信，给人以安慰感；不要带有厌烦、僵硬、愤怒的表情，也不要扭捏作态、做鬼脸、吐舌、眨眼，以免对旅客不尊重。

(三)仪　态

仪态是指人们在行为中所表现出来的姿态和风度，它包括站立、就座、行走的姿态，手势等。

1. 站姿

站立要端正，挺胸收腹，眼睛平视，嘴微闭，面带笑容，双臂自然下垂或在体前交叉，右手放在左手上，以保持随时向旅客提供服务的状态。双手不叉腰、不插袋、不抱胸。女子站立时两脚成“V”字形，双膝和脚后跟要靠紧。男子站立时双脚与肩同宽，身体不可东倒西歪。站累时，脚可以向后站半步或移动一下位置，但上体应保持正直。不可把脚向前或向后伸开太多，甚至叉开很大，也不可倚壁而立。

2. 坐姿

就座时姿态要端正。基本要领是入座时要轻缓，上身自然坐直，两腿自然弯曲，双膝并拢，男士可稍分开，双脚平落于地面。女士双膝脚跟必须靠紧；两手应掌心向下放在膝盖上或小臂平放在座椅两侧的扶手上；注意肩到肩紧贴胸侧，胸微挺，目光平视，面带笑容。就座时切不可有以下几种姿势：

(1)坐在椅子上前俯后仰，摇腿跷脚。

(2)将脚跨在沙发或扶手上，或架在茶几上。

(3)在上级或旅客面前抱着胸前、跷二郎腿或半躺半坐。

(4)趴在服务台上。

3. 走姿

行走应轻而稳，注意昂首挺胸收腹，肩要平、身要直，两臂自然前后摆动，摆动 30°到 35°为宜，肩部放松，重心稍向前倾。双脚直而不僵，提髋，双眼向前平视，嘴微闭，步幅适中均匀。女士走一字步，男士一般要求两脚跟走两条线，让两线尽可能靠近，步幅可稍大。走路时男士不可扭腰，女士不可摇晃臀部，行走时不可摇头晃脑、吹口哨、吃零食。不要左顾右盼，手插口袋或打响指。不与他人拉手，扭腰搭肩，不奔跑、跳跃。不得无理抢道先行。

4. 手姿

手姿是最具有表现力的一种“体态语言”，手势要求规范适度、得体。在客运服务中主要手势如下：

(1)与旅客交谈时，手势不宜过多，动作幅度不宜过大，谈到自己时可用右手掌轻指自己的左胸，给人以优雅、含蓄、彬彬有礼的感觉。

(2)为旅客引路、指引方向或介绍某人时，应面带微笑，眼睛看目标，手臂伸直，手指自然并拢，掌心向上，上身稍前倾，以肘关节为轴，指向旅客要去的方向。切忌用一只手指指点方向或旅客。

(3)在递给旅客东西时，应用双手恭敬地奉上，不能漫不经心地一扔，并忌以手指或笔尖直接指向旅客。

(4)敬举手礼时应穿着制服，戴好帽子，成站立姿势，右手掌要伸平与小臂平行，五指并拢，拇指稍弯曲贴于食指上，手臂抬起让中指指间轻触帽檐停留二三秒即可。若穿便装或虽穿制服但未戴帽子，应鞠躬致意或点头致意。

(四)举　　止

工作中举止要端庄、动作要文明，应做到以下几点：

(1)接待旅客要起立，迎接旅客应走在前面，送走旅客走在后面，与旅客对面相遇时要缓行，点头致意并主动侧身让路，不可与旅客抢道并行。在急速超越前面旅客时不可跑步，要口头示意并致歉后再加紧步伐从旅客左侧超越(在车厢内应侧身从斜侧超越)。

(2)在旅客多的地方走路时，要先打招呼，不得硬挤硬撞。旅客给自己让路时，要表示谢意。

(3)夜间在卧车作业、走路、关门要轻，不得喧哗。进包房要先敲门，允许后方可进入，离开时，应退出包房。

(4)在售票、查验票过程中，要双手或右手递接，切忌随手一扔。对老、幼、病、残或有困难的旅客要主动询问、热情关心，及时伸以援手。

(5)组织旅客上、下车时，不得强拉硬拽。清扫时，不得将清扫工具碰触旅客、物品，移动旅客物品时，应事先征得旅客同意并对旅客的配合表示谢意。

(6)对旅客应一视同仁，不能怠慢任何旅客。遇有工作失误之处，应向旅客表示歉意，不得强词夺理。

(7)与旅客接触要热情大方，举止得体，但不得有过分亲热的举动，更不能做有损国格、人格的事。

(8)旅客之间谈话时不得在旁窥视、倾听或插话；对穿着奇异、举止特殊的旅客不能指指点点、乱加评论。

(9)在旅客面前不能衣冠不整、赤膊拖鞋、睡眼惺忪、打哈欠、蓬头垢面、挖鼻剔牙、抓耳挠腮、打情骂俏、抽烟吃东西；不要指点、推拉旅客和随意搬动和翻动旅客行李物品。

(五)语　　言

为旅客服务时应使用普通话，讲究语言艺术，即做到口齿伶俐、吐字清晰、语言简练、自然大方、声音柔和、语调平稳、谈吐文雅、文明礼貌等。在具体的工作过程中，对旅客服务用语要求应做到：

(1)对旅客要做到勤为主、话当先。服务中要有“五声”，即旅客进门或上车有问候声、遇到旅客有招呼声、得到协助有致谢声、麻烦旅客有致歉声、旅客下车有道别声。杜绝使用“四语”，即不尊重旅客的蔑视训斥语、缺乏耐心的烦躁语、自以为是的否定语和刁难旅客的斗气语。

(2)遇到旅客要面带微笑,主动问好打招呼,称呼要得当,以尊称开口表示尊重,以简单亲切的问候及关照的短语表示热情。知道职务的称呼职务,不知道的可称呼“先生”“女士”等。切忌用“喂”来招呼旅客。即使旅客离自己距离较远,也不能这样高声呼喊,而应主动上前恭敬地称呼。

(3)接待旅客时要用礼貌语言向旅客表示问候和关心,即旅客到来时应热情问候:“您好,欢迎您光临!”服务过程中可以说:“您还需要什么?”

(4)客人离去时可以说:“再见,请走好!”一天中不同的时刻遇见客人分别说“早上好”“下午好”“晚上好”。

(5)与旅客对话时宜保持 1 m 左右的距离,要注意使用礼貌用语,应当“请”字当头,“谢”字不离口,表现出对客人的尊重。讲话时应态度和蔼,语言亲切、自然、表达得体准确,音量适中,以对方听清楚为宜。答话要迅速、明确。

(6)对旅客的话应全神贯注、用心倾听,眼睛要望着旅客面部,等旅客把话说完,不要随意打断旅客的谈话。也不要有任何心不在焉、不耐烦的表示。对没听清楚的地方要礼貌地请旅客重复一遍。

(7)对旅客的问讯应圆满答复。对旅客的投诉要耐心倾听和巧妙处理,千万不要和旅客争辩。对旅客过分或无理的要求能沉住气,耐心解释、婉言谢绝。当旅客表示感谢时,应微笑谦逊地回答:“不用谢,您太客气了!”在行走时遇有旅客问话时应停下回答。

(8)使用礼貌服务用语要十分注意选择恰当的词语,要求其文雅、规范。否则,会适得其反,失去礼貌的意义。如用“贵姓”代替“你叫什么”;用“××先生”代替“喂”等。

(六)基本礼貌用语

(1)称呼语:先生、女士、首长、老大爷、老大娘、小朋友、那位先生、那位女士、那位同志、那位首长等。

(2)欢迎语:欢迎光临、欢迎您乘坐我们这趟车、希望您旅途愉快等。

(3)问候语:您好、早上好、中午好、晚上好、晚安、见到您很高兴等。

(4)祝贺语:恭喜、祝您节日快乐、祝您新年快乐、祝您生日快乐、祝您生意兴隆、祝您万事如意等。

(5)告别语:再见、明天见、祝您旅途愉快、祝您一路顺风、欢迎您再来等。

(6)道歉语:对不起;请原谅;打扰您了;失礼了;对不起,让您久等了;请不要介意等。

(7)道谢语:谢谢、非常感谢等。

(8)应答语:是的、好的、我明白了、谢谢您的好意、不要客气、没关系、这是我应该做的等。

(9)征询语:请问您有什么事、需要我帮您做些什么吗、您还有别的事吗、这会打扰您吗、您喜欢……吗、您需要……吗、您能够……吗、请您……好吗等。

(10)婉言推托语:谢谢您的好意,但是……先生,很遗憾;恐怕不是这样的等。

(11)基本十字礼貌服务用语:请、您好、谢谢、对不起、再见。

(12)常用礼貌服务用语:请、您、谢谢、对不起、请原谅、没关系、不要紧、别客气、您好、再见。

(七)客运现场服务标准沟通语言示例

1. 窗口售票服务

旅客:“买一张今天下午 2:00 左右到杭州东的二等座车票。”

售票员:“好的,请稍等。下午 2:09 的 G99 次可以吗?请问您想怎样支付?”

(售票员将身份证件和“铁路行程信息提示”交给旅客。)“今天下午 2:09 的 G99 次杭州东一个二等座,请核对一下。”

2. 窗口改签服务

旅客:“我要改签上午 10:00 去杭州东的车票。”

售票员:“好的,请稍等。对不起,上午 10:00 的 G7681 次到杭州东只有一等座,请问您需要改签吗?”

(旅客表示需要。)“好的,请问您原票是用微信支付的吗?”

(旅客表示对的。)“改签后的票价比原票价高,请您用微信重新支付一等座票价,原来二等座票价会在 15~20 个工作日内自动返还到原支付账户。”

(售票员将身份证件和新“铁路行程信息提示”交给旅客。)“今天上午 10:00 的 G7681 次杭州东一个一等座,请核对一下。”

3. 窗口退票服务

旅客:“请帮我把今天下午到杭州东的车票退了。”

售票员:“好的,请稍等。”(系统显示已取报销凭证。)“您已领取了报销凭证,退票要收回报销凭证,谢谢。退票将扣 20%退票费。”

(旅客表示明白。)“今天下午 G99 次到杭州东的一个二等座已经退票,票款将在 15~20 个工作日内自动返还到原支付账户。”

(售票员将身份证件和退票费报销凭证交还旅客。)

4. 商务座专用通道验证服务

验证迎宾人员:“先生/女士,请出示您的身份证件。”

(确认商务座旅客身份后。)“×(姓氏)先生/女士,请收好您的证件,请您经过安全检查后直接进入商务座候车区候车,祝您旅途愉快!”

5. 商务座候车区候车服务

(旅客入座后。)商务座服务人员:“先生/女士,商务座候车区为您提供了自助小食和饮品,阅读区提供了相关报纸和杂志,开始检票时我们将在厅内为您提前办理检票,需要什么帮助,您可以随时联系我。”

旅客:“我需要×××。”

商务座服务人员:“好的,请稍等!”

商务座服务人员:“这是您的×××,请慢用!您的登车时间是××:××,请注意您的登车时间。检票后工作人员将带您前往×号检票口!其他有什么需要请随时联系我!”

6. 动车组列车商务座服务

(开车后。)商务座列车员:“先生/女士,欢迎乘坐我们的列车,我们给您准备了可乐、茶、矿泉水,请问您需要哪一种?”

旅客:“我需要×××。”

商务座列车员:“好的。”(饮料递给旅客时,提醒旅客。)“请当心。这是小食品,请您慢用!祝您旅途愉快!”

商务座列车员:“先生/女士,今天我们为您准备的午餐/晚餐是××、××,请问您需要哪一种?”

旅客:“我要×××。”

商务座列车员:“好的,请问您想大约几点钟用餐?/××点左右用餐您看可以吗?”

旅客:“××点吧。”

商务座列车员:“好的,先生/女士!”

7. 旅客列车车票查验

列车员:“您好,请出示一下您的证件,谢谢!”(确认旅客车票信息后。)“请收好您的证件,祝您旅途愉快!”

8. 遇有旅客在“静音车厢”接打手机、聊天

列车员:“先生/女士,您好！打扰了,本车是‘静音车厢’,请您到车厢连接处接打电话/聊天。感谢您的配合!”

9. 遇有旅客在“静音车厢”喧哗、打牌等

列车员:“先生/女士,您好！打扰了,这是‘静音车厢’,请您保持安静。感谢您的配合!”

10. 遇有婴幼儿在“静音车厢”哭闹

列车员:“先生/女士,您好！打扰您,请问是否需要帮助？这里是‘静音车厢’,请您带孩子到车厢连接处安抚。”(如安抚无效,可建议旅客调换至其他相邻车厢。)

三、不同岗位的服务礼仪

(一)贵宾室服务礼仪

贵宾室工作主要是迎接领导和为贵宾服务,给客人的第一印象至关重要。在贵宾室引导客人时要情绪饱满,走路的步幅、速度适中,保持上身和两肩平正,落落大方,主动热情地为客人服务。可先领旅客进贵宾室,稍后可给客人倒茶,并确认他所乘的车次及开车时间,如时间很充分,可给客人介绍一下本站情况或提供一些消遣的杂志、报纸等,时间到即可进站检票送走客人。语言、举止形态得体,彬彬有礼。

1. 迎送礼节

客人来到应主动迎上前去,向他(她)敬礼,并引客人入座,对重要客人应在门口迎接。引领客人时,应走在客人的右前方,距离保持二至三步。引客入座,应以轻捷的动作用双手拉开座椅,请客人就位。如果客厅摆有沙发,可直接用手势请客人入座。

客人离去时要热情相送。送客时,应走在客人的后方。保持二至三步的距离,将客人送到门口并亲切道别。迎送的客人乘坐小轿车时,应主动为他们打开车门。对重要的宾客应帮助提东西并送上车。车辆启动时,应面带笑容向客人挥手告别。迎送客人可以帮助提行李杂物,但不要帮助提公文包或手提包。

2. 给客人敬茶礼节

敬茶时要在另外的屋里把茶沏好后送上去。放茶叶时要使用茶勺,不得用手直接拿。敬茶给客人时,要用双手,切忌手指接触茶杯杯口。杯底要用毛巾擦干。续茶时应把茶杯端离桌几,以免倒在桌上弄脏客人衣帽。首次倒茶水,不能倒满,以五成左右为宜。要及时续茶,不能等客人喝干了再倒水。每次续茶也只能倒八成满,以方便客人饮用。

(二)软卧车服务礼仪

(1)站门岗时要保持标准的站立姿态。上车后由于火车的颠动,行走时步子要稳。软卧包房是旅客休息的地方,应尽量保持环境安静,服务人员不可大声说话,不要在通道上来回走动。如想提供服务或介绍本次列车的情况,应先敲门,以示尊重。

(2)对外宾及海外侨胞应热情友好、不卑不亢,不该问的不问,不该说的不说。

(三)硬卧车服务礼仪

车厢内行走要稳,遇旅客相遇要侧身让路,尽量避免碰撞旅客,打扰旅客要说“对不起”“请让一步”等谦语,夜间熄灯前要向旅客打招呼,对吸烟旅客婉言制止,要勤于打扫车厢、厕所及洗手间,不要在终点站前当着旅客面爬上爬下整理卧具。

(四)座席车服务礼仪

座席车厢上下旅客人数较多,旅客密度大,人员较复杂,乘务员应多加巡视,及时打扫车厢和厕所,保持车内清洁整齐。对旅客的询问解答、到站提醒更应耐心细致、态度和蔼,多开口服务,多用礼貌语言。对有困难的旅客及时给予必要的帮助和同情。

(五)餐车服务礼仪

(1)要求餐车服务人员服饰整洁得体,头发梳理平整,指甲修剪整洁,语言礼貌和气,精神饱满,步态轻盈,脚步要稳,躲闪灵活,手脚利索,观察仔细,及时了解旅客需要,提供满意的服务。

(2)迎宾入厅。旅客来到时,要热情迎上前并致以亲切的问候:“欢迎! 请问共有几位?”表情自然,和蔼可亲。

(3)引客入座。要根据客人的人数,合理安排位置,然后为客人奉茶,递茶给宾客时,切忌手接触茶杯杯口,使用玻璃杯时,避免客人烫着。

(4)恭请点菜。可为旅客介绍有特色的菜。

(5)侍候周到。上菜要讲究规格和操作程序,及时报菜名,简明扼要地介绍其特色,手指切忌触摸碗口、碟口,也不能碰及菜肴。

任务解析

“任务导入”中所述案例解析如下:

旅客:“我要改签上午10:01去北京南的车票。”

售票员:“好的,请稍等。对不起,上午10:01的G8次到北京南站只有一等座,请问您需要改签吗?”

(旅客表示需要。)“好的,请问您原票是用微信支付的吗?”

(旅客表示对的。)“改签后的票价比原票价高,请您用微信重新支付一等座票价,原来二等座票价会在15~20个工作日内自动返还到原支付账户。”

(售票员将身份证件和新“铁路行程信息提示”交给旅客。)“今天上午10:01的G8次北京南一个一等座,请核对一下。”

任务三　服务工作技能技巧

任务导入

某车站安检人员在检查一名旅客携带品时发现其携带了一盒烟花爆竹。

思考:

车站在查到旅客携带违禁物品时有哪些技能技巧?

知识讲解

一、客运服务人员基本服务技巧

客运服务人员基本服务技巧主要包括“看”“听”“说”“动”“笑”五方面。

(一)“看”的技巧

客运服务人员在“看”旅客的时候，首先要了解旅客的需求，旅客需求主要包括说出来的需求、没说出来的需求、真正的需求、秘密的需求等；其次要揣摩旅客心理，旅客究竟希望得到什么样的服务？为什么希望得到这样的服务？这是服务人员在观察旅客时要不断提醒自己的两个问题。因为各种各样的原因会使旅客不愿意将自己的期望说出来，而是通过隐含的语言、身体动作等表达出来，这时，就需要及时揣摩旅客的心理。“看”旅客的技巧主要有：

1. 观察旅客要敏锐，行动要迅速

观察旅客可以从年龄、服饰、语言、身体语言、行为、态度等角度进行，表情要轻松，不要扭扭捏捏或紧张不安；也不要表现得太过分，像是在监视旅客或对他本人感兴趣一样。如观察旅客喝水的需求：哪个旅客喜欢喝绿茶、哪个旅客喜欢喝红茶、哪个旅客只喝白开水，或者哪个旅客喝得快、哪个旅客喝得慢。

2. 观察旅客要投入感情

不同的旅客有不同的需求。通过旅客的眼睛去观察和体会，设身处地为旅客着想，投入感情地观察旅客，才能理解一切，才能提供优质有效的服务。遇到烦躁旅客，要有耐心，温和地与之交谈；遇依赖性旅客，要态度温和，富有同情心，为他们着想，提些有益的建议，别施加太大的压力；遇对服务不满意的旅客，对他们要坦率，有礼貌，保持自控能力；遇抱有试一试心理的旅客，他们通常寡言少语，要有坚韧毅力，提供周到的服务，并能显示专业水准。

3. 观察旅客目光接触要有技巧

有一个口诀是：“生客看大三角、熟客看倒三角、不生不熟看小三角。”与不熟悉的旅客打招呼时，眼睛要看他面部的大三角，即以肩为底线、头顶为顶点的大三角形；与较熟悉的旅客打招呼时，眼睛要看他面部的小三角，即以下巴为底线、额头为顶点的小三角形；与很熟悉的旅客打招呼时，眼睛要看他面部的倒三角形。

(二)“听”的技巧

服务人员经常易被人埋怨说得太多，但什么时候被人埋怨过“听得太多呢?”肯来投诉的旅客是服务人员的财富、宝藏，要珍惜他们，而倾听是缓解冲突的润滑剂。一线服务人员工作很忙，要特别注意耐心倾听旅客反映的问题。

1.“听”的步骤

(1)准备

与旅客洽谈、听其倾诉或投诉的时候，应做到：尽可能找一个安静的地方；给自己和旅客都倒一杯水；让双方坐下来，坐姿尽量保持 45°；带笔和记事本。

(2)记录

一线服务人员每天要面对许多旅客，每个旅客的要求都不尽相同，把旅客谈话的重点记录下来是防止遗忘最好的方法。记录与旅客的谈话，便于核对自己所听与旅客所要求的有无不同的地方；日后工作中，检查是否完成了旅客的需求；避免日后如“已经交代了”“没听到”之类的纷争。

(3)理解

检验自己所听到的与旅客所要求的是否一致,要注意:不清楚的地方,询问清楚为止;以具体的、量化的方式,向旅客确认谈话的内容;要让旅客把话说完,再提意见或疑问。

2.“听”的技巧

一名优秀的一线服务人员,要善于倾听。要倾听旅客的需求、渴望和理想,还要倾听旅客的异议、抱怨和投诉,要善于听出旅客没有表达的意思,即没说出来的需求、秘密需求。

(1)要有耐心

人人都喜欢好听众,要耐心地听。不要打断旅客的话头,旅客喜欢谈话,谈的越多,越感到愉快,就越会感到满意;要学会克制自己,多让旅客说话。

(2)要有真心

要带着真正的兴趣听旅客在说什么,学会用眼睛去听,千万不要漫不经心地听。要理解旅客说的话,要始终与旅客保持目光接触,观察其面部表情,注意其声调变化;不要以为旅客说的都是真的,对他们说的话打个问号,有助于认真地听。

(3)要有诚心

永远不要假设知道旅客要说什么,否则会因为自以为知道旅客的需求,而不去认真地听。在听完之后,问一句“您的意思是……”“我没有理解错的话,您需要……”等,以印证所听到的内容。很多服务人员在听旅客诉说的时候,常一边听一边紧张地思考对策,甚至不等顾客说完就急急忙忙地打断旅客的话,这只能令旅客的怒火越来越大。

(三)“说”的技巧

不同的语气包含着不同的语意:单调而平淡的语气——“我很烦,对你所说全无兴趣”;缓慢而低沉的语气——“我的心情不好,自己待一会儿”;嗓门高高的强调语气——“我对这件事情很感兴趣”;硬的、嗓门很高的语气——“我很生气,不想听任何事情”;高高的嗓音伴随着拖长的语气——“我不相信所听到的一切”。因此,旅客更在乎怎么说,而不是说什么。

1.“说”的技巧

(1)说“我会……”以表达服务意愿

当使用“我会……”这一技巧时,服务人员和旅客都会受益。许多旅客听到“我尽可能……”后,会感到很生气,因为他不知道“尽可能”有多大的可能。但当他们听到“我会……”后,就会平静下来,因为服务人员已表达了服务意愿以及将要采取的行动计划,旅客就会满意;通过使用“我会……”这一技巧,服务人员也能从中受益,当说出“我会……”而且列出了要采取的步骤时,就给了自己一个好的开端,会明确所必须采取的行动。

(2)说“我理解……”以体谅对方情绪

旅客需要服务人员理解并体谅他们的情况和心情,不要进行评价或判断。

(3)说“你能……吗?”以表达自己的要求

消除人们通常听到“你必须……”时的不愉快,这三个字会令大多数人恼火。用“你能……吗?”是一条快捷地得到想要的东西的途径;避免责备对方“你本来应该……”所带来的不利影响。当旅客听到“你本来应该……”时,几乎会不由自主地产生防范心理。

(4)说“你可以……”来代替说“不”

当委婉地说“不”时,会得到别人的谅解。设想一下,如果别人说了下面的话,会有何感受:“今天不行,你必须等到明天才有材料。”而更委婉一点的说法是:“你可以明天拿到材料。”人们通常更乐于听到可以做什么。

当服务人员不能完全满足旅客的要求，但的确还有别的办法时，可使用“你可以……”。尽管不能立刻帮上忙，但是却表达出真诚、乐于为对方提供服务的态度。

(5)说明原因以节省时间

人们天生就爱刨根问底。想一想，正在长大的孩子就总喜欢问“为什么”，当有人提供信息时，其他人最关心的、也是最想知道的就是“为什么”，基于这一实际情况，请先讲明原因。

2. 七不问

(1)不问年龄

不要当面问旅客的年龄，尤其是女性。也不要从别处打听旅客的年龄。

(2)不问婚姻

婚姻纯属个人隐私，向别人打听这方面的信息是不礼貌的。若是向异性打听，更不恰当。

(3)不问收入

收入在某种程度上与个人能力和地位有关，是一个人的隐私。与收入有关的住宅、财产等也不宜谈论。

(4)不问地址

一般不要问旅客的住址，这是不礼貌的。

(5)不问经历

个人经历涉及个人隐私，所以不要问旅客的经历。

(6)不问信仰

宗教信仰和政治见解是非常严肃的事，不宜询问。

(7)不问身体

不宜谈论旅客的体重、外貌等身体特征。

(四)“动”的技巧

人们之间进行交流时，55%的信息是通过肢体语言传递的，而语言只占7%。因此，肢体语言是一种更有效的语言。

1. 肢体语言

肢体语言主要包括头部动作、面部表情、手势、身体的姿态与动作四部分。

(1)头部动作

身体挺直、头部端正，表现的是自信、严肃、正派、有精神的风度；头部向下，表示谦逊、内疚或沉思；头部向前，表示倾听、期望或同情、关心；头部向后，表示惊奇、恐惧、退让或迟疑；点头，表示答应、同意、理解和赞许；头一摆，显然是表示快走；摇头，表示否定之意。

(2)面部表情

面部表情主要由面部表情、眼神、嘴的传递来表露。

脸上泛红晕，一般是羞涩或激动的表示；脸色发青发白，表示生气、愤怒或受了惊吓异常紧张；皱眉，表示不同意、烦恼，甚至是盛怒；扬眉，表示兴奋、庄重等多种情感；眉毛扬起后短暂停留再降下，表示惊讶或悲伤。

眼睛正视表示庄重；仰视表示思索；斜视表示轻蔑；俯视表示羞涩。

嘴不出声也会“说话”。嘴唇闭拢，表示和谐宁静、端庄自然；嘴唇半开，表示疑问、奇怪、有点惊讶，如果全开就表示惊骇；嘴角向上，表示善意、礼貌、喜悦；嘴角向下，表示痛苦悲伤、无可奈何；嘴唇撅着，表示生气、不满意；嘴唇紧绷，表示愤怒、对抗或决心已定。

(3)手势

手心向上，表示坦诚直率、善意礼貌、积极肯定；手心向下，表示否定、抑制、贬低、反对、轻视；抬手，表示请对方注意，自己要讲话了；招手，表示打招呼、欢迎你或请过来；推手，表示对抗、矛盾、抗拒或观点树立；单手挥动，表示告别、再会；伸手，表示想要什么东西；藏手，表示不想交出某种东西；拍手，表示欢迎；摆手，表示不同意、不欢迎或快走；两手叠加，表示互相配合、互相依赖、团结一致；两手分开，表示分离、失散、消极；紧握拳头，表示挑战、表示决定、提出警告；竖起拇指，表示称赞、夸耀；伸出小指，表示轻视、挖苦；伸出食指，表示指明方向、训示或命令；多指并用，表示列举事物种类、说明先后次序；双手挥动，表示呼吁、召唤、感情激昂、声势宏大。

(4)身体的姿态与动作

身体的姿态与动作所表达的意思同样是多种多样、丰富而又复杂的。

一般来说，双臂交叉抱在胸前这种姿态是企图防御对方精神上的威胁而下意识形成的防范动作。

如果双臂紧紧交叉，双手紧握，这就暗示出更强烈的防御信息和敌对态度，并会伴随着咬紧牙关，涨红脖子的面部表情。

如果双臂交叉中，用一只手握住另一只胳膊，这个信号显示了紧张期待的心情，也是一种试图控制紧张情绪的方式。如等待登机、等候拔牙、见到陌生人有点紧张或回答问题有些畏怯的时候。

如果双臂交叉中，两个拇指往上翘，这是表示泰然自若，或超然度外，或冷静旁观，或优越至上的信息，其中又包含着一定的防御态度。

如果一只胳膊横挎胸前，并用这只手握住另一只胳膊，这是一个人处于陌生的交际场合，缺乏自信，有点紧张不安时采取的姿态。

如果双手相握，还有伪装性的手臂局部交叉，这类姿势也带有防御性，但更隐蔽和微妙。

眉毛向上扬，头一摆，表示难以置信，有些惊疑。

用手揉揉鼻子，表示困惑不解，事情难办。

双手置于双腿上，掌心向上，手指交叉，表明希望别人理解，给予支持。

用手拍拍前额，以示健忘。如果用力一拍，则是自我谴责，后悔不已的意思。

耸耸肩膀，双手一摊，表示无所谓，或无可奈何，没办法的意思。

2. 恰当地使用肢体语言

(1)要知道运用肢体语言的“三忌”

一忌杂乱。凡是没用的，不能表情达意的动作，如用手摸鼻子、随便搓手、摸桌边等都是多余而杂乱的身体动作。二忌泛滥。空泛的、重复的、缺少信息价值的身体动作，像两手在空中不停地比画、双腿机械地抖动等，不但没用，而且极为有害。三忌卑俗。卑俗的身体姿势，就像街边的乞丐在乞讨着什么，视觉效果很差，非常损害自我形象。

(2)要坚持改善身体姿态的“三部曲”

第一步，要注意观察良好得体的姿势，适当模仿，掌握一定规律。如头部的正确姿势、面部表情、手势的正确运用、四肢的动作等。第二步，符合标准姿势。身体语言中有很多是约定俗成的，一定要符合标准。第三步，注意整体效应，也就是要注意适人、适时、适地的“三适”原则，即要在适合的时间、适合的场合、对适合的对象运用适合的身体语言。

(五)“笑”的技巧

微笑可以感染怒气冲天来投诉的旅客，使其调整态度，或者感到愉悦；微笑可以传递“见到你我很高兴，我愿意为你服务”的信息，激发服务人员的服务热情，为旅客提供周到的服务；微笑让服务人员处于一种轻松愉悦的状态，有助于思维活跃，从而创造性地解决旅客的问题。

1. 谁偷走了你的微笑

情景1——工作中的烦恼偷走了你的微笑。

“不该我负的责任却算到我的账上，好像是我的过错似的。要是我说这不关我的事，谁都不信，但是这的确不关我的事。”

情景2——人际关系偷走了你的微笑。

“工作的时候，那些对我的工作不懂的人对我瞎指挥，这些人中既有我的同事也有我的领导，真烦人，我又不能争辩。有时，他们甚至都不知道自己在要求什么。”

情景3——生活的琐事偷走了你的微笑。

“今天真倒霉，早上起床的时候，儿子不肯去幼儿园，上班的路上又塞车，紧赶慢赶还是迟到了，偏偏又被领导撞上，结果挨了一顿批，你说倒不倒霉。”

2. 如何保持微笑

说“E——”，让嘴的两端朝后缩，微张双唇。轻轻浅笑，减弱“E——”的程度，这时可感觉到颧骨被拉向斜后上方。相同的动作反复几次，直到感觉自然为止。

(1)微笑滤清器

安装一个情绪滤清器，把生活中、工作中不愉快的事情过滤掉。

一位优秀的服务人员，面对旅客时总能真诚地微笑。世上谁没有烦恼？关键是不要被烦恼所支配。到单位上班，将烦恼留在家里，回到家里，就把烦恼留在单位，这样就总能保持轻松愉快的心情。

(2)运用幽默

遇到烦恼的事情从反面设想，幽他一默，往往可以化解负面情绪，甚至使事情出现转机。而且幽默感不是天生就有的，而是可以通过练习，每个人都可以获得的。

(3)直接面对

这可能意味着要去做一个不想做的道歉，要发动一场讨论来修复宁愿忘掉的某个关系，或者要压抑一下自尊心。但是，有助于迅速解决问题，恢复轻松。

总之，要根据场合、对象和内容，具体而灵活地运用“看、听、说、动、笑”的技巧，成为一名“文质彬彬”的专业服务人员。

二、车站服务技能技巧

车站服务技能技巧包括在车站各个服务环节的技能技巧，下面着重介绍车站在售票、问讯、危险品检查、候车、出站、行李等服务环节基本的服务技能技巧。

(一)售票服务技能技巧

(1)售票员应勤练电脑操作技巧和掌握过硬的业务知识。售票时应用亲切、轻柔的声音向旅客问好，同时准确地为旅客售票。如遇售票高峰时，应用简练的语言配合熟练的电脑操作，快捷而准确地售票，以减少旅客排队等候时间。

(2)售票时，应做到热情周到。对问话啰唆、耽搁时间的旅客，不要表现出厌恶情绪。如果心情不好时，来一句“你烦不烦？上问讯处问清再来！到底买不买？不买别碍事！”或者干脆一句“没有了！卖完了！不知道！”把旅客打发走了事，会给旅客留下极坏的印象，甚至发生口角。

(3)如果旅客听不清讲话，应加大一点音量，稍加解释。当不太明白旅客的话时，可以把纸笔递给他，让他把站名写在上面，以免误售、误购。

(4)客流量较大、票额紧张、某车次车票已售完时，可以向旅客推荐其他车次，如“对不起，××车次已售完，但去××方向的还有××车次，时间都差不多，您考虑考虑”。

(二)问讯服务技能技巧

1. 一般问讯服务技能技巧

(1)当旅客前来问讯时，应面带微笑地正视他，并彬彬有礼地问一句“您需要帮助吗？”这样，很快就会消除旅客的焦虑和不安的情绪，双方可在融洽的氛围中交流。

(2)当旅客询问时，应热情回答他的提问。在路上遇到有人问讯时，应停下脚步主动关切地问他：“先生(女士)，您有什么事需要我帮忙吗？”以示诚恳和亲切。

(3)解答旅客问讯，不知道或拿不准的事不要信口开河、敷衍应付。应把旅客带到问讯处或有关岗位去咨询，直到旅客满意为止，力求做到问讯工作的善始善终。

(4)当旅客问路时，若知道他所问的地方，应清楚详细地告诉对方怎么走，必要时可以画一张路线图；若不知道，可以说：“对不起，先生(女士)，您说的这个地方我也不太清楚，不过您可以到车站问讯处，让那儿的工作人员帮您查一下地图，好吗？”这时，应马上带旅客到问讯处，或清楚地指示怎么走才能到问讯处。

(5)在问讯服务中，应尽量做到百问不厌、百问不倒。应积累丰富的知识，包括熟练掌握本岗位业务基础知识，多总结、积累、了解其他相关岗位业务知识。对交通、旅游、购物、餐饮、住宿、医疗等相关延伸知识也应多收集、了解，这样才能避免在旅客面前尴尬，急旅客之所急。

2. 问讯处服务技能技巧

(1)问讯处是旅客求助的中心，应为旅客提供整洁明亮的问讯环境和设施先进的问讯设备。设备尽量采取“开放式”，让旅客与服务人员面对面进行联网查询，有条件的车站还应安装触摸式电子查询设备，以供旅客查询。另外，还应提供丰富的问讯资料供旅客翻阅。

(2)面对旅客的询问，应双眼正视旅客，全神贯注地倾听，注意不要随便打断对方的问话，要让对方把话讲完。需要插话时，应在对方讲话告一段落后再进行。不要直接否定对方的讲话，更不要“抬杠”。如果没有听清旅客的问话时应说：“对不起，请您再说一遍，好吗？”

(3)回答询问时要站立端正，使用普通话，声音大小适中，语气要温和，耐心、愉快、准确地回答。同时，应注意对旅客一视同仁，不以貌取人，以丰富的业务知识，用自己的热情、真诚来赢得每位旅客的信任。当旅客表示感谢时，应微笑谦逊地回答：“不用谢，这是我应该做的。”

(4)如果有众多旅客询问，要从容不迫地一一作答，不能只顾一位，冷落了其他人。凡是答应旅客随后再答复的事，一定要守信用，适时做出答复。

(三)危险品检查服务技能技巧

(1)要引导旅客将行李及随身携带品通过安检仪检查，旅客通过安全门检查。

(2)发现可疑物品时应开箱(包)检查，必要时也可以随时进行开箱(包)检查。检查时最好不要当着其他旅客的面开箱(包)，应主动说“谢谢您的合作”，并协助旅客把包放到危险品处置台；检查过后，应向旅客表示感谢：“对不起，给您添麻烦了，祝您旅行愉快，再见。”

(3)使用手持金属探测仪和手工摸拭的方法，对旅客进行人身检查；其中对女性旅客进行人工手检时，必须由女性安检查危人员负责。

(4)发现违禁物品，应保持平和的心态，向旅客详细指出哪些物品属于违禁品，严禁带进站、带上车，并按规定做好登记、处置工作，遇有难以处置的问题应及时报告现场执勤民警。

(四)候车室服务技能技巧

候车室应保持整洁明快、清新、高雅的良好卫生环境。为此应讲究卫生宣传艺术,要注意语言艺术,让旅客自觉维护环境卫生。

1. 卫生宣传

(1)礼貌的语言不仅表示对他人的尊重,而且会让不讲卫生者自己觉得不好意思,记住改正。比如,在劝阻旅客吸烟时,可和颜悦色地说:“对不起,先生,我们这是无烟候车室,请您到吸烟室吸烟,好吗?”然后再告诉他吸烟室在什么地方,那么,这位旅客会很自觉地把烟熄灭。

(2)通过广播宣传时,忌用生硬的语气进行宣传,如“根据××部门的规定,一不准……二不准……否则罚款”等。这种生硬的语气让人听后感觉很不舒服,甚至会使旅客产生逆反心理。

(3)在候车室中,通过布置通俗、醒目、富有文化品位的“禁烟”标志、保持整洁的宣传栏以及简洁明快的候车布局、条理分明的座椅摆设和一尘不染的窗户地面,都会无声地提醒旅客“这是一个文明的场所”。让旅客受到心灵的启迪,自觉维持好环境卫生。

2. 清扫卫生

(1)清扫卫生应把握好清扫时机,不能不分时间、场合随意清扫。可选择旅客们清醒、闲聊时或用餐后再进行清扫,以便及时地把吃剩的果皮、剩饭菜等清理干净。不可在检票前进行清扫,这样会影响旅客检票的秩序,造成混乱。可选择在本次列车检票结束后再行打扫,既没有干扰,又可彻底地清扫。

(2)清理卫生时,清扫工具不触碰旅客及携带物品。挪动旅客物品时,征得旅客同意。需要踩踏座席时,带鞋套或使用垫布。

(3)清扫卫生时要注意干净利索,不要盲目图快,更不能毛手毛脚,敷衍了事,以免灰尘四起。还要尽量注意不弄出声响,以保持候车环境的安静舒适。可划分出责任区,做到“日常保洁,随脏随扫”。

(4)清扫时服务态度应热情,语言表达上应该更多地体现出相互尊重。例如,扫地需要旅客配合时,可以轻轻地说:“对不起,先生,请您抬一下脚。”或者说:“劳驾,请您抬一下脚,别碰着您。”扫地结束后,要感谢旅客的配合,及时说一声“谢谢”。切忌用训斥、命令、过激的语言,如“抬抬脚,听见没有?”或者“你躲开,躲远点,碰你身上我不管”。

(5)候车室面积大,旅客较多,卫生工作难保持。在候车室适当位置设置一定数量的垃圾箱(桶),方便旅客随手投放垃圾,可以有效地保持地面干净,减轻工作劳动强度。

(6)卫生间清洁卫生。卫生间应指定专人清扫,卫生间通风良好,做到干净无异味,地面无积水,便池无积便、积垢,洗手池清洁无污垢。饮水处地面无积水,饮水机表面清洁无污渍,沥水槽无残渣。

3. 旅客候车

(1) 候车区内设置候车引导屏,显示车次、始发站、终到站、开车时刻、检票口、状态等信息,告知、引导旅客到达指定的候车检票地点。

(2)候车室(区)旅客可视范围内有客运人员,及时巡视、解答旅客咨询、妥善处置异常情况。

4. 检票

(1)开始、停止检票时间的设置适应客流量和站场条件,进站口有提前停止检票时间的提示。开始检票或列车到站前,通告车次、停靠站台等检票信息。普速中型、大型车站始发列车检票时间不晚于开车前30分钟。

(2)自动检票机通道和人工检票通道正常启用，通道数量适应客流情况，并提供商务座旅客快速检票进站服务。引导旅客通过自动检票机、人工检票通道分别排队等候、检票进站，提醒旅客拿好车票或身份证，防止尾随。具备居民身份证自动识读检票条件的自动检票机正常启用。人工检票口核验车票和其他乘车凭证，对车票加剪。

(3)对无票、日期车次不符、减价不符、票证人不一致等人员按规定拒绝进站、乘车。

(4)如果发现有个别旅客扰乱秩序，应该用和蔼的语气劝阻："对不起，这位先生(女士)，请您按先后顺序检票。"切忌大声呼喊训斥或推搡旅客，这会引起周围旅客的反感。可以用手或身体非常文雅地挡在旅客前边，态度严肃、语气坚定地说："对不起，这位先生(女士)，请问您的乘车凭证呢？"或者说："对不起，先生(女士)，这趟车是对号入座，您必须凭票上车。"还可以说："先生(女士)，请您先补张车票后再进站，好吗？"

(5)检票停止后再有旅客赶来时，应该制止他进站。同时，用和蔼亲切的语气耐心地安慰他，并帮助旅客出主意："先生(女士)，您别着急，您改乘××次列车同样可以到达。您可去售票处办理改签手续。如果您需要的话，我可以帮您去办理，您看可以吗？"切不可对旅客刻薄生硬地埋怨、粗暴地阻挡。

(五)出站服务技能技巧

1. 出站引导

(1)在站台、地下通道、出站口等处设置完善的出站方向引导标志，"无声"地引导旅客出站。换乘客流大的车站根据需要设置站内换乘流线，配备相应的设备和引导标志。

(2)出站检票人员提前到岗，检查自动检票机、出站显示屏状态和内容。

(3)引导旅客通过自动检票机和人工检票通道检票出站，具备居民身份证自动识读检票条件的自动检票机正常启用。人工检票口核对乘车凭证，秩序良好，防止尾随。

2. 补票

(1)对违章乘车旅客及违章携带品正确处理，票款收付准确。发现旅客没有乘车凭证想混出车站时，不应大喊大叫、尖酸刻薄地训斥、挖苦，也不要用力地拉拽或推搡旅客。可以用手或身体礼貌地挡住他，声音平和缓和、语气委婉地告诉他到补票处去补票。

(2)当看到旅客拿的包很重很大、背着都吃力，有可能超重时，不能生拉硬拽让旅客去补收运费。可主动走上前去，帮他抬着走，唠家常式地说："先生，您从哪里来呀，就您自己拿这个大包，可够重的。"然后，再切入主题："先生，您拿的这包好像有点超重了，上车时怎么没去托运呢？我帮您拿去称下重量，好吗？"如果确实超重，应及时向旅客指出："先生，您看，您的包都超10公斤了，应该补收运费。"如果没有超重，应及时向旅客道歉："对不起，给您添麻烦了。"

(3)补费时，应和颜悦色地用通俗易懂的语言描述相关的补费规定，并准确地说出应收费用，该补多少就补多少，不能含糊其词。

(4)旅客没钱补票或不愿意补票时，应注意避免与旅客争吵，更不能拿旅客的物品做抵押或接受旅客的赠品，对确实没钱补票的旅客，按相关规定办理。碰上蛮不讲理的旅客，可把他请到值班室，耐心和蔼地向他解释，等到他心平气和时再补票(补费)。必要时可由公安值勤人员出面，尽量避免与旅客之间产生摩擦，激化矛盾。

(六)行李服务技能技巧

1. 行李托运

(1)托运大厅内应有专人接待、指导旅客去办理相关托运手续，并注意观察旅客刚进入托运大厅的神态和举止。如果旅客走进后，只是略微辨别一下方向径直走向承运窗口，说明他对托运程序比较了解，只需稍做引导便可。如果表现出东张西望、犹豫不决的样子，则很可能是不经常出门或未办理过托运的人。这时，应主动招呼，问明事由，及时地引导与讲解。

(2)对年纪大的、不识字的旅客，可帮他填写"托运单"或包装货物，办理好托运手续。如果是残疾旅客，应热情帮助他们办理一切相关托运手续，减轻他们的负担。

(3)办理托运手续时动作要快，要确认旅客乘车的车次，以免弄错。

(4)如果有老幼病残或有急事需优先办理托运手续者，一定要向其他旅客说明缘由，通过商量和解释，取得其他旅客的同意和谅解。

2. 行李承运

(1)承运窗口应多备一些托运单，多放一些钢笔、圆珠笔等，以方便旅客办理托运时填写。包装备品也要备足，不要等到货件多时不够用而手忙脚乱。还要提前认真检查电子查危仪、台秤以及制票机等，避免因出现故障而影响办事效率。

(2)承运时，应用亲切、轻柔的声音向旅客问好，以快捷、准确的服务对行李进行查危、检包、称重、制票。办理行李承运要注意旅客乘车车次、托运次数等，以免弄错、收错运费。

(3)检查行李包装时态度友好，认真仔细。对于某些容易碎裂、变形、损坏的物品(如瓶装酒、玻璃、瓷器等)，还要向旅客详细说明包装的规格、要求，让旅客自觉配合工作。

(4)夹带违禁品的旅客，一般都会表现得不自然、说话也往往语无伦次。在查危时，可观察和辨别旅客的表情、语气以及行李的外表、包装、气味等，发现有可疑之处，进行认真的检查。对夹带了违禁品的旅客，不能一概大帽子压人，令他们难堪。要根据当时情况灵活对待，情节严重的，可以通知公安人员前来处理。

(5)查危仪出现故障需开包检查时，动作要轻缓适宜，对取出的物品要摆放整齐、保持干净。检查完毕，原样放回，千万不可胡乱一塞，更不能私自窃取、索要旅客的东西。

(6)承运后的行李，在装卸过程中应轻拿轻放，始终把行李当作自己的物品小心关照，并快速、完好地把行李送到目的地。

3. 行李交付

(1)行李入库后，应事先把它们分批按类码整齐、有序地放好，便于查找。

(2)行李到达后，应当及时通知旅客，最晚不得超过到达次日 12:00。旅客询问逾期行李是否到达时，铁路运输企业应及时予以查找。

(3)旅客(收货人)前来领取行李时，应及时快速、准确地找到行李，尽快把行李交付给他们。若行李有破损，应诚恳道歉，按章赔付。

(4)对长期未被领取的行李，应妥善保管好，并根据旅客在行李票上留下的姓名、地址积极主动地进行查找，想方设法把行李及时送交到主人手中。

三、列车服务技能技巧

列车服务技能技巧，主要包括车门迎接服务技能技巧、列车上的服务技能技巧和立岗送别服务技能技巧等。

(一)车门迎接服务技能技巧

(1)在车门立岗迎接旅客时，态度要诚恳、热情、礼貌、周到，目光应关注旅客，并用亲切的语言表示欢迎："您好，欢迎乘车！"

(2)车门口发生拥挤现象时，应按先后顺序维持排队秩序，及时提醒旅客看管好自己的行李物品。遇到老人、小孩和行动不便的旅客要主动搀扶、给予帮助。

(二)列车上的服务技能技巧

1. 车厢整容

(1)旅客上车后,应提醒旅客放稳行李以免坠落伤人;对于送客的亲朋好友,应在开车前及时提醒他们下车。

(2)硬座车人员多,秩序容易乱,对乘车经验少的旅客、老幼病残旅客以及行李较多的旅客,应主动引导,尽快帮他们找到座位,把旅客安顿好,使车内秩序尽快平静下来。

(3)引导中要注意对号入座,如果该座位坐有其他旅客,应请其离座。当旅客主动离座时,应主动说:“谢谢您的合作。”碰到少数拒绝让座的旅客,切忌用生硬语言刺激旅客,应积极寻找空座位,缓解矛盾。

(4)整理行李架时,应主动向旅客解释,以取得旅客的配合,如:“旅客们,为了给大家创造安全舒适的环境,现在开始整理车厢,请予合作,谢谢!”

2. 清扫卫生

(1)清扫时,动作要轻,需要旅客帮忙时要说“劳驾,请您抬一抬脚”“麻烦,挪一挪您的包行吗,免得弄脏”“打扰,请把茶杯拿一下,我给您清理一下茶几”。清扫后,要把旅客物品或行李放回原处摆放好。

(2)清扫厕所,旅客正在使用时,不要敲门催喊,要耐心等待旅客使用完毕后再清扫。

(3)清扫工具不触碰旅客及携带物品。清扫工具不慎碰脏了旅客或物品时,要主动道歉,并想办法帮旅客擦干净。需要踩踏座席时,带鞋套或使用垫布。

(4)注意随时提醒旅客讲究卫生,见有人随地扔果皮、纸张,可轻声提醒他:“请把杂物放在茶几上好吗?我马上过来清理。”见有人往地上倒茶水,应劝告他:“请不要把茶水洒在地上,免得滑倒他人。”或不妨屈身帮他拣起乱扔的果皮、纸张,用拖布拖干净茶水。

3. 核对乘车凭证

(1)核对前要事先做好广播或口头宣传:“旅客们,现在开始核对乘车凭证,请大家把乘车凭证准备好,谢谢!”

(2)验票时,应亲切客气地对旅客说:“请出示您的乘车凭证。”认真仔细查验完毕后,要有礼貌地将乘车凭证还给旅客,同时说:“请收好您的乘车凭证,谢谢!”切忌使用“查票啦,把乘车凭证拿出来”“为什么不买票”“补票去”等生硬、冷漠的语言对待旅客。

(3)碰上不理不睬、不配合的旅客,无论他出于什么原因,都不能计较,可略提高音量,态度和蔼地说:“先生(女士),请出示您的乘车凭证,如果您没来得及买票,可以办理补票手续。”

(4)对无票乘车或是以没钱等各种托词不愿补票的旅客,可在乘警的协助下向他指出:“先生(女士),如果您实在无法补票,列车将按章编制客运记录,请您在前方大站下车,由车站协助当地政府为您解决困难。”

变“查票”为“验票(核对乘车凭证)”,变换一下客运人员和旅客的角色,体现以人为本的人文关怀,体现铁路为旅客服务的思想,旅客也更能接受。

4. 对重点旅客的服务

(1)对各类残疾旅客和老人,应主动介绍列车设施及作用,尽可能地为他们提供方便,做到帮拿行李、搀扶上下车、帮助安排卧铺或找座位、联系三餐、端茶送水、协助上厕所等。

(2)儿童旅客好动,发现其有危险举动时,要及时制止,提醒其父母看好自己的孩子,同时,注意观察他们是否还有类似的危险举动。

(3)孕妇旅客易疲劳,行动不方便。可安排一个方便走动的下铺或座位,动员周围旅客轻走动、轻交谈,给她们创造一个安全、良好的休息环境。

(4)发现有突发性精神异常的旅客,可及时给旅客创造一个相对隔离、安静的环境。通过广播找医生,以药物控制病情,指定专人看护,多对旅客说些宽慰的话,播放一些节奏舒缓、旋律优美的音乐,尽量减轻旅客的压力,转移旅客的注意力,以助旅客恢复平静的心情。

(5)对气短脸红、患有心脏病的旅客,应引起警惕,及时关注,了解他的心脏急救药品放在什么地方,并委托他的同伴或周围旅客及时给他关照,避免发生不测。

(6)对刚动过手术或患有糖尿病的旅客,应及时主动和他们联系,关心他们的起居饮食,需要的话,可请餐车做特殊的"病号饭"。

(7)为外宾服务应举止得体,谈吐彬彬有礼,不卑不亢,并适当掌握、学习一些简短的列车常用外语以及国外的风俗习惯、宗教知识、生活禁忌、礼貌礼节等。对外宾的称呼要合适,可根据不同性别、年龄,称为"先生""女士"等。若外宾有无理要求,应委婉拒绝。

5. 列车广播

(1)广播常播内容录音化。广播员应使用普通话,具备清晰标准的发音和吐字、抑扬顿挫的语调、适当变化的语言节奏等语言基本功。播音时,语言要生动形象、悦耳动听。语气应亲切自然,做到口语化播音,不能就稿论稿,就句论句,语言干瘪、贫乏、浅薄。经停民族自治地区车站的列车可根据需要增加当地通用的民族语言播音。过港列车可增加粤语播音。直通列车可增加英语播报客运作业信息。

(2)列车广播语音清晰,音量适宜,用语准确,不干扰旅客正常休息;自动广播系统播报正确。普速旅客列车广播内容丰富,更新及时,形式多样,健康活泼,不干扰旅客正常休息;视频播放画面清晰,外放声音不得影响列车广播的正常播放,且音量不得高于 30 dB。

(3)动车组旅客列车广播、视频内容以方便旅行生活为主,介绍宣传安全常识和车辆设备设施的使用方法,提示旅客遵守安全乘车规定,播报前方停站、到站信息等内容,可适当插播文艺娱乐、文明礼仪、沿线风光、民俗风情、餐食供应、广告等节目。

(4)普速旅客列车广播内容以方便旅行生活为主。始发前,播放旅客引导、行李摆放提示、列车情况介绍以及禁止携带危险品、禁止吸烟等内容。运行中,播放列车设施设备、旅客安全须知、旅行常识、旅行生活知识、治安法制宣传、卫生健康、餐售经营等宣传及前方停站、到站信息预播报等内容,适当插播文艺娱乐、文明礼仪、地方概况、沿线风光、民俗风情、广告等节目。

6. 餐车服务

(1)餐桌台布应色彩明快,令人赏心悦目。每一张餐桌上摆设的压台酒、酱醋壶、烟灰缸等器皿,要做到"形状、大小、花色"三个一致并定位摆放。

(2)旅客就餐时,要及时齐全地摆放茶杯、汤匙、食碟、筷子、餐巾纸等餐具,筷子要用纸包装,餐巾纸摆放于碟中,汤配汤匙,食碟齐全,对有豁口、裂纹的餐具要及时调换,不要上桌。

(3)服务时,应着装雅致、整洁卫生。主动询问就餐旅客的基本口味要求,通知厨师做出符合客人口味的饭菜。上菜时,要做到饭菜汤"三同到",并报出菜名。上齐后,要轻声询问:"先生(女士),菜已上齐,您还需要什么吗?"旅客进餐时,应敏锐观察旅客的一举一动,随时满足需要。旅客就餐完毕,要迅速撤掉碗筷,擦净餐桌,让新入座的旅客尽快就餐。

7. 终到服务

(1)列车终到前,应进行车内保洁,确保终到站时车内无垃圾、污水、粪便、异味。保洁时要面带微笑,动作轻快而不忙乱地倾倒果皮盘和小茶桌上的杂物。倾倒茶水时要征询旅客同意后再倒掉。同时注意提醒旅客将小茶桌、铺位、座位上的小件物品收好。

(2)清洁地板时,可辅以"请让一下""请抬一下脚"等话语,让旅客有所准备。遇有行李挡住时,不妨说:"可以移动一下吗?"以请旅客配合。地板清洁后要提示旅客"行走小心,注意安全"。对带小孩或年龄较大的旅客则请他们等地面稍干后再行走。

(3)临近终点站,卧铺车厢乘务员应到铺位上、包房里提醒旅客下车,并适当向旅客介绍终到站的中转换车、市内交通、住宿等情况。

(4)卧具不能提前收取。对于深夜或清晨到达的列车,即使旅客没有在铺上休息,也不能收取卧具,以免影响其他旅客的休息。对于白天或晚间到达的列车,旅客没有在铺上休息的,可以适当整理卧具,以保持车内整洁。整理卧具时,尽量做到静悄悄、轻手轻脚,减少对旅客的干扰。

(三)立岗送别服务技能技巧

(1)到站后,车门立岗的乘务员应以饱满的热情、整洁的形象、标准的姿势以及亲切的态度和话语,有礼貌地向不同的旅客道别,如"请慢走""感谢您乘坐本次列车""欢迎下次再来""下次再见"等。

(2)对下车旅客,应根据实际情况给予适当帮助,如帮助带较大行李的旅客提一下行李,帮助带小孩的旅客抱一抱小孩,搀扶老人和病、残行动不便的旅客下车,冬天在冻滑的梯子上垫块小方布等。

任务解析

"任务导入"中所述案例解析如下:

检查前,应主动说"谢谢您的合作",并主动伸手帮旅客把包放到检测仪上或抬到桌上进行例行检查。检查中,对旅客携带物品有疑问时,最好不要当着其他旅客的面检查包内的违禁品,应把包拿到一旁,协助公安值勤人员开包检查。发现了违禁品,应保持平和的心态,向旅客详细指出哪些物品属于违禁品,严禁带进站、带上车,同时没收违禁品。

能力测评

一、判断题

1. 客运站是城市的大门,是旅客聚集的地点。(　　)
2. 始发站检票前,乘务员应做好各种准备工作,严守车门,扶老携幼,迎接旅客。(　　)
3. 礼仪是对他人态度的外在表现和行为规则。(　　)
4. 礼貌是人们在社会交往、人际交往时相互表示友好和尊敬的行为规范。(　　)
5. 礼节是指人们在行为中所表现出来的姿态和风度。(　　)
6. 女子站立时两脚成八字形,双膝和脚后跟要靠紧。(　　)

二、单选题

1. 表情是人的面部动态所流露的(　　)。

A. 心理　　B. 性格　　C. 情感　　D. 脾气

2. 男子站立时双脚与(　　)同宽,身体不可东倒西歪。

A. 肩　　B. 胯　　C. 腰　　D. 胸

3. 男士标准坐姿中两手应掌心向下放在(　　)上或小臂平放在座椅两侧的扶手上。

A. 大腿　　B. 膝盖　　C. 小腹部　　D. 椅面

4. 手姿是最具有表现力的一种(　　)。

A. 肢体语言　　B. 沟通姿势　　C. 体态语言　　D. 沟通手语

5. 铁路客运工作人员与旅客对面相遇要缓行,点头致意并(　　)让路,不可与旅客抢道并行。

A. 主动侧身　　B. 主动绕行　　C. 主动后退　　D. 主动闪开

6. 铁路客运工作人员遇需要敬茶情景首次倒茶水时不能倒满,以(　　)左右为宜。

A. 八成　　B. 七成　　C. 六成　　D. 五成

三、多选题

1. 铁路女性客运职工应淡妆上岗,不宜化浓妆,不宜使用(　　)。

A. 口红　　B. 香水　　C. 香粉　　D. 眼影

2. 客运服务人员行走时两臂自然前后摆动,摆动(　　)到(　　)为宜。

A. 30°　　B. 32°　　C. 35°　　D. 38°

3. 铁路客运工作人员纠正旅客违章行为时,应使用“(　　)”。

A. 请　　B. 劳驾　　C. 谢谢　　D. 您好

四、简答题

1. 车站服务工作包括哪些具体内容?

2. 什么是客运服务礼仪?

3. 客运服务人员在工作中的举止要求是什么?

4. 基本十字礼貌服务用语是什么?

5. 问讯处服务有哪些基本的服务技能技巧?

6. 列车上清扫卫生的服务技能技巧是什么?

五、实践题

1. 运用本项目服务礼仪知识技能,情景模拟,角色扮演实际操练录像,对录像进行点评。

2. 走访铁路站车,做一份站车文明服务的调研报告。

项目七　铁路旅客运输服务工作理念与策略

项目内容

认识服务工作理念的类别及适用性，开展人性化、创新性、全过程等服务工作。利用有形展示、服务品牌、特色服务等策略，开展设计、实践工作。项目七内容导图如图 7-1 所示。

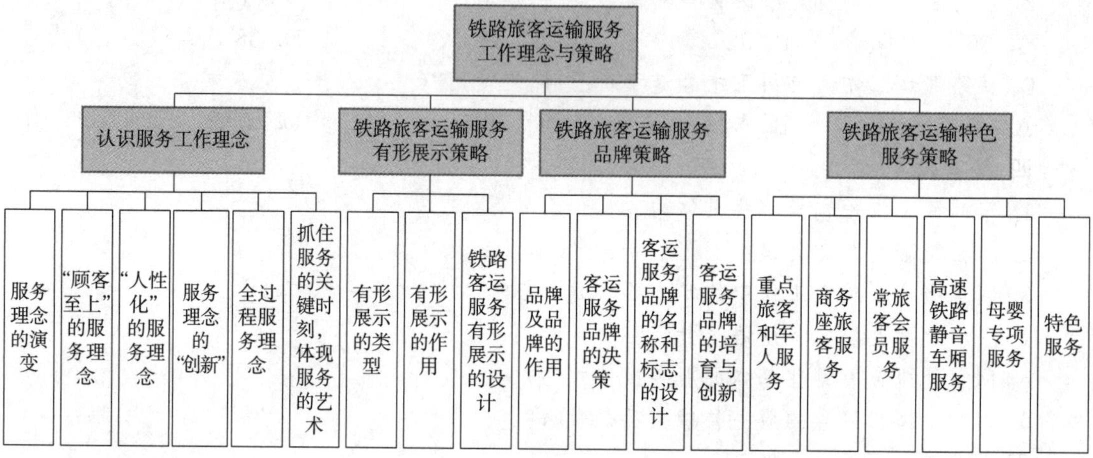

图 7-1　项目七内容导图

学习目标

1. 知识目标

(1)了解服务理念的一般知识及其在铁路旅客运输中的应用实践。

(2)了解有形展示的类型、作用。

(3)了解客运服务品牌化决策策略。

(4)掌握客运服务品牌培育与创新的手段、途径。

2. 能力目标

(1)会开展铁路客运服务有形展示的设计工作。

(2)会开展铁路旅客运输特色服务工作。

3. 素质目标

(1)彰显公益服务时代特色，培育家国情怀。

(2)全过程贯彻“人民铁路为人民”的服务宗旨，践行平等、诚信、友善等社会主义核心价值观。

学习建议

结合近年来铁路旅客运输实践中的典型案例，有针对性开展教学工作。

国家职业标准、铁路客运特有工种技能培训规范链接

国家职业标准《列车长》《客运值班员》，铁路特有工种技能培训规范《列车长》《客运值班员》《铁路客户服务员(客运)》。

任务一　认识服务工作理念

任务导入

成都局集团公司成都客运段担当普雄至攀枝花5633/5634次"小慢车"坚持"以人为本、旅客至上"的服务理念，推出"情、亲、真、引"四字工作法，精细服务百姓出行，守护"小慢车"开行。

思考：

5633/5634次旅客列车如何体现"以人为本、旅客至上"的服务理念？

知识讲解

一、服务理念的演变

市场经济是一种竞争性经济，企业之间竞争的焦点之一是服务。用什么样的服务理念指导服务活动，对于企业能否赢得竞争优势、把握经营的主动权十分关键。

所谓服务理念，指人们从事服务活动的主导思想意识，反映人们对服务活动的理性认识。

1. 单纯奉献型服务理念

(1)卖方市场形成了单纯奉献型服务理念

在卖方市场，企业经营活动的着眼点是企业生产什么，就卖什么，只要有了产品，就不愁卖不出去。这时，服务好坏对企业经营活动没有太大影响，企业不太重视服务工作。

(2)单纯奉献型服务理念的特征

把服务问题归属于商业道德和精神文明的范畴，看成是企业对社会的一种无偿奉献，缺乏改善服务的内在经济动力。

(3)经营特征

企业只言"义"，不言"利"，把抓服务当成政治任务，用运动式的检查、评比等办法硬性推动，这种片面认识和做法，显然不符合市场经济条件下办企业的规律，不能从根本上解决服务质量问题。

2. 经济型服务理念

在买方市场，企业经营的着眼点是努力拓展销售渠道、扩大市场占有率、增加商品销售量。这时，服务水平高低对企业销售活动和经济效益影响很大，而且越来越成为企业竞争力大小的一个重要标志。于是，很多企业开始把服务纳入经营范畴，从提高企业经济效益的角度抓服务，千方百计挖掘服务的经济价值。

近几年来，随着科学技术迅速发展，消费需求变化速度加快，产销矛盾和市场竞争加剧，顾客地位不断提高，以顾客为中心的市场营销观念开始形成。一方面，企业源于经济动机，开始把有关生产、销售、广告、服务等都集中到"满足顾客需要"这一目标上来，整体推进企业的生产和营销活动。另一方面，很多企业开始认识到"服务是奉献与获取经济利益的统一"这一新的服务理念。其主要特征体现在：

(1)视顾客为亲友

顾客的“顾”有拜访之意，“客”即客人、宾客。顾客一词即可解释为经常拜访、光顾企业的客人。把顾客当亲友，在与顾客交往中，就不能单纯地把企业与顾客的关系视为“一手钱，一手货”的金钱交换关系，而应该看到企业与顾客之间还存在着相互支持、相互信赖、相互促进的非金钱关系。只有用高质量的情感服务接待每一位顾客，才能使顾客以更大的热情购买更多的商品来回报企业，企业与顾客的关系才能步入良性循环轨道。

在企业服务实践中，对顾客以亲友相待，应以微笑的面孔、百倍的热情欢迎每一位顾客的光临。在为顾客服务中，应该想顾客之所想，体察顾客心理，当好顾客参谋，解决好顾客的各种难题，努力创造高品位的消费环境，提供高品位的服务，使顾客融消费于文化享受之中。

(2)顾客永远是对的

“顾客永远是对的”这种服务思想，其内涵显然不是从具体的一时一事角度界定的。因为顾客也是人，人非圣贤，孰能无过，顾客在接受服务过程中，也不可避免地会说错话、做错事，即顾客不可能永远是对的。

“顾客永远是对的”是把顾客作为一个整体来看待。这里所说的“顾客”也不是指单个具体的人，而是把顾客作为一个整体来看待的。企业为整体的顾客服务，不应该挑剔个别顾客的个别不当言行，更不能因为个别顾客的个别不当言行影响到企业对整体顾客的根本看法。

“顾客永远是对的”是从服务者和被服务者的关系出发的。在企业为顾客服务过程中，企业是服务者，顾客是被服务者，服务者为被服务者提供服务，自然应该以被服务者的需要和意志为转移。

因此，在处理与旅客的矛盾时，要从旅客和多争取客源的角度考虑，不应该当面指责旅客，不给旅客难堪并巧妙地维护其自尊，同时也维护了企业的形象，巩固了旅客和企业的良好关系。当然，“旅客永远是对的”并非绝对，如果旅客违法、严重“越规”或蛮不讲理的，则另当别论。如某次列车硬座车厢严重超员，一位抱着孩子的女乘客硬挤进乘务室，坐在座位上，使该男列车员非常为难。因铁路明文规定“乘务室不准有闲杂人员，严禁男女混坐”，旅客应该被照顾，规章又必须遵守。在进退两难时，列车员及时查阅“旅客去向登记表”，查找到前方站下车的旅客，为旅客解决了座位，问题得到了圆满解决。

(3)把顾客视为企业的主宰

企业把顾客作为企业的主宰，既是由企业的经济属性，即企业谋求更高盈利的原始经营动机决定的，也是由企业的社会性质决定的，是奉献与获取经济利益相统一的服务理念的具体体现。

视顾客为企业的主宰，应尊重顾客权利，把尊重顾客在接受服务时的安全权、知情权、选择权、公平权、被赔偿权、受尊重权、监督权等作为自己的天职，认真履行应尽的义务。根据顾客的需要决定企业的经营方向，根据顾客的需要选择企业的经营战略。建立“顾客满意”的服务标准，并依标准增加服务投入，增设服务项目，改善服务措施，建立全面服务质量管理保证体系，使企业各部门都围绕“顾客满意”这个目标而开展工作，最终保证企业服务质量得以全面提高。

(4)强化现代服务理念，提升服务品位

理念支配人的行为，服务理念决定着企业的服务面貌。市场经济的发展，带来企业服务竞争的升级，迫切要求企业迅速更新理念，在现代服务理念支配下，把服务问题提高到战略高度来认识，在服务上不断追求高目标，提升服务品位，创造服务特色。

(5)正确处理好服务与经营的关系

改变人们认为“经营效益是硬指标、服务效益是软指标”的片面认识，解决重经营、轻服务的片面做法，形成经营与服务互相促进、一体化发展的良性循环的运行机制。

广州局集团公司广九客运段的一代代乘务员们，不忘初心、牢记使命，始终传承“心中有国、心中有责、心中有德、心中有爱”的精神，践行“拒腐蚀、永不沾”的承诺，不断更新服务理念，不断提升服务水平，照亮前行路，温暖旅客心。在改革开放之初，探索了“问一声您好，拿一拿行李，扶一把旅客，做一件好事，送一个微笑，说一声再见，提供一项特色服务，旅客不满道一声歉”八个一服务法。随着改革开放的深入，提炼出 Smile(微笑)、Safe(安全)、Silent(安静)、Sweet(亲切)“4S”服务法，运用到整个广州局集团公司的高速动车组列车上。目前，车队服务标准再次升级，打造的“形象美、气质美、仪态美，服务好、设备好、体验好”“三美三好”服务标准，被纳入广州局集团公司“U 彩”服务品牌建设内容，全面推广运用。

二、“顾客至上”的服务理念

树立以顾客为中心的观念是从传统的商品为中心向新型的消费者为中心的转变，其主导思想是把企业的兴衰存亡置于消费者主宰之下，让消费者引导市场，成为市场的主人。

营销活动的本质在于“经营”消费者。从形式上看，企业的营销活动要同政府、社会打交道，同资源产品打交道，并主要同产品打交道。但从更深的层次看，决定产品价值及生命的是消费者，没有消费者的产品不是真正的产品，如果脱离消费者，企业则成无源之水、无本之木，商品则不能实现“惊险的跳跃”。

顾客中心观念不是孤立的思想行为，它是多种观念相互作用的结果。这些观念主要是：顾客创造市场观念、顾客创造利润观念、顾客创造质量观念、顾客创造机遇观念、顾客利益观念和创造顾客观念。

1. 顾客创造市场观念

顾客是市场(市场＝人口＋购买力＋购买欲望)的第一要素，顾客不仅决定了市场规模、市场类型，而且决定了市场命运、市场趋向。人们对交通工具的消费，刺激了汽车、火车等市场由低级向高级的发展；人们对服饰的消费，则刺激了纺织品市场及服装市场日益成熟。根据顾客的需求，及时培育市场是企业走向成功的重要一步。

2. 顾客创造利润观念

顾客是企业的“衣食父母”，是企业利润的真正源泉。企业的利润来源于市场，而市场的直接体现者则是顾客。企业把顾客视为“上帝”，是因为失去了顾客就失去了企业的根本利益。一些明智的企业家便纷纷在“竞争顾客”上下功夫。

铁路离不开旅客，旅客是铁路服务的对象，旅客的到来，不是一种打扰，而是一种支持。旅客的合理需求应该得到满足，只有热情周到地服务，使其满意，旅客才会继续光临。旅客有自己的好恶，应真诚地体谅旅客、理解旅客，毕竟胡搅蛮缠的旅客是少数，当旅客对服务提出不满意时，应站在旅客的角度多检讨自己，挖掘不足，更好地为旅客服务。

3. 顾客创造质量观念

(1)顾客是产品质量的评判者、监督者。

(2)顾客是产品质量的创造者。企业内部职工对产品质量的保证作用是不可少的，但仅仅靠企业，其质量的保证既不能持久，又不能提高。顾客对质量的最终否定权、对产品质量的要求规定了理想模式，顾客标准等于质量标准，从而使顾客处于质量的主导地位。

4. 顾客创造机遇观念

市场是有机遇的，但创造机遇的不是别人，而是千千万万、形形色色的顾客。顾客所掀起的一次次消费热潮，在市场上形成了一次次机遇。能科学把握消费者行为的企业，掌握机遇的概率就必然高一些。

5. 顾客利益观念

为顾客利益着想是企业营销的出发点，使顾客满意是企业营销的价值。服务的中心是旅客。服务行业有一句流传很久的话，就是“顾客永远是最重要的”。铁路旅客运输离不开运输工具、服务人员、更离不开旅客。旅客是服务活动的对象，他们应该受到尊重。因此，服务的中心理所当然是旅客，绝不是所谓的“领导”。

6. 创造顾客观念

创造顾客观念是从企业生存和发展出发，全面分析消费者行为，通过一系列行之有效的促销活动，为本企业吸引众多的忠实顾客。这一观念的意义在于：

(1)决定企业命运与前途的外部环境是消费者，创造顾客是企业一切工作的中心。

(2)顾客是可以创造的，问题的关键是找到创造顾客的科学方法和途径。

(3)消费者行为反映了消费者购买动向，企业营销要从分析消费者入手。因而，从现代营销观念方面说，凡是成功的企业家，一般都是创造顾客的高手。

称旅客是“上帝”，是对旅客的尊重，主要是突出旅客在运输企业中重要和特殊的地位。作为“上帝”，无论什么种族、什么性质和性情的旅客，满足其服务要求是服务的第一任务。

因此，在实际工作中，按章办事也要做到有礼、有仪、有节，学会尊重旅客，一切为了旅客。

三、“人性化”的服务理念

旅客在旅行中的需求是客运企业提供服务的前提。客运需求具有丰富的内容和层次，按美国著名心理学家马斯洛的消费需求层次理论：每个人都有需要和欲望，随时等待和向往满足，只有未满足的需要才会形成引起行为的动机；人的需要从低级到高级具有不同层次，只有当低一级的需要得到相对满足时，高一级的需要才会起主导作用，成为支配人行为的动机。需要强度由大到小，分为生理需要、安全需要、社会需要、尊重需要和自我实现需要等。

1. 客运消费需求的满足

消费者的年龄、收入水平、出行目的等不同，对客运产品的需求也不同，掌握消费者对客运服务的不同需求层次，是做好服务工作的前提。

(1)基本需求的满足

基本需求主要指旅客在旅行过程中能满足其基本的生理需求，安全准时地到达目的地。如能提供座位、吃饭、喝水、上厕所等的方便。基本需求对所有的旅客均必须满足，客运服务主要工作要解决旅客的基本需求问题，基本需求不解决，更谈不上高层次的需求了。

(2)不同层次需求的满足

在满足旅客的基本需求以后，服务的重点要满足不同层次旅客的高层次需求。如旅游专列，可重点介绍沿途的风景名胜、旅游的安全注意事项，提供食宿一条龙服务；节假日列车可为旅客送节日礼品，开联欢晚会，为旅客过生日，为新婚青年开庆祝晚会等。通过这些活动，丰富旅客的旅行生活，使坐火车旅行成为一种享受，这些都是满足旅客高层次的需求。

(3)满足旅客的特殊需求,提升服务品位

对特殊群体的旅客,要本着“人民铁路为人民”的宗旨,用爱心拓宽服务途径,满足这部分特殊旅客群体的特殊需求,为他们的旅行创造便利条件。

在2023年春运中,北京西站“036”候车室为重点旅客提供一流的安全候车环境,为特殊重点旅客提供接送站服务专用的轮椅、担架,设置“重点帮扶区”,对年纪太大无法久坐、手术后无法坐立的旅客提供可躺式座椅,对不会使用智能手机网络购票的老人,在售票厅开设无障碍敬老“慢”窗口,为老年人提供购票、咨询、12306网站注册等服务。

2. 围绕旅客需求推行人性化服务

近年来,随着经济的发展和社会文明的进步,旅客对出行的要求也越来越高,他们不仅要求走得了、更要求走得好,其应运而生的服务功能的内涵就表现在具有“人性化”,广大旅客希望在出行过程中得到尊重,满足个性化的需求,享受到超值的服务。人性化的服务、人文关怀、人道主义等,为社会所包容,是社会发展的一个更高的境界,追求个性化,从亲情服务上展现人文关怀。

大连站推出“五对五服务”,对单独乘车行动不便的老年旅客,提供送出站、送上车服务;对残疾、重病旅客,提供轮椅、担架和“120”陪护服务;对行动不便的孕妇旅客,提供“红衣队”无偿服务;对贵宾、首长,提供安全、有序、通道顺畅服务;对上下车旅客,提供安全、方便、就近登车和出站引导服务。走进车站,让人在视觉和听觉上均能感受到铁路对旅客的人文关怀。

列车软卧车厢专门制作了“请勿打扰”“请送开水”“请整理房间”三块指示牌,乘务员应根据旅客需求提供服务。有的旅客习惯头朝里睡,垃圾桶尽管有盖,但也有异味,对健康不利,应将其从茶桌下移走。把暖瓶放在茶桌下面,方便夜间需要喝水的旅客。上、中铺旅客的鞋子放在外边,下铺旅客的鞋子放在铺位下方的中间位置,方便旅客。这些措施的推出体现了铁路对旅客的关怀。

成都局集团公司开行的高品质“熊猫专列”旅游列车,按照为旅客提供集“吃、住、行、游、购、娱”于一体、独具巴蜀文化特色的高端“移动星级酒店”理念,配置紧急呼叫按钮、安全智能电子锁具、智能服务系统、无线网络(含5G信号)、观景长桌、点歌、影音娱乐、USB充电装置、恒温淋浴系统等人性化服务设施,更加注重人性化服务。

四、服务理念的“创新”

1. 推行无干扰服务

标准化服务是铁路的特色,“无干扰”服务是旅客的需要。为了保证旅客运输的服务质量,铁路长期执行的是标准化作业,列车服务人员严格按作业标准为旅客提供服务。随着铁路人性化服务的推出,“无干扰”服务的时机已经成熟。因此,铁路在直达特快列车、动车组列车积极推行“无干扰”服务,实行列车整备和乘务分开,乘务员只在刚上车不久到房间为旅客沏茶、倒水、供餐……其他时间不到房间内服务,以免影响旅客休息。但每个卧铺包房内都有一个紧急呼叫按钮,旅客如果需要,只要轻按按钮就可以得到乘务员的上门服务。运行中乘务员只对环境卫生进行保持性的清理,推行悄声服务,禁止穿梭叫卖等影响旅客休息的行为。

高速铁路动车组列车正在推行“静音车厢”,很多列车推行“四轻、三动”无干扰服务法,“四轻”为说话轻、走路轻、关门轻、动作轻,“三动”为旅客坐我勤动、旅客静我少动、旅客睡我轻动,有的列车乘务员穿软底鞋为旅客提供“无声”服务。旅客在安静的车厢充分享受舒适的旅行生活,收到了很好的效果。

2. 推行情感化服务

随着社会的发展,旅客的服务需求不断提升,铁路回报给旅客的服务也应不断提升,仅仅做好程序化、规范化服务工作已经远远不够,要以智能化、情感化服务给旅客们多一份舒适,这才是服务魅力所在。

青春筑梦雪域天路,一座车站就是一座温馨的港湾。拉萨站客运运转车间党支部书记斯朗卓玛从一张笑脸、一句问候、一个手势、一个站姿开始,率先垂范,凡事都从细处着手,总结归纳出了"热情、细致、耐心、熟练"服务法,把每名旅客都当作自己的亲人。她学会了"察言观色",通过听声音、看面色,就能判断旅客高原反应的程度,然后提供氧气、体检等服务。"假如我是一名旅客,我想得到什么样的服务?"斯朗卓玛总是从旅客角度出发,查找不足,创新服务举措,提炼了"六字验票法",设立了"爱心广播站",还主动联系西藏自治区气象部门在候车大厅安装显示屏,实时播报西藏地区天气信息。"实实在在干好一件事"是斯朗卓玛给自己的定位。在她和车站客运人员的努力下,拉萨站"五彩哈达"服务中心已经从候车室延伸到售票厅和出站口,成为促进民族团结的桥梁。

3. 进行服务创新

"创新是民族进步的灵魂,是国家兴旺发达的不竭动力。"铁路实施和谐发展的重要目标之一就是实现服务创新,铁路客运企业正在积极进行服务创新的探索。

北京局集团公司北京南站"润秋服务组"树立"享受服务、快乐旅行"新理念,创新提炼了"三勤三到"服务法,即"勤微笑、勤观察、勤问候,眼到、话到、手到";针对老年旅客行动不便、眼力听力减弱的情况,推出"一扶、二问、三引导"的"全程服务法",即搀扶老人防滑到、问清车次和去向、全程引导陪送;根据高速铁路旅客特点,提出了"六式六心"服务法,即预约式服务法让旅客省心、主动式服务法让旅客暖心、倾听式服务法让旅客舒心、专属式服务法让旅客称心、承诺式服务法让旅客放心、特办式服务法让旅客顺心。"润秋服务"已成为中国高速铁路熠熠生辉的靓丽品牌。

站车的温馨提示牌,引导旅客快捷、准确地找到车厢号,如"←×号～×号车厢,×号～×号车厢→"。

4. 搞好"公益化"服务

铁路企业具有公益性的特点,承担了很多政府的职能,铁路在搞好运输生产经营的同时,还要做好公益性的工作,为创建节约型社会、和谐社会做出努力。

谐音"义务帮"的南京站"158"雷锋服务站是一个专门为老、幼、病、残、孕等重点旅客提供义务服务的班组,历经四代人的传承,孕育形成了"敬业爱岗甘当螺丝钉,无私奉献甘当践行者,温暖社会甘当一团火"的"158"精神,提出了"火车有终点、大爱无疆界"的服务理念,致力于把友爱传递得更远,把友善传播到社会,为上百万南来北往的旅客提供真诚帮助和优质服务。

2023 年 7 月 1 日起施行的《铁路运输服务质量监督管理办法》明确规定,铁路运输企业应当因地制宜改善设施设备条件,优化旅客列车开行方案,丰富服务举措,开好公益性"慢火车",服务好革命老区、民族地区、边疆地区旅客。各地铁路部门优化服务举措、延伸服务功能,"列车集市""移动自习室""列车招聘会"等多种活动在公益性"慢火车"上开展,沿途群众腰包越来越鼓、日子越过越红火。全国各地公益性"慢火车"不间断地穿行,几十年来票价不涨,被沿途群众誉为"幸福慢车"。

五、全过程服务理念

旅客乘火车进行一次旅行，从开始计划旅行到到达目的地有一系列的环节，因此旅客希望得到的服务不仅仅是上车到下车的旅途服务。铁路运输部门应该从旅客旅行的全过程考虑旅客的服务需要，旅客旅行需要的主要服务项目见表7-1。

表7-1 旅客旅行需要的服务项目

序号	项目	可能需要的服务	提供服务单位
1	计划旅行	提供各种详细的信息，如时刻表、车票、目的地旅馆、市内交通等信息	铁路及相关单位
2	订车票	提供多种便捷的售票、订票服务	铁路及代理机构
3	托运行李	旅客自己托运行李，委托相应机构进行门到门服务	铁路、公路及邮政部门
4	车站候车	舒适、安全的候车环境；便捷、安全的行李寄存；购物、就餐等商业活动	铁路及商业机构
5	上车	明确的指示标志，引导旅客上车；行李上车	铁路站车单位
6	途中	舒适、安全的乘车环境；列车正晚点信息；娱乐、餐饮、办公等服务	铁路及餐饮机构
7	下车	正确的到站、停站时间信息；换乘车次信息；目的地天气、旅馆信息	铁路及相关单位
8	出站	明确的指示标志，引导旅客出站；行李下车	铁路站车单位
9	转乘市内交通	市内交通信息	相关单位
10	旅游	旅游信息	相关单位

从表7-1可以看出，一次旅行旅客需要的服务繁多，其中很多项目不是铁路本身就能完全提供的，但对旅客来说，只要能以最便捷的方式得到高质量的服务，并不在乎这项服务由谁提供。例如，旅客到了目的地后需要去旅游，如果旅客在车站的代理点办理旅游登记能够享受到同等质量的旅游服务，就不会专程去旅行社办理。为了提供全方位、全过程的客运服务，铁路部门必须走出去与一些相关单位（如公路、邮政、商业机构）进行合作，使旅客得到的每项服务都是最好的，这样，铁路与相关单位都会从中受益。

六、抓住服务的关键时刻，体现服务的艺术

服务看起来简单，做起来不容易，做好更难。要做好服务工作，关键是什么？瑞典学者诺曼提出的"服务关键时刻"理论是对服务的关键很好的解释。

服务关键时刻，就是指顾客光顾企业的任何一个部门发生联系的一瞬间，在短暂的接触中，服务员的行为与顾客的感觉直接发生作用。因此，每一细节、每一瞬间都可能是决定性的，直接影响旅客接受服务的结果。铁路服务的关键时刻很多，主要有售票、检查危险品、进站检票、上车等时刻。

（一）售票时刻的服务艺术

车票是请柬，售票窗口是铁路服务的前沿阵地。售票员只需几句简单的问答和几个简单的动作。在这短暂的交流中，要让每一位旅客抱着希望而来，带着满意而去，必须要讲售票的艺术。

1. 掌握基本功，提高售票速度

售票工作最重要的是快速、准确，没有过硬的基本功是很难做到的。为此必须加强客运业务知识的学习，熟练掌握售票的手段和方法，提高售票速度。

2. 规范操作，展示铁路窗口的形象

铁路的售票窗口明亮、清新的环境，售票员热情周到的服务、熟练规范的操作，就好像一道亮丽的风景，展示在广大旅客的面前，给旅客带来美好的第一印象。

3. 把服务热情融进每一张车票，留住旅客

现在，各种交通运输企业竞争十分激烈，企业间为留住旅客想尽招法，而售票窗口是留住旅客最好的场所，同样的旅客，不同的售票员产生的效果完全不同。例如，旅客要求买的车票没有了，如果售票员简单地一句"票没了"，完全有可能把旅客拒之门外，如果讲"对不起，本次列车的车票没有了，但去该方向的还有其他车次，时间差不多，您能否考虑考虑？"产生的结果可能完全不同。

(二)检查危险品时刻的服务艺术

1. 宣传是最重要的

检查危险品的宣传工作最重要，危险品的检查必须有旅客的密切配合才能共同完成，通过宣传让旅客了解携带危险品进站上车的后果，营造和谐的检查空间，消除旅客的紧张感和不满情绪，主动配合完成这项工作，而不是被动地完成。

2. 开包检查有学问

如机器检查有问题或者需要开包检查时，不能用命令式的生硬语言，而应用商量式的语言，如"需要检查一下您的行李，请配合一下好吗？"让旅客自己开包进行检查。

3. 强化法制意识，果断处理危险品

一旦查到危险品，应保持平稳的心态，严格按规章及时果断处理，不要蛮不讲理，也不要犹豫不决。如属于应没收的危险品，必须给旅客讲明没收的道理并出具收据，避免旅客误解。

(三)进站检票时刻的服务艺术

1. 掌握好检票的时刻

过早检票不利于铁路的管理工作，过迟检票旅客会产生急躁的情绪，应根据列车的停站间隔、旅客的流量和进站线路的长短，合理安排好检票的时刻，确保每位旅客准时上车。

2. 把好进站检票关

旅客进站往往比较匆忙，情绪也比较激动，管理不善很容易造成拥挤、伤及旅客，这就要求服务人员通过耐心细致的解释工作，消除旅客的紧张情绪，有序地组织旅客进站。

(四)上下车时刻的服务艺术

1. 站车服务不分你我

车站的工作人员要认真做好引导旅客上下车工作，列车员要做好旅客的上下车工作，相互间要协调配合，共同组织好旅客的乘降作业。站车工作人员回答旅客不能说："对不起，这是列车(车站)的事，不是我的工作范围。"通过站车的努力，共同维护铁路的信誉。

2. 搀扶旅客要真心

遇重点旅客时，要搀扶其上下车。搀扶要真心诚意，不能似搀非搀，造成旅客跌伤。

3. 服务动作要得体合适

对不同的旅客采取不同的服务方式。对年轻的旅客提个醒："请您注意。"对异性旅客提供服务动作要注意性别上的差异，防止旅客误解。

4. 给旅客及时提醒

有些旅客第一次乘车，乘车经验不足，携带品的遗失情况时有发生，给旅客带来一定损失，也给铁路增加了很多遗失品的处理工作。列车员必须仔细观察，及时给旅客提醒，减少携带品的遗失。

服务的关键时刻还有很多，如送水、扫地、致迎宾词、劝阻旅客吸烟等，研究这些关键时刻服务的策略，是提高服务质量的关键。

“人民铁路为人民”是中国铁路的光荣传统，是人民铁路的一贯宗旨。全体员工只有真心、热情、周到地为旅客服务，研究服务工作的策略，满足旅客的一切合理需求，铁路才能更好地走向市场，才会有更加美好的明天。

任务解析

“任务导入”中所述案例解析如下：

列车服务注重“情”，通过学习旅客运输心理学，了解旅客情绪情感等需求，全面推行“热心服务、用心交流、细心观察、耐心聆听、真心付出”的“五心”服务法，营造文明、温馨和友爱的旅行环境；对旅客坚持“亲”，始终坚持亲情服务，以讲故事、交朋友、谈心交流等多种方式，架起与旅客沟通的桥梁；对标准坚持“真”，始终坚持做到有无检查一个样、客流是否超员一个样，以“让标准成为习惯，让习惯成为自然”作为班组管理的基准，始终贯穿于服务工作的全过程；对职工坚持“引”，根据岗位特点、能力素质、个人特长、旅客需求，开展“争当服务明星”星级乘务员评选活动，引导班组职工立说立行落实职责。通过开展“凉山情”主题实践活动，增强职工融入感、认同感、归属感和责任感，营造学先进、比先进的浓厚氛围，促进服务质量全面提升。

任务二　铁路旅客运输服务有形展示策略

任务导入

铁路运输企业在疫情防控期间持续推进“无接触式”服务。

思考：

铁路运输企业在疫情防控期间持续推进“无接触式”服务有哪些做法？

知识讲解

促销工作是企业市场营销组合的重要内容，由于客运产品不具有实物形态、不能展览、不能陈列，其促销形式受到一定程度的影响。但铁路运输的工具、服务信息、客票票价、人员、站舍、服务环境等服务线索却以实物形式存在，能够看得见、听得到、摸得到、感觉到或者享受得到，铁路完全可以借助于这些有形的服务线索，将信息传递给消费者，对消费者进行有效的外部刺激，影响消费者的购买决策行为，提升服务的档次。

一、有形展示的类型

服务有形线索是指服务过程中能够被旅客直接感知和提示服务信息的有形物，是服务行为的一种表现形式，是以实物形式来表现服务本身的内涵。运输企业借助于这些有形要素来推销无形产品的手段就是服务的有形展示。客运服务的有形展示根据服务线索的特点可分为服务环境、沟通信息和服务价格等。

(一)服务环境

1. 直接展示(感受)的因素

直接展示(感受)的因素是顾客直接感受到的环境刺激,用来美化铁路企业的形象。如人性化的站舍设计、现代化的售票手段、舒适的候车环境、干净整洁的车厢等,这些因素直接影响旅客的感受,提高企业的吸引力。

2. 间接展示(感受)的因素

间接展示(感受)的因素主要指周围环境因素,如候车室(包括车厢)的空气质量、噪声、气氛、环境卫生等。这些因素对服务工作产生的影响很大,如果旅行环境很差,服务再好,服务质量的总体水平也会大打折扣。

3. 社会因素

社会因素指一切参与并影响运输服务的人,包括旅客和服务人员。服务人员的外在形象(外貌、着装打扮、气质等)和内在素质(服务态度、热情等)成为服务水平高低的重要表现和象征。一位衣冠不整缺乏热情的服务人员,是无法和高水平联系到一起的。因此,服务人员的形象直接影响铁路整个企业的形象。同样,旅客大声喧哗、满地乱丢果皮,展示了旅客的不文明,更体现了铁路管理不到位、服务不到位、设备不到位的问题,因此旅客的行为也是有形展示的重要内容。

(二)沟通信息

信息沟通是另一种形式的有形展示,信息来自企业的本身,也来自其他地方或人员。这些信息主要有服务信息、形象信息和公共信息等。

1. 服务信息

服务信息指直接为旅客旅行提供服务帮助的有关信息,主要有列车时刻表、票价表、旅行常识、行李托运须知等。

2. 形象信息

形象信息指展示运输企业形象的信息,如宣传"中长期铁路网规划""新运行图实施""人民铁路为人民""环保型旅游列车""交通强国,铁路先行"等,展示铁路企业的良好形象。

3. 公共信息

公共信息指为广大旅客服务的信息,如广告、风景名胜、生活小常识等信息,通过这些信息的沟通,拉近了铁路和旅客间的距离。

(三)服务价格

"质价相符"反映了产品的价格是对服务水平和服务质量的有形展示,高价格与高水平、高质量有一定的联系。旅客在完成旅行消费的过程后,必然会比较票价与服务质量是否相符,是"价廉物美""好货不便宜",还是"便宜没好货"。铁路通过"廉价""优质优价""提速不提价"等价格展示,使旅客感受到铁路服务的"物超所值"。

二、有形展示的作用

有形展示是运输企业促销工作的一项重要内容,是提高服务质量的一种重要手段,形象的展示再加上优质的服务,服务产品才会更加完美。

1. 有利于识别服务理念

现在,在激烈的服务市场竞争中,服务企业越来越讲究服务的理念,而抽象的服务理念通过有形的服务环境可以得到具体的提示，从而有利于顾客的识别。“人民铁路为人民”是铁路服务的宗旨，铁路客运三年提质计划、复兴号动车组列车开行等较好地践行了这一服务宗旨。

2. 有利于识别服务特色

由于服务的无形性，服务企业的服务特色比较难于识别，而服务环境能起到提示服务特色的作用，从而有利于服务特色的识别。如用“绿色通道”来展示服务的方便，餐车服务员的民族服装展示了浓郁的地方特色。

南昌局集团公司 T167/168 次列车，用小小的一块抹布，体现服务的特色。列车上使用的抹布不仅干净，而且分为不同的颜色和用途，还有着不同的寓意。红色抹布是用来擦果壳盘的，寓意“火红的心”；绿色抹布是用来擦地板的，寓意“环保”；白色抹布是用来擦洗脸池和方向牌的，寓意“洁净、清爽”；蓝色抹布是用来擦扶手的，寓意“像海水般清澈”。

3. 有利于推广服务创新

由于服务的抽象性，服务创新的推广是比较困难的，而如果将服务创新与服务环境的设计结合起来，就可利用服务环境的提示作用帮助服务的推广。如铁路通过互联网售票、自动售票机、自动检票机提供铁路客运服务，这些服务环境的设计越好越简便，相关的创新就越容易被旅客所接受。

4. 有利于烘托和提高服务质量

由于服务的无形性，服务质量较难被旅客识别，而服务环境可以提示服务质量，增强其识别度。高质量的服务设施和工具，可以向旅客提示高质量的服务，即服务的“硬件”质量可以“烘托”服务(“软件”)本身的质量。铁路开行的复兴号动车组与其他动车组相比设施设备更加完善，服务更加人性化。头车增设司机登乘门，便于司机上下车，避免通过商务车厢登乘司机室干扰旅客休息。餐车增设 1 台自动售货机，可为旅客提供自助购买水果、饮料、零食等服务。8 辆编组列车在 4 号车厢、17 辆编组列车在 8 号车厢专门设置无障碍车厢，配备更宽的通过门、无障碍卫生间、轮椅放置区等。车厢所有座椅均基于人因工程学进行了优化，旅客乘坐更加舒适。小桌板杯托凹槽深度加深，提高水杯放置的稳定性。一等座椅增加了可调节头靠、电动腿靠等，将原来设置在座椅扶手上的小桌板改为设置在前排座椅靠背上。二等座椅靠背上增加了 USB 充电接口，小桌板上增加了手机卡槽，方便旅客使用手机和充电。商务座椅采用包间式结构和半人高隔断，打造“一人一舱”私密空间。列车的空调机组采用变频技术，温度调节更准确，噪声更小，车厢更安静，不仅使旅客的体感更舒适，还可降低能耗 10%。车厢顶部设置 29 寸宽屏电视，可左右分屏同时显示列车运行和娱乐节目信息。卫生间设置智能照明，当检测到有人进入后，可自动调整灯光亮度，并增加“禁止吸烟”语音提示。配备了支持手机投屏功能的智能交互终端，可为旅客提供更加丰富的网络端电视直播、影视音乐、新闻资讯等信息服务。服务设施上增加了盲文标识，更好地服务残疾人旅客出行。此外，增设“静音车厢”设置功能，可根据旅客需求单独设置“静音车厢”。

另外，服务设施和工具质量的提高，也会给服务人员造成压力，推动他们服务质量的提高，以便与高质量的设施和工具相适应。

5. 有利于服务促销

服务的无形性使得服务广告比较难做，服务业的促销手段比制造业要少得多，而如果尽量发挥服务环境的信息提示作用，就可以弥补服务促销手段的不足。现在很多站车的广告费用不足，如能利用好现有的信息传播手段(车站广播、列车广播、信息揭示牌等)，也能较好地进行服务的促销。

三、铁路客运服务有形展示的设计

铁路客运服务有形展示的场所主要有客运站、旅客列车和线路等，其中对旅客影响最大的是客运站和旅客列车。

(一)客运站服务有形展示的设计

客运站是旅客旅行的第一站，是人流、车流和各种信息最集中的地方，是铁路展示服务的窗口。客运站的设计应在系统性、功能性、先进性、经济性、文化性等方面有所突破。由于不同的客运站所处的自然条件、政治经济条件、文化环境等各不相同，应有不同的风格。

1. 客运站的设计展示

客运站的设计要考虑铁路的整体形象，展示铁路的特色，也要考虑车站所处的地理位置、文化背景，展示城市窗口的形象，更要考虑旅客的需求，将最大、最好的公共空间提供给旅客，为旅客创造舒适、方便的购票、候车环境。

(1)系统性

系统性不仅是指铁路客运站内部各种设施间的有机结合，而且是指通过系统的研究把功能性、先进性、经济性、文化性有机地结合起来，力求达到完美的平衡。

(2)功能性

功能的设计要以旅客为核心，这是客运站设计的基本理念。功能性还体现在广场规划、各种交通方式的衔接、旅客流线、站房平面布局、空间组成及其他配套客运设施的具体设计中。

(3)先进性

先进性体现在客运站规划和建设一定要融入前瞻意识，要使其在未来较长的时间内能够满足运输服务的需求。同时，还要体现在站房内部设施的完备和现代化上。

(4)经济性

客运站建设要有适合发展阶段的节俭理念。经济性并不是说造价越低廉越好，而是强调要合理的控制和使用投资。

(5)文化性

建筑属于艺术范畴，是社会艺术，是组织空间的艺术，不能雷同，不能千篇一律，不同地方的客运站一定要对当地地域文化特色有所体现。

扬子江畔的南京站采用桅杆斜拉索悬挂结构，用 18 根桅杆支撑起横向钢梁，像一艘竖起桅杆、拉满风帆的巨型帆船停泊在美丽的玄武湖畔，既具有江南文化特色，又融合现代化气息。泰山站在候车室两侧的墙壁上，精心制作了 38 幅泰山风景名胜的经典图片，在软席候车室内摆设泰山实景沙盘，让游客走进泰山站便能感受泰山的魅力，领悟泰山的文化内涵。

在高速铁路车站建筑设计中融入最新设计理念，充分体现现代化站房的功能。车站设计保证乘客使用安全、方便，并具有良好的内部和外部环境条件，为乘客提供安全、舒适的乘车环境。对站房的内部功能、流线进行组织，保证流线便捷、顺畅，避免交叉干扰，提供适用、高效便利的旅客服务设施，充分体现“以人为本”的设计理念。在建筑造型设计上，设计者经过充分的调查研究，结合当地的历史文化、地域特征，设计出风格各异、赏心悦目的车站建筑；同时在设计和施工中满足绿色、节能、环保和可持续发展等要求，还配合城市发展规划布置站房相关设备，并为城市轨道交通规划预留换乘接口条件，使客流组织合理、方便快捷。

2. 信息的展示

(1)完善车站揭示牌

现在大多数车站的服务信息(如旅客旅行须知、行李托运须知、车次、票价、到发时刻、中转换乘等)大都通过揭示牌的形式向旅客展示,应在醒目的位置设置介绍车站布局、服务信息等揭示牌,揭示牌要做到美观大方、内容表示准确、信息更新及时、旅客阅读方便。同时,在一些外国人乘车较多的车站设置双语平面引导系统,方便旅客乘车。

(2)公益信息的宣传

铁路具有很强的公益性,对客运站信息的宣传,也应从公益角度出发,除利用互联网、12306 网站发布列车时刻表和订票等信息外,还可借鉴大气质量公告的做法,在报纸、电台、电视台等媒体发布列车时刻、铁路动向、出行参考等与公众利益相关的信息,更好地展示铁路良好的社会形象。

(3)信息查询系统的建立

传统的信息传递主要靠车站广播、人工问讯、张贴通告等形式来实现,有其优越性,但在信息爆炸的现代,很显然有其不足。因此,除了靠传统途径来传递信息外,还必须依靠现代化的传播手段来传递信息。通过电子触摸屏、电子显示屏、多媒体等现代化手段的揭示引导系统,展示时刻表、票价表、服务承诺和服务信息等,对旅客进行有效的视觉、听觉刺激,激发旅客购买欲望,方便旅客旅行。通过拨打铁路 12306 客服电话,方便旅客查询铁路服务信息。

3. 现代化服务手段的展示

现代化的服务手段,如互联网售票、电话订票、自动售票机售票、自动检票机检票、危险品检查仪、跨线天桥残疾人专用电梯等在铁路的大量使用,提高了运输服务的效率,给旅客带来了方便,更体现了铁路服务的现代化水平。因此,必须充分展示在旅客的面前,让旅客能直接感受到实实在在的高水平服务。宽敞、明亮的售票环境,现代化的售票手段,已成为铁路一道亮丽的风景线。

4. 文化氛围的展示

服务场所除实现其服务功能(如候车室应有整洁舒适的环境,售票窗口应宽敞明亮、秩序良好)外,还应增加文化的氛围,提升服务的档次。如绿化布置、播放音乐,有条件的车站可在候车室设置钢琴弹奏,展示铁路良好的企业文化。

5. 员工素质的展示

(1)亮出风采

“三分长相,七分打扮”,端庄的仪容、大方的仪表、得体的仪态,能弥补自身的某些不足,更好地展现自我。

(2)用好形体语言

“服务员是永远的微笑者”,这句话恰恰表现了熟练的服务人员在应对旅客时那种轻松自如的愉快心态。一个关爱的眼神、一张真诚的笑脸、训练有素的动作,就像无声的语言,成为铁路服务的一道独特的风景线。

(3)提高综合素质

服务没有最好,只有更好。不断学习,掌握丰富的知识,提高自身的综合素质,才能更好地为旅客服务。

（二）旅客列车服务有形展示的设计

1. 列车服务环境的设计

(1)外观的设计

列车外部的颜色已一改过去单一式的绿色，变得丰富多彩，外观的设计也由四四方方变成更符合美学、科学的流线型，这给万里铁路线增添了一道亮丽的风景，展示了铁路全新的形象。

(2)内部环境的设计

列车好似移动的"家"，温馨、舒适的"家"能给旅客带来愉快的享受。乘车环境的塑造，既要合乎美的规律，又要别具风格，使旅客在独特的形象中感悟铁路的独特风格和魅力。

环境的布置，既要方便实用，也要和谐美观。色彩的选用既要高雅大方，又不能给旅客强烈的视觉刺激，引起旅客的烦躁和不安。设施布置整洁、统一，不能零乱、单调。适当布置旅行指南、乘车文明公约、书画、摄影作品，创办列车文化刊物，营造文化的氛围，传播社会主义核心价值观。向旅客发送列车服务指南，把服务项目、标准向旅客展示，设置闭路电视，介绍安全常识、旅行知识、新闻等公益性的节目。

列车广告布置要与列车内部整体环境相协调，广告的内容要多体现铁路公益性企业的形象。

2. 列车员形象展示

(1)迎宾服务，展示风采

统一的着装，军人的姿态，端庄、稳重的举止，亲切的语言，给旅客美好的第一印象，成为铁路的又一道风景。

(2)展示服务艺术

从温馨的迎宾词、热情周到的服务，展示出服务艺术，让旅客有回家的感觉。

（三）列车"窗口"外服务环境的设计

车站、列车服务环境的设计固然是第一位的，但"窗口"外服务环境的展示也十分重要。旅客在旅途中欣赏铁路沿线的风光，饱览祖国的大好河山，感受铁路企业的现代化管理水平，这对铁路的整体形象也会产生较大的影响。

1. 铁路沿线服务环境的展示

铁路沿线要搞好绿化工作，建成"绿色走廊"。同时要搞好植被保护，不能破坏生态环境。

2. 车站服务环境的展示

车站置物有序，干净整洁，花墙绿地。广告宣传要讲艺术，如"汲取事故教训""违章就是犯罪"之类的宣传标语，旅客看了不舒服，也影响铁路的整体形象，要宣传展示铁路全新的服务理念、全新的企业形象。

客运服务有形展示的线索很多，展示的方式也千差万别，"酒香不怕巷子深"的时代已过去，全方位展示服务魅力的时代已经到来，全新的铁路形象已呈现在世人面前。

任务解析

"任务导入"中所述案例解析如下：

在进站乘车环节，充分发挥电子客票全覆盖的优势，引导绝大多数旅客使用自助闸机"一证通行"；在候车环节，组织旅客分散就座；在乘车环节，劝导旅客减少在车厢内走动，推荐旅客使用扫码点餐、互联网订餐；在出站环节，引导旅客保持安全距离。

任务三　铁路旅客运输服务品牌策略

任务导入

每年春节，铁路客运企业均要在旅客列车上举办不同主题的"列车春晚"。

思考：

铁路运输企业如何开展"列车春晚"文化品牌的打造？

知识讲解

一、品牌及品牌的作用

(一)品　牌

品牌是生产经营者给自己的产品规定的商业名称和标志，是一个名称(名词)、术语、标记、符号或它们的组合，用以区别本企业与其他企业的产品或劳务。

服务品牌主要指服务机构、服务岗位、服务人员、服务生产线、服务活动、服务环境、服务设施、服务工具乃至服务对象的名称或其他标识符号，是一个涵盖很广的概念。

1. 品牌名称

品牌名称指品牌中可以用语言表达的部分，实物产品如"春兰""熊猫"等名称，服务产品如"紫金号""北戴河号""和谐号""复兴号"等。

2. 品牌标志

品牌标志指品牌中可以被识别，但不能用语言表达的部分，包括符号、图案或专门设计的颜色、字体等。如熊猫电器用"熊猫"图案作为品牌标志、铁路企业用"路徽"作为标志。

3. 商标

商标的实质是一个法律名称，一个品牌或品牌的一部分经政府有关部门审查注册登记后，获得使用权、禁止权、转让权和许可使用权等权限。

(二)服务品牌的作用

1. 对买方的益处

(1)品牌代表产品一定的质量和特色，便于顾客的识别和选购。由于服务的无形性，服务企业的服务特色比较难以识别和建立，而服务品牌作为服务的一种有形线索能向市场提示服务的特色。如复兴号动车组列车代表铁路的名牌产品，质量完全有保证。

(2)品牌可以保护买方的利益，便于有关部门对产品质量监督，出现质量问题也便于追查责任。

2. 对卖方的益处

(1)注册商标受法律保护，具有排他性，可保护产品的特色。

(2)便于企业经营管理，如在广告宣传时就需要品牌。

(3)有助于市场细分和定位，企业可按不同的细分市场的需求，建立不同的品牌。

(4)可以稳定顾客群，吸引那些对品牌忠诚的消费者。铁路通过动车组列车品牌的创立，从航空客流中吸引了大量的商务旅客，稳定了顾客群。

品牌可促使企业不断提高产品的质量，保护企业间展开公平竞争，因此对品牌的经营是一个企业获得长久成功的关键因素。

二、客运服务品牌的决策

品牌化是指企业为其产品建立品牌名称、品牌标志，并向政府有关部门注册登记而取得法律保护和利用品牌进行促销的一切活动。根据客运服务产品的特点，其品牌的决策主要有品牌化决策、品牌质量决策、家族品牌决策、品牌拓展决策等。

(一)品牌化决策

品牌化决策是有关品牌的第一个决策，即决定是否给产品建立一块牌子。产品是否需要品牌，应视产品的特点而定。过去，运输市场为卖方市场，铁路企业的主要工作是完成国家下达的运输任务，品牌对企业来说用处不大。随着运输市场的发育完善，铁路拥有自己品牌的时机已经成熟。考虑铁路运输的特点，品牌化决策可采用“品牌化”和“非品牌化”两种形式。

1. 客运服务“品牌化”

为体现不同客运产品的质量和特色，进入不同的细分市场，提高企业的竞争力，铁路已开始创立不同服务产品的品牌。

(1)开行“品牌列车”

随着高速铁路时代的到来，铁路企业创立了高速动车组旅客列车、城际动车组旅客列车等深受市场欢迎的品牌列车，体现了铁路“一流的形象，一流的设备，一流的服务”，已取得了良好的经济效益和社会效益。

(2)“文明车站”的树立

铁路从最初的“双十佳”(“十站”“十车”)开始建立自己的品牌，历经示范车站、文明车站创建的不同阶段，现每年评选文明车站70～80个。通过加大对文明车站的管理考核力度，按文明车站的质量要求，创立铁路的“文明车站”等品牌，为进一步适应旅客对服务质量的要求起到标杆示范作用。

(3)打响劳模牌

用“劳模岗位”、“劳模胸章号码”或“劳模姓名”等作为服务品牌，可以起到服务榜样的作用，使人产生比较具体和有利于这个品牌的联想。全路有很多全国劳模和省劳模，站车以他们的名字为品牌，可以扩大品牌效应。有的以劳模的胸章号码为标志(如“39号工作室”)，有的直接叫“劳模工作室”“劳模服务台”“共产党员窗口”等，扩大铁路品牌在社会上的知名度，提高站车的文明服务水平。

铁路很多站车推广示范岗，创建新品牌。上海客运段建立了“何颖工作法”研究小组，评选“何颖式乘务员”，培育以全国劳模何颖为代表的著名服务品牌，以带动整体服务水平的提升。银川客运段为使模范乘务员李红霞“1027”示范岗成为开拓服务新领域中的一个服务品牌，在全员中广泛开展创建“1027”示范岗服务品牌活动。杭州站创立的“赵红卫服务台”品牌，以客运车间优秀共产党员赵红卫的名字为品牌，体现杭州站的整体形象。北京西站第三候车室以20世纪70年代一位服务明星的胸牌号命名为“036号”，现已发展为“036号”优质服务岗先进群体。这些都是借助名人的影响，发挥品牌的作用，起到了较好的效果。

(4)铁路客运新品牌

红色旅游是一种独特的旅游资源，是中华民族宝贵的精神财富，是一种精神和物质相结合的人文旅游资源。实施红色旅游工程，就是要把我们党艰苦卓绝的奋斗史、波澜壮阔的革命史、可歌可泣的光荣史牢牢凝固在中华大地上，深深扎根于人民群众心坎里。全国铁路在实施红色旅游工程的过程中，围绕井冈山、遵义、西柏坡、延安、广安等全国重点红色旅游区组织开行了“红色旅游”的品牌列车，收到了很好的社会效益和经济效益。

2. 客运服务“非品牌化”

一般地说，没有商标的商品难以取得消费者的信任，但对一些已有规格标准的(如电力、煤炭等)，也可以不需商标。对部分铁路产品(如普速旅客列车)，其质量特性(安全、快捷、经济、便利、舒适)已为大多旅客所了解，服务质量也有相当的保障，为节省费用，降低成本，可不使用品牌，采用“非品牌化”策略。

(二)品牌质量决策

在建立品牌时，品牌的质量水平是确定这一品牌在市场上定位的关键，品牌的最初质量水平一般可分为四级：低级品、中级品、高级品和超级品。高级品和超级品的获利能力相差不多，低级品的获利能力明显下降。企业在决定品牌质量时，要考虑最初质量水平，还要考虑目标市场的需求情况和购买力的因素。

铁路创建的品牌主要集中在高级品和超级品，即品牌列车，高等级列车的服务质量不断提高，品牌效应日益呈现。例如，2017 年 9 月 21 日，具有完全自主知识产权的复兴号动车组列车跑出 350 km 当时世界最高运营时速。又如，2019 年，采用市场化手段扩大公铁联运市场，加强与航空公司合作，共同打造空铁联运品牌。

(三)家族品牌决策

家族品牌决策，就是品牌名称的决策，即企业所生产的各种不同种类、不同规格质量的产品，是全部用一种品牌，还是分别用不同的品牌。

1. 个别品牌名称

个别品牌名称，即每种产品使用不同的品牌名称。其好处是个别产品的成败同企业的信誉分开，缺点是每个品牌要分别做广告宣传，费用较大。铁路由于不同产品质量的差异较小，不宜采用。

2. 单一家族品牌名称

单一家族品牌名称，即企业所有的产品使用同一个品牌。其好处是可节省大量的广告费用，若该品牌有良好声誉，可以很容易用它推出新产品。但任何一种产品的失败都会使整个家族品牌蒙受损失。因此，采用单一家族品牌名称的企业，必须对所有产品的质量严格控制。铁路推行的“品牌列车”就是使用单一家族品牌名称，有利于铁路宣传工作，但也要求铁路企业对其质量加以严格控制。

3. 分类品牌名称

分类品牌名称，即企业所经营的各类产品分别命名，一类产品使用一个品牌。铁路客运产品相对比较单一，每一类产品的质量共性相差不大，对同一类产品使用一个品牌较为可行，质量也较易控制。铁路可分别按动车组、特快、快速、普通等旅客列车创立不同的品牌，对不同的品牌分别进行质量控制。同时，根据市场的不同需求，推出不同品牌的列车，如务工人员专列、学生专列等。

(四)品牌拓展决策

品牌拓展决策就是利用已出名的品牌推出新产品或改良的产品。各铁路局集团公司根据市场的需求，在原有品牌列车的基础上推出具有市场特色的品牌列车，如节假日旅游专列、球迷专列、清明扫墓专列、文化专列等，满足市场的需求，产生了良好的经济和社会效益。

三、客运服务品牌的名称和标志的设计

1. 要反映企业或产品与众不同的特色

客运服务品牌要反映其与众不同的特色，如南京客运段的“江南明珠号”旅客列车、银川客运段的“丝路驿站——宁夏号”旅客列车、兰州客运段“敦煌号”旅客列车、西宁客运段“天路使者”青藏高原旅客列车等，反映了铁路企业不同产品的品牌特色。

2. 要与产品密切联系，暗示产品效用或质量

产品的名称要考虑客运服务的特点和优点，一个与服务特点相联系的名字，能帮助人们辨认和确立企业在旅客心目中的地位，名称应既表达出客运服务的本质，又说明其功能。如铁路的“路徽”，体现了“人民铁路为人民”的宗旨。

3. 简洁明快，易于识别和记忆

客运服务品牌要简洁明快，易于识别和记忆，如北京西站的“036 号候车室”“036 号售票厅”，用 20 世纪 70 年代北京铁路分局管内一位服务明星的胸牌号作为品牌标记，由于她真诚、热情、细致、周到的服务，在旅客心中形成有事找“036 号”的概念。因此“036 号”成为服务的品牌，也易于识别和记忆。

4. 要有良好的视觉形象

服务品牌的视觉形象主要有公司的标准字体及相关的标志、标准图形、标准色彩等。设计良好的服务品牌视觉形象，有利于表现服务理念、建立、推广服务品牌和促进服务营销，如 CR 系列动车组又称复兴号动车组，是我国具有完全自主知识产权、达到世界先进水平的动车组。

四、客运服务品牌的培育与创新

(一)客运服务品牌的实施

1. 创立服务品牌

从 2008 年开始，全路进入了大规模的高速铁路建设高潮，到 2023 年底，高速铁路线路总里程达 4.5 万 km，“八纵八横”高速铁路网主通道已建成 80%。在高速铁路快速发展的带动下，铁路的经营方式发生了很大变化，产品的结构进行了合理的优化，客运装备水平明显提高，铁路的技术水平上了一个新台阶。这些为创立客运服务品牌提供了最佳的机遇，铁路应以此为契机，创立客运自己的服务品牌。

2008 年 8 月 1 日京津城际铁路开通运营，京沪、沪宁、京哈、哈大等一批设计时速 350 km 的高速铁路相继开通，铁路企业创立了高速动车组旅客列车品牌，美丽中国在高速动车组旅客列车窗前就是一道道绚丽的风景线。

2. 培育品牌特色

要想适应社会需求，必须对品牌形象进行精心设计，以特色取胜，争取做到有一流的形象、一流的设备和一流的服务。

(1)一流的形象：体现铁路客运的时代风貌，给旅客带来愉快和享受。

(2)一流的设备：各种设备和备品配备齐全、功能良好、使用方便。

(3)一流的服务：良好的卫生环境、热情周到的服务、高素质的服务人员，能够满足旅客的需求。

3. 实现品牌创新

创建品牌的关键是创新，而不是去模仿。品牌要保持持久的生命力和活力，就必须不断发展创新，铁路客运品牌也是如此。实现品牌创新，就是要进行服务创新、技术创新和管理创新，

创立具有核心竞争力的产品。

(1)进行服务创新，及时调整服务内容，更好地满足旅客的需求。

铁路客运服务的重要目标之一就是实现服务创新，最大限度地满足旅客的需求。"一切为满足旅客的需求"是铁路客运服务的宗旨，服务应根据旅客需要的变化，不断进行创新。

①为旅客提供一切方便。

铁路改革传统的售票方式，开展互联网售票、延长售票时间、合理设置售票网点、流动售票、电话订票购票、延伸售票服务（为旅客提供售票外的其他服务）等多样的售票形式。

已成为售票主要渠道的铁路互联网售票是指通过中国铁路 12306 网站办理铁路电子客票的销售、改签、退票等业务。

建立较为完善的引导指示系统，修建盲道、防滑道以及无障碍通道。简化行李托运手续，增设托运点，开办接送"一条龙"服务。

改革铁路原有的组织管理规定，进一步方便旅客乘车。如《国铁集团客规》第二十八条规定，旅客列车开车后，旅客仍可改签当日其他列车。

②改革供餐方式。

创新饮食文化，体现多样性。开设夜间酒吧、自助餐、包餐、预约订餐、车站送餐、快餐连锁、文化大餐等新型、特色服务，满足旅客的不同需求。

③创新服务标准，贴近旅客需求。

开展站车"无干扰服务""和谐服务""分层服务""重点服务"等服务形式，使旅客在自然得体、温馨大方的服务中得到美的享受。

④创新服务项目，体现宾至如归。

设立列车医疗点、列车超市、列车保险柜、列车"母婴哺乳室"、自动擦鞋机、公共无线通信、互联网信息咨询等服务，满足旅客需求。

(2)进行技术创新，积极采用先进的技术装备，提高服务的科技含量。

先进的科学技术在提高服务质量上具有非常重要的作用。为适应旅客对服务质量的高要求，必须积极采用先进的技术，改进服务手段。全路联网售票、列车移动补票、自动售票、自动检票、自动查询等技术的推广和应用，提升了铁路科技创新水平，提高服务的科技含量。

(3)进行管理创新，优化生产管理和服务过程，改进管理方式，增强管理的科学性。

①进行分级管理，强化质量管理职能。

②抓典型树标杆，以点带面，推动服务质量的提高。

③强化考核，全面整治设备，进一步改善客运服务设施。

④培育名优品牌。

⑤积极推进改革，建立和完善质量保证机制。

4. 深入推进复兴号品牌战略

国铁集团不断扩大时速 350 km 复兴号动车组开行数量和范围，组织时速 160 km 动力集中动车组和时速 350 km 超长版复兴号动车组上线运行，形成了适应多元化需求和不同运营环境的产品体系。

(二)客运服务品牌的培育与创新成果实例

1. 打造公益性"慢火车"服务品牌

2019 年，国铁集团践行"绿水青山就是金山银山"理念，发挥铁路旅游优势，按照"一线一策略、一车一品牌"要求，打造了一批具有地方特色的"慢火车"服务品牌。在西北地区的 6 对公益性“慢火车”，打造了通学助学、惠民助农、红色教育、历史文化等一系列特色主题车厢。“彝族情”“慢火车·优生活”“湘西慢慢游”“民族团结一家亲号”“牧民之家”“林海雪原”等一系列公益性“慢火车”品牌已深入当地百姓心中。2017年以来，人民日报、新华社、经济日报、中央广播电视总台等中央和地方媒体持续在重要版面、重要栏目刊发报道公益性“慢火车”感人事迹和取得的成绩。中国经济网刊发的《秦岭大山里的“慢火车”》网络点击量上千万。

2. 承载新希望，启航新征程

2017年6月，复兴号动车组在京沪高速铁路上线运营；2017年9月，复兴号动车组在京沪高速铁路实现时速350 km商业运营，为世界高速铁路商业运营树立了新的标杆；2019年12月，复兴号智能动车组在京张高速铁路上线运营，在世界上首次实现时速350 km自动驾驶；2021年6月，复兴号高原内电双源动车组开进西藏……

“金凤凰”“红飞龙”“绿巨人”“蓝暖男”……复兴号家族成员不断增加。2021年6月25日投用的CR400AF和CR400BF复兴号智能动车组车体上，飘逸的红黄条纹十分抢眼，“龙凤图腾”以及“舞龙”、“飞凤”等意象寓意科技创新助力中国高速铁路领跑世界造福人类，表达了对祖国繁荣昌盛、人民幸福安康的美好祝福。

打开铁路12306，选择带有“智能动车组”标识的车次成为出行新时尚。

智能之智体现在更懂旅客需求，设施更加完善。复兴号智能动车组充分吸纳京张高速铁路复兴号智能动车组运营以来积累的经验和旅客意见建议，在智能化、舒适性、安全性、便捷性等方面实现升级。

智能之智体现在安全更有保障，运维效率更高。优化后的复兴号智能动车组采用以太网控车、车载安全监测等9项智能运维和监控系统，进一步提升了列车运行、安全监控等方面的智能化水平。此外，应急管理能力也进一步提升。复兴号智能动车组可通过列车网络和车厢视频联动，发生烟火、超员、旅客触发紧急按钮、车门异常等报警时，可通过车厢视频联动报警快速确认和处置故障，不仅降低了故障进一步扩大的风险，而且提高了列车途中故障处置的效率。

复兴号智能动车组融合了互联网、云计算、大数据、5G等新技术的列车让旅客乘坐更舒适，体验更美好。“静音车厢”安静的车厢环境让旅客舒心地享受旅程。卫生间“聪明”的智能照明会自动为旅客调整灯光亮度。

此外，列车上设置了无障碍车厢，配备更宽阔的通过门、轮椅放置区等，同时增加盲文标识，为行动不便的旅客提供更多方便。17辆超长编组列车还采用基于5G技术的列车Wi-Fi，为旅客提供更优质的语音通话和移动网络服务。

复兴号一路奔驰，让更多中国人感受新时代的“复兴动力”。复兴号一路奔驰，跑出铁路高质量发展的新天地。复兴号一路奔驰，必将在全面建设社会主义现代化国家新征程上再创新辉煌。

任务解析

“任务导入”中所述案例解析如下：

铁路企业通过统一策划、统一组织、统一操作，由多个铁路局集团公司，在不同旅客列车上着力打造各具特色的“列车春晚”，很好地整合、再造了“列车春晚”，使“列车春晚”更加社会、人文化，更具有社会性和感召力，实现了“列车春晚”品牌创新。

任务四　铁路旅客运输特色服务策略

任务导入

××年×月×日晚，某位残疾旅客购买了8:50由南京南站开往北京南站的G106次旅客列车车票，该旅客需依靠轮椅才能行动，该旅客独自乘坐该趟旅客列车。

思考：

该位旅客为特殊重点旅客，铁路运输企业可提供哪些特色服务？

知识讲解

铁路为了满足不同群体旅客的需求，推出重点旅客和军人服务、商务座旅客服务、常旅客会员服务、高速铁路静音车厢服务、母婴专项服务、特色服务等服务策略。

一、重点旅客和军人服务

1. 重点旅客服务

重点旅客服务工作，是衡量铁路客运服务质量的重要标志，是铁路旅客运输服务工作的重要内容之一。站车客运工作人员对重点旅客要做到重点关注，优先照顾，要为重点旅客提供优先购票、优先进站、优先检票上车的服务。

特大、大型车站候车室需设有重点旅客候车区（可与问讯处、服务台等合设），位置醒目，配备轮椅、担架等辅助器具；地市级以上车站候车区设置相对封闭的哺乳区。在检票口附近等方便的区域设置黄色标志的重点旅客候车专座。设有无障碍厕所和无障碍电梯，确保正常使用。盲道畅通无障碍。

旅客列车无障碍设备主要是无障碍厕所和残疾人座位。

2. 特殊重点旅客服务

站车客运人员要根据需求为特殊重点旅客提供帮助，有服务、有交接、有通报。

行动不便的老人、病人和靠辅助器具才能行动的残疾旅客，可以通过12306客服中心预约由站车提供优先进站、便利出站，以及提供轮椅、担架等服务。12306客服中心受理特殊重点旅客的预约后，以工单形式通知旅客的发站、列车和到站。

3. 军人和综合性消防救援人员依法优先服务

军队人员、消防救援人员及其随行家属符合规定优先对象的可享受以下优先服务：

(1)优先购票。地级及以上城市所在地主要铁路客运站应设军人优先购票窗口，有条件的车站根据客流需求可设立军人专用购票窗口。窗口要统一标识醒目的“军人依法优先”标志，窗口为动态显示屏的还可增加“消防救援人员优先”标志。

(2)专区候车。直辖市、省会（首府）及计划单列市所在地主要铁路客运站应设军人候车室（区）（有条件的车站可单独设置），其他客运站是否设立由各铁路局集团公司根据场地条件及客流需求确定，原则上军级以上单位驻地车站均应设立。军人候车室（区）应设置醒目标志。

(3)站车客运工作人员要为军人、消防救援人员和其随行人员提出优先购票、安检、检票、乘车的服务。

二、商务座旅客服务

1. 出站服务

(1)专属信息

12306网站为购买商务座的旅客提供发送专属消息提醒服务，提示商务座专用验证迎宾通道位置，专属餐食预定链接等相关信息服务。

(2)专用通道。车站设置商务座专用实名验证和安全检查通道，工作人员迎候商务座旅客，指引旅客到商务座候车区或相应检票口。

(3)专区候车。车站结合实际合理设置商务座候车区，提供入厅登记、小食饮品、报刊书籍、Wi-Fi网络、手机充电、视听娱乐、商务打印、特色文旅等服务。在商务座候车区提前检票。为预定专属餐食的旅客按预定时间供餐。商务座服务系统检票前10 min向旅客发送提醒信息。

(4)专人引导。安排专人按车次持检票核验凭条引导旅客至检票口，通过便捷检票通道引导旅客进站，送至车厢门口。主动为旅客提供行李提拉服务。对特定旅客按标记要求安排人员引导。

(5)便捷出站。相关车站按要求明确商务座专用出站流线，旅客可以在到站1 h前进行出站引导预约，到站根据旅客预约情况，安排专人引导出站。

2. 列车服务

商务座车厢专职服务人员为商务座旅客提供始发引导、擦手毛巾或纸巾、免费小食饮品、商务餐食、报刊等服务。到站前提前逐人通告，到站后立岗迎送。

三、常旅客会员服务

1. 会员申请

凡年满12周岁的旅客，可通过12306网站、车站设立的会员服务窗口等渠道，申请成为“铁路畅行”常旅客会员。旅客申请成为会员后，铁路企业为其建立一个会员账户。

2. 会员积分与服务

会员可通过购票乘车或参加国铁集团组织有关市场问卷调查等活动而获得会员积分，在积分有效期内可进行车票兑换，到期未兑换积分自动作废。

四、高速铁路静音车厢服务

为进一步提升铁路旅客旅行服务体验，倡导和共建文明、温馨、安静的列车旅行环境，国铁集团推出高速铁路动车组列车静音车厢服务，为广大旅客提供一个安静的车厢环境。

旅客在12306网站、自动售票机和售票窗口等渠道购买列车车票时，互联网和自动售票机购票界面提供“静音车厢”选项，并提示该车厢乘车行为规范，供旅客选择。售票窗口在发售车票时，遇售票系统选取了“静音车厢”车票时，售票员应按系统提示告知旅客。

列车静音车厢内车载影视娱乐视频系统音量关闭，车厢广播音量实行低音量广播，原则上控制在最高音量的40%以内。

列车餐售人员通过静音车厢时不得叫卖宣传，列车工作人员实施轻声服务。列车车厢乘务员发现大声喧哗、交谈和打电话旅客要立即予以劝阻或制止；劝导使用各类电子设备的旅客佩戴耳机或关闭音源外放功能；遇有婴幼儿哭闹时，要引导家长将婴幼儿到临近车厢安抚。

五、母婴专项服务

为了满足孕期、哺乳期妇女和婴幼儿需求，加强母婴设施建设，支持母乳喂养，保障母婴权益，积极营造生育友好的社会环境，铁路站车均按要求配置母婴设施。

1. 母婴设备配置

(1)经常有母婴逗留且建筑面积超过 1 万 m^2 或日客流量超过 1 万人的铁路客运车站，应当建立使用面积一般不少于 10 m^2 的独立母婴室，并配备基本设施。

旅客列车应按要求配置母婴设施或提供便利服务。

(2)国家有统一的母婴设施标识，客运站车要在母婴服务场所设置醒目的导向标志，并因地制宜设置母婴候乘厅(区)、母婴专座等。车站进站口、检票口要对孕期、哺乳期妇女，以及携带婴幼儿的旅客提供绿色服务通道或便利服务。

2. 母婴室设置标准

面积一般不低于 10 m^2。配有防滑地面、带安全扣的婴儿尿布台、提供热水和洗手液的洗手台、婴儿床、饮水机、便于哺乳休息的座椅、便于放置哺乳有关用品的桌子、电源插座、垃圾桶、保护哺乳私密性的可上锁的门、帘子遮挡设备等，有条件的可配置恒温空调、尿不湿自动销售机、呼叫设备等。

旅客列车可在卫生间内设折叠的婴儿整理台，在无障碍洗手间或车厢适当位置灵活安排哺乳空间。

3. 车站儿童候车娱乐区

直辖市、省会城市和计划单列市所在地主要车站可在候车室设置儿童候车娱乐区。

儿童候车娱乐区地面应铺设软质泡沫地垫，设置防护围栏。设置的防护围栏和游乐设施应符合国家儿童游乐设施标准，以塑料材料为主，所有物品的棱角应加装防撞条。儿童娱乐区入口处，应设置醒目的安全提示，并有视频监控覆盖。

六、特色服务

围绕旅客的需求，铁路客运企业不断推出特色服务，更好践行“人民铁路为人民”的服务宗旨。

上海局集团公司上海虹桥站“心尚”服务工作室推出“七心”服务法和“七色服务卡”。“七心”服务法即乘降服务放心、资讯服务贴心、办票服务顺心、救护服务安心、衔接服务舒心、温情服务暖心、环境服务赏心；“七色服务卡”即集购票方式、票务处理、周边交通、信息资讯、交通换乘、遗失物品查找、重点旅客服务于一体的服务信息卡片。

广州局集团公司广九客运段“红木棉”党内服务品牌的理念是“木棉花红似火，旅途美好如家”。通过不断总结和创新工作方法，细化品牌服务标准，全面推行“微笑迎送旅客、细节贴近旅客、技能温暖旅客、爱心感动旅客、安全呵护旅客”服务法，让旅客出行体验更美好。

沈阳局集团公司大连站吕玉霜服务台推出的巧用礼仪表达、熟用英语对话、通用哑语手势、活用人文地理常识、擅用常见疾病应急处置、妙用新媒体服务平台的“六用”服务法，获得了各方好评和点赞，为旅客出行提供了更加温馨、周到的服务。

任务解析

“任务导入”中所述案例解析如下：

该特殊重点旅客，可以通过12306客服中心预约由南京南站、G106次旅客列车及北京南站提供优先进站，便利出站以及提供轮椅、担架等服务。12306客服中心受理该位特殊重点旅客的预约后，以工单形式通知南京南站、G106次旅客列车及北京南站提供相应的特殊服务。

能力测评

一、判断题

1. 从服务理念的角度来思考，“顾客永远是对的”与个别旅客蛮不讲理是不矛盾的。(　　)

2. 铁路客运企业要服务好每一位旅客体现了“人性化”的服务理念。(　　)

3. 站车客运工作人员要为军人、消防救援人员和其随行人员提出优先购票、安检、检票、乘车的服务。(　　)

4. 铁路客运车站，均应当建立使用面积一般不少于10 m^2 的独立母婴室，并配备基本设施。(　　)

二、单选题

1. 下列服务属于近年来开展的服务理念“创新”的是(　　)。

A. 静音车厢　　B. 无干扰服务　　C. 差异化服务　　D. 情感化服务

2. 列车乘务员穿软底鞋为旅客提供“无声”服务属于(　　)。

A. 人性化服务　　B. 无干扰服务　　C. 差异化服务　　D. 公益化服务

3. 铁路企业要满足旅客全过程服务需要体现了(　　)理念。

A. 人性化服务　　B. 全过程服务　　C. 差异化服务　　D. 无干扰服务

4. 客运需求具有丰富的内容和层次，按美国著名心理学家马斯洛的消费需求层次理论，需要强度由大到小，分为(　　)和自我实现需要。

A. 生理需要、安全需要、社会需要、尊重需要

B. 生理需要、社会需要、安全需要、尊重需要

C. 生理需要、尊重需要、安全需要、社会需要

D. 安全需要、生理需要、社会需要、尊重需要

5. 列车上使用的抹布分为不同的颜色和用途，很好地体现了(　　)有形展示功能。

A. 有利于识别服务理念　　B. 有利于识别服务特色

C. 有利于推广服务创新　　D. 有利于烘托和提高服务质量

三、多选题

1. 下列属于现代服务企业的服务理念有(　　)。

A. 奉献型服务理念　　B. 全过程服务理念

C. 人性化服务理念　　D. 无干扰服务理念

2. 下列属于客运站服务有形展示设计要考虑的因素有(　　)。

A. 系统性　　B. 功能性　　C. 文化性　　D. 实用性

3. 下列可以通过12306客服中心预约由站车提供优先进站，便利出站，以及提供轮椅、担架等服务的旅客有(　　)。

A. 行动不便的老人　　B. 病人
C. 靠辅助器具才能行动的残疾旅客　　D. 靠辅助器具才能行动的残疾旅客

4. 下列属于重点旅客的有(　　)。
A. 老　　B. 幼　　C. 残　　D. 孕

5. 商务座车厢专职服务人员应为商务座旅客提供(　　)服务。
A. 始发引导　　B. 擦手毛巾　　C. 商务餐食　　D. 拖鞋

四、简答题

1. 何谓服务理念?
2. 何谓服务有形线索?
3. 何谓服务品牌?
4. 铁路客运品牌列车主要有哪些?
5. 如何申请成为"铁路畅行"常旅客会员?

五、实践题

1. 剖析某一类旅客需求,设计服务项目。
2. 调研我国"慢火车"品牌列车的开行情况,并形成调研报告。

项目八　铁路旅客运输服务企业文化与公共关系

项目内容

认识企业文化的内涵和功能，开展铁路客运企业文化的培育和建设。认识公共关系的一般知识，开展铁路客运服务企业公共关系的管理。项目八内容导图如图 8-1 所示。

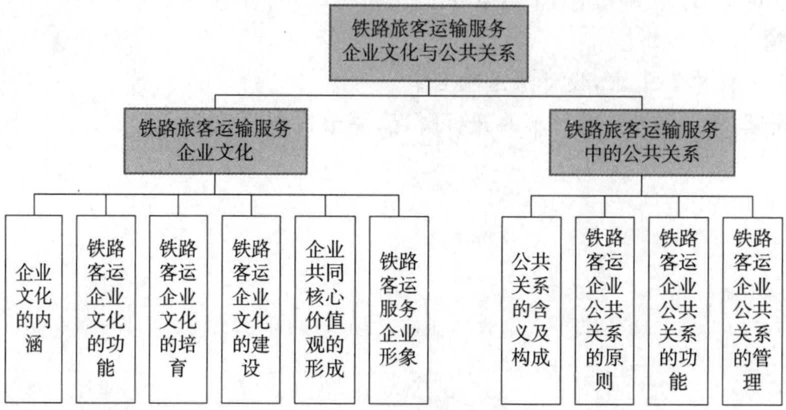

图 8-1　项目八内容导图

学习目标

1. 知识目标

(1)了解企业文化的内涵及功能。

(2)理解公共关系的含义、原则及功能。

2. 能力目标

(1)会开展铁路客运企业服务文化的培育工作。

(2)会开展铁路客运服务企业形象塑造和设计工作。

(2)会开展铁路客运服务企业公共关系管理工作。

3. 素质目标

(1)开展铁路客运企业服务文化的培育实践，践行“严字当头、铁的纪律”“安全正点、当好先行”等特色文化。

(2)开展好铁路客运日常公共关系，树立企业良好形象。

学习建议

应对铁路运输服务更高的要求，提出铁路旅客运输服务的企业文化与公共关系内容的设计，实现铁路服务工作的新境界。

国家职业标准、铁路特有工种技能培训规范链接

国家职业标准《列车值班员》《客运值班员》，铁路特有工种技能培训规范《列车值班员》《客运值班员》《铁路客户服务员(客运)》《铁路车站综控员》。

任务一　铁路旅客运输服务企业文化

任务导入

2018年，中国铁路传承红色基因，以交通强国、铁路先行为使命担当，牢固树立安全发展理念，大力实施客运提质计划和复兴号品牌战略举措，积极推进自主创新，全面提升客运供给质量。

思考：铁路客运企业近些年如何开展“传承红色基因，奋勇担当作为”工作？

知识讲解

一、企业文化的内涵

(一)企业文化的概念

关于企业文化的系统定义，一直众说纷纭。本书的企业文化是指企业全体员工在长期的创业和发展过程中培育形成并共同遵守的最高目标、价值标准、基本信念及行为规范。

1. 企业文化是一种经济文化

企业的目标是盈利，为使企业的人、财、物、管理技术、组织机能等高效地结合起来，并对企业员工产生强大的感召力和凝聚力，仅靠规章制度、管理技术、设备资金等是不够的，更重要的是需要一种对职工共同的价值观和信念培养的企业文化。企业文化是企业这个领域的特殊文化，没有企业的经营活动就不可能产生具有企业特征的文化现象。它具有经济性的一面，不完全等同于思想政治工作。

2. 企业文化是一种组织文化

企业文化研究的不是职工的个体行为，而是他们的整体行为。企业文化是企业群体所创造的文化，它所包含的价值观念、行为标准等都是企业群体共同认可的，共同的价值观和行为规范在团体中形成了一种无形的压力，使个体行为与整体行为保持一致，因此它是一种组织文化。通常的“团队精神”就是企业文化的具体体现。

3. 企业文化是一种管理文化

科学有效的管理需要先进的管理手段和方法，但最重要的是调动人们的积极性。从根本上说，企业文化是一种以人为中心的管理文化。

(二)客运服务企业需要文化

铁路客运服务企业不可能像生产流水线一样进行绝对标准化作业，不同的服务人员为不同的旅客提供同一种服务，由于人类个性差异的存在，服务产品的品质很难保持一致。但作为人的活动，是容易发生变化的，这就使得客运服务业比制造业更需要一种“以变应变”的能力。在变化复杂的旅行环境中向旅客提供更好的服务，仅仅依靠规范管理是不够的，必须创造一种优秀的更加重视提供良好服务和顾客导向观念的企业文化，它可以激发员工对优质服务的追求，它可以告诉员工，如何对新的、难以预料的情况做出及时、正确的反应。

由于服务质量是各种资源（如人、技术的资源）共同作用的结果，因而要成功进行质量管理，必须创造一种能够提高服务质量的稳定的企业文化。

二、铁路客运企业文化的功能

1. 导向功能

服务文化能够使客运企业成员更具有服务导向的特点。员工总是跟随企业倡导的价值观来摆正自己的位置和做出自己行为决策，优秀的企业文化可以使员工在本企业的价值观念潜移默化的熏陶下，为实现企业的目标而努力自觉地工作。人们在文化的深层次上结成一体，朝着一个确定的目标奋斗终身。

铁路的规章制度越来越完善，管理的力度也很大，整个铁路系统也有着“人民铁路为人民”的宗旨，站车也有各自宣扬服务的标语、口号等，但服务质量有时还是不尽如人意，问题的关键是没有将这些口号、标语真正成为全体职工的内在观念，并以此来指导全体职工的行动。因此，要塑造良好的企业文化，通过整体的价值认同来指导员工的实践。

2. 约束功能

企业文化对每个企业成员的思想和行为具有约束和规范作用。规章制度等“硬管理”固然是必要的，但因为它具有刚性的特点，无法顾及人的复杂性及多方面的需要，所以它的调节范围和功能是有限的。企业文化理论注重的是管理中企业的精神、价值观、传统等“软因素”。通过企业文化的塑造，企业在组织群体（全体员工）中培养与规章制度等“硬因素”相协调相对应的环境氛围，包括群体意识、社会舆论、共同礼仪和习俗、英雄的物质文化等内容，从而使企业成员形成强大的心理约束，进而进行个人行为控制。可见，企业这种无形的约束力量比有形的约束力量更为强大。

随着铁路员工素质的不断提高，员工对严格的规章制度的心理抵触情绪变大，职工的表现与领导在不在、检查不检查关系很大，为使服务质量时时刻刻有保障，这也需要从企业文化的角度来进行约束。

3. 凝聚功能

企业文化可以产生一种巨大的向心力和凝聚力，把企业成员团结起来，心往一处想，劲往一处使，集思广益，群策群力。企业文化是全体成员共同创造的群体意识，寄托了企业成员的理想、希望和要求，因而企业成员对这种群体意识产生了“认同感”。这就促使企业成员积极参与企业事务，为企业发展贡献自身的力量，并逐渐形成对企业的“归属感”。

4. 激励功能

企业文化具有激发企业成员产生一种高昂的情绪和奋发进取精神的效力。传统的激励方法本质上是外在的强制力量，而企业文化所起的激励作用不是消极被动地满足人们的心理需求，而是通过文化的塑造，使每个成员从内心深处自觉产生献身精神、积极向上的思想观念及行为准则，形成强烈的使命感、持久的驱策力，成为职工自我激励的一把标尺。

企业文化能够在组织成员的行为心理中持久地发挥作用，避免了传统激励方法引起的各种短期行为和非集体主义的不良后果。

企业文化的四大功能，不是单独起作用的，而是相互影响地起作用的。铁路客运企业要想服务质量全方位得到保证，必须根据企业文化的四大功能建立符合客运企业特点的企业文化。

三、铁路客运企业文化的培育

铁路是体现社会文明的一个重要窗口，这就要求铁路企业培育和践行新时代铁路精神，深入开展社会主义核心价值观教育，把企业文化建设成为具有丰富文化内涵和良好社会形象的市场主体，为社会文明进步和构建和谐社会做出积极贡献。要深入开展“不忘初心、牢记使命、文化强国、铁路先行”宣讲活动，大力培育铁路企业文化，精心讲好铁路故事，教育引导200万干部职工坚定理想信念，坚持不懈奋斗。

(一)分析与规划

1. 分析

铁路客运企业文化是铁路客运企业在长期的生产经营活动中形成的。因而，只有正确认识客运企业的历史和现状，才能对未来文化建设进行规划。对客运企业的系统分析，主要包括内部环境分析和外部环境分析。

(1)内部环境是企业文化生根发芽的土壤，对企业文化塑造具有直接的巨大的影响作用。分析企业内部环境，应从以下几个方面入手：

首先，要分析企业员工的素质，包括管理人员的素质构成和普通职工的素质构成。员工的素质状况直接影响企业文化的类型，也制约着企业文化发展的现实水平和潜在能力。

其次，要分析铁路企业的管理体制。管理体制合理与否对企业文化的塑造有着重要的影响，铁路企业一贯致力于企业文化的建设，形成了“严字当头，铁的纪律”“安全正点，当好先行”等具有铁路特色、内涵丰富的企业文化，实践着“人民铁路为人民”的宗旨。

再次，要分析客运企业的经营特色，铁路企业文化的塑造要考虑自身特色。

(2)外部环境是企业本身无法控制的力量，但对企业经营状况和职工行为的影响很大。优秀企业成功的关键在于能够根据企业外部环境的变化，及时调整内部环境以适应竞争。分析外部环境应从以下几方面入手：

首先，要考察市场状况，客运企业文化的塑造必须考虑市场变动的趋势。

其次，要分析新的服务技术发展的状况，每一次新的服务技术的出现，都给企业带来了新的机会和挑战，只有把握住机会的企业才能成功，铁路客运企业文化的塑造应充分考虑新服务技术出现带来的影响。

昆明局集团公司通过内外部环境的分析，建立了具有特色的企业文化。该局根据地处高原山区和民族聚居区、处于路网末梢和地方经济不发达等方面的局情出发，突出“山区铁路”“民族文化”等特点，提出了“知难而上，务实求真”的昆铁精神，努力建设既具有铁路企业普遍特征，又具有昆明局集团公司个性特点的企业文化。“文明运输线”“民族文化走廊”的建设将民族文化引入站车服务，提高服务的文化含量和文化品位。

2. 规划

在对铁路客运企业历史和现状进行完整、系统的分析之后，企业可以着手进行文化建设的规划。这些规划包括总体思想、实施重点、实施方法和时间表等，其中总体思想是核心，企业文化建设应着力突出整体意识，树立追求整体效益的价值观。

衡水站通过对企业历史和现状进行完整、系统的分析之后，确定“营造独特的企业文化氛围，塑造新时代衡水人的形象”为主要内容的总体思想，在该精神的指导下提出了“团结、敬业、实干、争先”八字衡水精神，并将该活动具体为以“在岗位做个好职工，在社会做个好公民，在家庭做个好成员”为主要内容的做合格的“衡站人”、争做文明人的活动，大力加强“职业道德、社会公德、家庭美德”的教育。通过几年的努力，使全体员工的思想不断升华，形成了该站特有的企业文化氛围。

（二）组织与实施

组织与实施是服务企业文化塑造的关键阶段。它通常包括以下几个方面：

1. 更好地理解铁路规章制度

规章制度是企业内部约定的行为规范，具有强制性的特点。在企业文化塑造过程中，需要更好地理解规章制度与企业文化的一致性，更好地执行规章制度。

（1）理解好规章制度内容的变化情况

尊重市场规律，按照旅客的需要对现有规章制度的部分内容进行调整是必须的，如儿童优惠票的发售标准由按身高改按年龄为标准。

（2）执行好规章制度

俗话说“规章是死的，人是活的”，意思是企业员工在良好的企业文化熏陶下，坚持原则，灵活应对突发事情，全心全意为旅客服务，努力实现企业的目标。如为了保证城市的环境卫生，以前旅客列车在进入城市或车站前都要锁闭厕所，但这种规定也有麻烦的时候，曾有位旅客在到达列车终点站前因内急到处找厕所，发现所有的厕所均已关闭，列车员灵活处理，用垃圾袋套在清洁桶里让旅客使用，及时解决旅客的燃眉之急。

2. 全面提高职工的素质

企业职工的素质是企业素质的基础，国内外优秀服务企业无不把提高职工的素质作为企业文化建设的基础性工作。铁路服务行业的职工素质相对一般，使得企业文化建设的有效措施有时难以得到积极的回应和贯彻。因此，全面提高职工的素质，是塑造服务文化的当务之急。

3. 强化职工的企业意识

如果每个铁路职工都能把自己的工作真正当作个人生活的组成部分，他们就会很自然地对企业产生感情。在铁路客运企业取得成功时，管理人员应该不仅向顾客和公众进行宣传，而且向铁路职工进行宣传，以强化职工的企业意识。加强民主管理，鼓励铁路职工积极参与经营决策也是树立铁路职工主人翁责任感的重要途径。

4. 设计各种仪式和活动

企业职工只有在亲身实践中感受到企业的价值观，才能产生对本企业文化的兴趣。一些有远见的企业善于设计组织一些仪式和活动，以营造适宜的环境气氛。如很多站车通过组建军乐队、演出队，开展书法绘画、职工文体比赛，举办文化艺术节、职工运动会等，丰富干部员工的文化生活，大力加强企业文化的建设。

5. 树立先进典型

先进典型把抽象的精神层面和文化层面的内涵形象化，对企业文化的成型和强化有着不可忽视的作用。先进典型是企业精神、企业价值观的代表，从他们身上，全体员工获得前进的方向和巨大动力，同时选择先进典型宣传也有利于在企业职工中营造良好的气氛。

广州客运段通过评选“首席列车长”、沈阳站通过评选“首席客运员”等活动，激励客运职工积极向上的工作精神，提高职工队伍的学习氛围，树立令人羡慕的典型，进而为旅客提供更优质的服务，收到了良好的效果。

6. 完善文化网络

企业文化的实践表明，文化网络能够广泛快速地传递大量的信息，它在企业文化形成过程中往往起着正式渠道无法替代的作用。因此，在企业文化塑造中，应重视文化网络的作用。例如，切实抓好各种联谊会、兴趣小组等，使之起到交换信息、密切联系的作用。除此之外，还要善于发现和引导各种特殊的文化网络，如同乡关系、师徒关系等。客运服务企业应充分利用这些渠道传播企业的价值观，促进企业文化的形成和发展。

四、铁路客运企业文化的建设

努力培育有内涵、有品位、有特色的铁路企业文化，实施精品战略，打造具有时代特色的铁路文化品牌，是铁路的一项重要任务。铁路企业文化建设最重要、最紧迫的任务是要构建铁路企业文化的核心价值观。

(一)铁路企业文化建设

(1)要防止把企业文化建设口号化、简单化，不能急于求成。

不能把文化当作"筐"，什么都往里装，不能把现有的工作都简单地罩上一件文化外衣就了事，更不能认为企业文化就是唱唱歌、跳跳舞、搞点文艺活动或者简单地提出几句奋斗口号就行了。形式的更新容易，实质的变化很难。企业的运行主要包括生产经营、安全管理、市场营销、环境建设、员工素质提高等，要从制度的层面上升到文化的层次，绝非一朝一夕之功。

(2)要防止把企业文化建设公式化、形式化，不能变成领导"作秀"的形象工程。

发展企业文化的目的是提高企业核心竞争力、促进人的全面发展。检验企业文化好坏的根本标准就是看它是否有利于企业的改革、发展和稳定，是否受到广大员工真心实意的欢迎。如果重点不放在这儿，而是借文化包装急于出政绩，那就必然会刻意追求表面化甚至庸俗化的东西，搞形式、糊弄人。

(3)要防止以群众运动的形式抓企业文化建设，注重有机融入。

发展企业文化要坚持企业需要与员工需求有机结合、正确引导和大胆扶植有机结合、突出重点和以点带面有机结合。不能只图轰轰烈烈，不求实际效果。开展一些群众性活动是必要的，但要分层次、分阶段、分地域，重实际、重实用、重实效。要与时代的发展潮流紧密融合，与企业的经营管理紧密融合，与职工群众的工作生活紧密融合。

(二)铁路企业文化建设环节

1. 要树立正确的文化观

管理层特别是各级领导干部要树立正确的文化观。企业文化建设的成败，很大程度上取决于企业管理层有没有正确的文化观，能不能对文化内涵、文化力量、文化主体、文化形式有正确认识和透彻理解。铁路企业文化建设要以创新经营管理机制和方法作为有效形式，在建立新机制、运用新方法的同时，培育新文化。领导者只有树立了正确的政绩观、群众观，抓管理才不会只见物不见人、只抓表不抓本，才能够真正做到以人为本、把刚性的制度和规范上升到文化的层次，显示出刚柔相济、情理并重的文化魅力。浅层次的服务只能说是一种事务，高境界的服务才是一种文化。如何营造良好的旅行环境并且用一些平和、自然、富于人文关怀的方式为旅客提供服务，提升文化品位，提高服务档次，是各级管理者应当从文化角度、用正确的文化观去思考、解决的重要课题。

2. 要结合自身实际选准企业文化建设的切入点，打造具有时代特色的文化品牌

要深入调查研究，找出哪些是在构建铁路企业文化中必须做的、可以做好的而且跟市场接轨的，选择好切入点和突破口，下力气做好，精心打造出若干个文化品牌，以点带面，整体推进。抓好铁路站车文化建设，是铁路企业文化建设的一个重要切入口。铁路站车就是一个容量很

大、辐射性很强的文化载体，站场布局设计、环境建设、服务设施、揭示牌等，都因为“零距离”面对旅客而直接体现铁路企业文化。

3. 要整合内部文化资源，优化投入产出

铁路的文化资源非常丰富，应当整合起来，放在一个大的框架内来谋划运作，发挥规模效应。企业文化建设，对内要培育精神力量，对外要追求社会效益。例如，中国铁道博物馆应持续拓展社会教育覆盖面，积极构建铁路科普教育新格局，以中国铁道博物馆为科普主阵地，注重多方协同，融合各方科普力量，努力构筑实施系统、多元、规范的博物馆科普教育体系。

4. 要着眼长期目标，坚持在培育铁路核心价值观上下功夫

大到一个国家，小到一个企业，如果能有共同尊崇、共同践行的核心价值观，这个国家和企业就是强大而不可战胜的。这种价值观应当是深层的、久远的、自觉的，而不是表面的、短暂的、强制性的。培育铁路企业文化，要抓住根本，着眼长远，致力内化，从最基础的工作抓起，逐步引导员工建立适应企业发展要求的核心价值观，进而提升企业的核心竞争力，为铁路现代化建设提供强大和持续的精神动力。

五、企业共同核心价值观的形成

伟大的服务企业都有自己的企业灵魂，它是确定经营策略和开展日常工作的指针。优秀的价值观念保证了企业具有旺盛的生命力，使企业员工既能独立工作，又能相互合作。共同的核心价值观一般包括：卓越、创新、愉悦、协作、尊重、正直、公益。七者之间紧密相关、有机结合、共同作用，使企业优秀的经营策略切实转化为实践上的发展成功。

1. 卓越

利润都是企业追求的目标，但其本身并不是价值观念的内容，而是其结果，追求卓越才是价值观念的核心。对卓越的追求能够创造经济上的价值，但其更重要的价值在于鼓舞人的精神，并使个人取得的成就熠熠生辉。铁路客运服务的追求仅用“好”字来形容是不够的，因为“好”字不足以反映企业的优良品质，只有追求服务“卓越”成就，企业才能获得持久的成功。

2. 创新

追求卓越和力求创新是紧密相连的。创新将现有的事物推上一个更高的台阶，是追求卓越最基本的工具。铁路客运服务企业应致力于引导潮流，按照自己的节拍努力进取，而不为竞争对手左右，要重视创造而不是模仿。

3. 愉悦

利润只是企业成功的一部分，振奋人的精神、绽放个人潜能、庆祝成功等都是成功的组成部分。如果一个企业经济上的成就是靠损害顾客、员工和其他方面的利益而取得的，那么这种成功是没有价值的成功。持久成功的企业一贯注重将满意、赞扬和愉悦带给它的员工，员工又会把满意与开心献给客户。员工们为自己的企业注重卓越而自豪，为企业的成功而自豪，他们在极其优良的企业文化氛围中尽情享受自我发展、自我完善的乐趣，他们成为真正的主人翁。

4. 协作

“通力协作”是企业员工为追求共同的目标而共同努力、共同奋斗，是提高全体员工工作质量的一种基本方法。作为团队中的一员，参与竞争、比赛、获取、体味成功，丰富自己的人生阅历，这些都与队员间的互相支持分不开。协作能振奋人的精神、凝聚人的能量。铁路客运服务是多部门共同参与的一种活动，企业应鼓励团队协作和集体意识，形成通力协作为核心价值的观念。

5. 尊重

尊重也是企业的核心意识之一，由信任、细腻的情感、细心的倾听等所构成。运输服务企业必须尊重顾客、尊重员工、尊重其他业务伙伴和尊重整个社会，关心员工，深爱顾客，顾客及服务者都获得了尊重，服务的价值才能提升。

6. 正直

诚实和公平的竞争不仅是服务企业竞争的正确方式，也是最好的方式，对旅客的真诚必定会取得竞争的胜利。服务的不确定性使旅客对服务公正更加敏感，旅客在选择旅行方式时，很重要的一方面是企业的信誉，铁路企业应该信守承诺、行事光明磊落。

7. 公益

铁路客运企业不仅要创造经济效益，也要重视社会效益的创造。铁路企业要重视环境保护，要重视节约，实施可持续发展的战略，如高速铁路车站建设使用绿色环保材料，动车组列车采用电力牵引减少环境污染、铁路沿线部分城市实施禁止鸣笛以控制噪声污染、地级以上城市较大车站候车室设相对封闭的哺乳区等。

六、铁路客运服务企业形象

（一）企业形象与CI理论

1. 企业形象

企业形象是企业内外对企业的整体感觉、印象和认识，是在企业状况的综合反映，是在企业与社会公众（包括企业员工）通过传播媒介或其他接触的过程中形成的，包括公众印象、公众态度和公众舆论。其组成可分为三个层次，即理念形象、行为形象和视觉形象。

（1）企业理念形象——由企业哲学、宗旨、精神、发展目标、经营战略、道德、风气等精神因素构成的企业形象子系统。

（2）企业行为形象——由企业组织及组织成员在内部和对外的生产经营管理及非生产经营性活动中表现出来的员工素质、企业制度、行为规范等因素构成的企业形象子系统。内部行为包括员工招聘、培训、管理、考核、奖惩，各项管理制度、责任制度的制定和执行，企业风俗习惯等；对外行为包括售票、广告、公益等公共关系活动。

（3）企业视觉形象——包括企业的名称、标志、商标、标准字、标准色、象征图案、服装、口号、环境设计和布置等。

在企业形象的三个子系统中，理念形象是最深层次、最核心的部分，也最为重要，它决定行为形象和视觉形象；而视觉形象是最外在、最容易表现的部分，它和行为形象都是理念形象的载体和外化；行为形象介于上述两者之间，它是理念形象的延伸和载体，又是视觉形象的条件和基础。如果将企业形象比作一个人的话，理念形象好比是他的头脑，行为形象就是其四肢，视觉形象则是其面容和体型。

2. CI——企业形象识别

CI即corporate identity的缩写，一般可理解为通过统一的整体传达系统将企业文化外化为企业形象的过程。在人们的日常旅行接受服务过程中，人们有意识无意识地形成对企业印象的不同感受，这种感受的不断积累会逐渐形成对企业的不同认识和看法，从而形成消费者对不同企业的差别化对待。根据企业形象的三个层次，CI可分为三个层次：

（1）理念系统（mind identity，MI），包括企业的经营宗旨，企业的社会责任感和企业倡导的特定价值观念。

(2)行为系统(behavior identity,BI),是指以企业理念系统为基础的企业特殊的行为方式,包括企业的生产方式、营销方式、售后服务,企业职工和主管人员的言行,企业对各项社会公益事业的态度,企业与顾客或社会发生矛盾时的处置方式等。BI是企业形象策划的动态识别形式,而有别于企业名称、标志等静态识别形式。

(3)视觉识别系统(visual identity,VI),包括企业独特的名称、招牌、标志、标准字、标准色等,是整个企业形象识别系统中最形象直观、最具有冲击力的部分。

MI是企业的灵魂,它对BI、VI具有决定作用并通过BI、VI表现出来,就好比一个人具有的独特内在气质只能通过他的行为和外表才能感受得到。

(二)铁路客运服务企业形象塑造和设计

运输企业集生产性、服务性于一身,是与社会公众接触性极高的产业,在市场经济不断发展,运输市场竞争日趋加剧的今天,运输企业必须重视CI策划,重视树立良好的企业形象。

铁路作为服务性行业,是社会主义精神文明建设的重要窗口,致力于提高服务质量,塑造良好形象,传播精神文明。

铁路作为有很强社会公益性的企业,服务水平关系到广大人民群众的切身利益,坚持为广大人民群众服务这一宗旨,一切从人民利益出发,为社会提供优质的运输服务。

在多年来开展的站车文明服务活动的基础上,不断深化铁路行业精神文明的建设,使服务工作进一步发展和延伸。铁路通过实施客运提质计划,企业形象得以进一步提升,充分展示出新时代中国铁路的新形象新作为。

1. 匹配更优

铁路部门在运力调配方面,建立起"一日一图"运力动态调配机制,以市场需求为导向梯次安排运力,根据日常、周末、高峰等不同时段,有针对性地制订列车开行和动车组运用方案,使运力与客流需求的匹配更优化。

2. 速度更快

2018月8日,复兴号动车组在京津城际铁路实现时速350 km运营,实现了动车组列车由和谐号动车组最高运行速度250 km/h到复兴号动车组350 km/h的跨越,人们的旅行生活变得更加美好;同时开行专门用于"高铁极速达"服务的动车组列车,覆盖主要大中城市,助力快递更快送达。

3. 服务更优

复兴号动车组品质好,"慢火车"也不差。铁路部门积极推动"慢火车"服务升级,改善"慢火车"售票、候车、乘降条件,补强车站照明、广播、引导设施和安全标识,加大设备设施维护保养力度,更新卧具备品,有效改善了群众候乘环境,打造了"彝族情""民族团结一家亲""蔡家崖号""湘西慢慢游"等一系列"慢火车"精品,树立了"慢火车,优生活"品牌形象。全国铁路公益性"慢火车"正在为沿线群众努力奔跑着。

坐火车寻找远方的美景和诗意,已成为人们的时髦之举。从"遵义号"红色之旅到"环西部火车游",从"南方快车"到"找北"旅游专列……在国铁集团的统筹下,各铁路局集团公司纷纷与地方政府、旅行社合作,开发出一系列景点优美、服务上乘的旅游产品,深受旅客欢迎。

关照到每一处细节,服务好每一位旅客。国铁集团全面推进"厕所革命",实施厕所"双所长制",确保客运站车厕所卫生动态达标,进一步净化旅客乘车环境。对互联网订餐服务进行升级,餐食预订时限进一步压缩,餐食品种进一步丰富。推出"动车组列车地方特产预订"服务,让旅客在车上买到特产,也成为一道风景线。携手某快递公司推出"高铁顺手寄"托运服务，让高铁网和快递网深度融合，旅客不方便携带上车的物品，铁路帮忙送回家。

4. 创新更足

人脸识别检票、双源视角安检、急客通道优先……先进、智能的自助设备，让旅客进站不再停、挪、等、靠，进站速度大幅提升，车站畅通工程加速了旅客的出行节奏，旅客进站速度大幅提高，排队等待时间有效减少。

新版铁路 12306 网站优化了网络购票流程，增加用户扫码登录功能，减少旅客无效点击；上线“共享汽车”“铁路旅游”功能，延伸旅客服务链；推出网上人脸识别核验服务，使旅客无须再去车站窗口核验证件，实现全部流程网上自助办理。电子客票全面实施，旅客直接刷身份证进站上车，节约了旅客时间，提高了出行效率。

为畅通旅客出行的“最后一公里”，铁路部门积极与各地方公交系统合作，联勤联动，不断完善日常协调配合和接续接驳运输机制，如北京南站已经实现旅客出站乘地铁免安检。

任务解析

“任务导入”中所述案例解析如下：

传承红色基因，在坚守政治红线和职业底线中奋勇担当作为，确保高速铁路和旅客列车安全万无一失，自觉坚守政治红线和职业底线。抓住“强基达标、从严务实”的铁路安全管理的“魂”，完善安全风险管控和隐患排查治理双重预防机制，强化现场安全关键管控，狠抓责任落实和作风转变，进一步提高铁路安全管理水平。

铁路各级组织和广大干部职工切实增强责任感、使命感、紧迫感，树牢“生命至上、安全第一”理念，进一步发扬“听党指挥，勇于担当”“迎难而上，敢于胜利”“恪尽职守，无私奉献”“科学决策，精准高效”等新时代中国铁路人的奋斗精神，坚持稳中求进，努力服务大局，有效防范和化解前进中的各种风险挑战，不断推动铁路高质量发展。

任务二　铁路旅客运输服务中的公共关系

任务导入

××年×月×日，在柳州站开往南宁东站的动车上，陈姓医生听到广播寻医后前往援助，救治结束后，陈医生被乘务员要求出示医师证。因未随身携带医生证，陈医生被要求出示身份证和车票，并进行拍照存案，同时还需再写一份情况说明并签字。整个救治过程中，乘务员站在一旁全程录像。该事件被网络报道后很快被网友大量点击、转载，引起了热议。

思考：

铁路客运企业应如何开展危机管理？

知识讲解

一、公共关系的含义及构成

(一)公共关系的含义

公共关系是社会组织为了塑造组织形象，通过传播、沟通手段来影响公众的科学与艺术，它包含三方面的意思：

1. 公共关系的根本目的就是塑造组织形象

组织形象是公共关系理论的核心内容。组织形象就是公众对于社会组织的总体评价，是社会组织的表现与特征在公众心目中的反映。

2. 社会组织通过传播、沟通手段影响公众

公共关系的主体是社会组织，客体是公众，手段是传播、沟通，即社会组织、传播沟通、公众构成公共关系的三大要素。

3. 公共关系是科学与艺术的统一体

铁路作为一个企业，也有其特定的公众范围，如旅客、兄弟单位、新闻机构等。这些公众涉及全国，搞好铁路的公共关系工作，不仅能形象地体现“人民铁路为人民”的宗旨，也可促进精神文明的建设。

（二）铁路运输公共关系的三大构成要素

关系的构成要素是主体、媒介、客体，公共关系三大构成要素分别为社会组织、传播、公众。

1. 社会组织

铁路作为一个社会组织，成员和领导间有明确的分工和职责范围，有一套严格的总体目标，铁路公共关系活动必须紧紧围绕着社会组织的总体目标来制定自身的特定目标。

铁路旅客运输是在一定的现实条件和环境之下进行的，在运输过程中必然要涉及多方面的因素。铁路必须妥善处理同各个方面的关系，使铁路获得各方面的支持，处于良性运转之中。

2. 传播

要使社会组织、企业与公众间实现相互沟通和相互了解，就必须借助于各种大众传播媒介。通常的大众传播媒介有报刊、广播、电视、网络等信息传播工具，铁路公共关系就是通过传播媒介来传递信息，让公众了解铁路的政策、目标和打算，改变公众的态度，进而影响他们的行为。

3. 公众

公众指与企业或组织发生联系及相互作用的个人、群体和组织，一般可划分为内部公众和外部公众。公共关系的对象就是公众，公共关系工作归根到底就是要处理好一个企业或组织面临的各种“公众”关系。

二、铁路客运企业公共关系的原则

（一）实事求是原则

1. 真实是公共关系活动的生命

铁路企业无论是形象塑造还是关系协调，公共关系工作必须坚持实事求是地反映情况，真实地传递信息。这一点是客运企业一切公共关系活动的前提，也是每一个公共关系人员和公共关系企业都必须无条件遵循的法则。

有人误认为公共关系就是为企业及其他社会组织乔装打扮从而欺骗旅客，甚至不惜一切手段夸大或缩小事实，把本来不完美的宣传为完美的，把本来大的问题化为小的问题，由此给企业自身带来不应有的利益，这是十分危险的。虚假的宣传只能迷惑公众一时，一旦被人识破，企业的形象就会彻底毁掉，从而付出惨重的代价。

2. 事实是公共关系活动的出发点

对客观事实的全面、完整、公正的了解，是所有公共关系活动的出发点。无论从内部关系的协调，外部公众协调、形象塑造与更新、危机关系的处理，都是从调查研究掌握事实开始的。

只有在掌握全部事实的基础上进行公共关系的策划，才能收到满意的效果。

铁路在公共关系活动时，强调公共关系策划的价值的同时，应重视调查研究掌握事实的重要性。尽管公共关系策划是公共关系活动中最精彩的部分，但公共关系策划不是凭空产生的，必须建立在扎实的调查研究基础之上。因此，必须用大量的时间和精力搞好调查研究工作。

3. 真诚是公共关系人员的信条

公共关系从业人员是企业组织形象的直接代表，其真诚品质代表着社会组织对公众负责的崇高的社会责任心。只有真诚待人、真诚传播信息，才能得到广大公众的信任与认同，才有可能赢得良好社会评价。

（二）双向沟通的原则

1. 双向沟通的含义

公共关系活动的本质是通过双向信息交流，有效地达到组织与公众的信息交流。“双向”一词很关键，从信息流向角度来讲，一方面是信息输入，即公关人员把各方面公众的需要、态度意见等情况以及在此基础上形成的建议和拟订的方案提供给组织领导者或职能部门，并将本组织的有关信息输出给公众，让公众知道、了解。另一方面是反馈阶段，公众（接受者）将得到的信息进行理解，而后将自己对此的意见和态度反馈给对方。

2. 明确沟通的目的

公共关系的目的是使组织拥有良好的声誉，以利于组织的生存和发展。因此，公共关系活动中的沟通不是一般的情感交流，而是为了组织形象进行的有目的社会活动。社会组织与企业公众建立良好的关系、获得美好的声誉、让公众获益，必须经过长期艰苦的努力，公共关系不能只着眼于眼前的利益，更重要的是着眼于长远的效果。

（三）共同受益的原则

1. 公共关系活动的利益目标

公共关系的目标可分为两方面：社会目标（利他目标）和组织自身目标（利益目标）。有些人认为强调利益目标就会损害公共关系的形象，其实不然。对于处于社会主义初级阶段的社会组织来讲，没有利益目标的公共关系是虚伪的、不存在的，公开的利益目标态度只会使利益目标更趋合理。

2. 公共关系的道德准则

最佳的公共关系状态是公共关系的主体与客体在法律和道德规范下的利益目标的共同实现，因此公共关系的道德准则应是“双赢”和“共同受益”。

三、铁路客运企业公共关系的功能

（一）对企业的作用

铁路企业的存在与发展本身就蕴含着它与社会公众的依赖关系。只有与公众建立了相适应的关系，企业才会被社会所认可和接纳，获得存在的必要性和合理性。公共关系对企业的作用表现在它帮助企业与公众间建立这种相适应的关系，这种作用具体表现在以下几方面：

1. 环境监测

环境监测是指观察与预测影响企业生存与发展的公众情况和其他环境变化。影响企业的社会环境包括政治环境、经济环境、文化环境等，这些环境因素的变化无不直接作用于企业。社会环境是不断变化的，企业要适应这种环境，首先就必须观察环境，对环境的变化做出科学的预测，这是公共关系工作的首要任务。

2. 决策支持

企业决策是企业针对存在的问题确定解决问题的行动方案的过程。由于现代企业的外部环境变化非常迅速，企业面临的战略决策很多，作为公共关系部门必须就有关环境问题、公众关系问题向企业的决策机构提供咨询，参与企业决策的全过程。公共关系部门参与决策有四个步骤：

(1)利用与外界各界的广泛联系，为企业决策提供有关环境信息。

(2)帮助企业确定决策目标。现代企业的决策日益专门化，各职能部门和专家很难站在全局的高度来进行整体的决策。这时，站在公众和社会的角度，使企业的决策目标既能反映企业的发展需要，又要反映社会公众的需要，只有靠公共关系部门来完成。

(3)帮助拟定决策方案。在设计方案时，应尽可能将公共关系的目标在其中得到落实，以保障公众利益。在选择方案时，公共关系部门应力求将公共关系原则纳入方案标准中，把社会公众当作最有权威的评议者。

(4)提供咨询、建议和执行，帮助实施决策方案。

3. 宣传引导

企业的良好形象必须建立在自身各方面做得很好的基础上，但也离不开大力宣传，积极地影响和引导公众舆论，使之有利于自己。

企业所面临的环境是复杂多变的，处于不同的舆论环境下，公共关系的宣传和引导的侧重点都不一样。当企业刚推出新产品(或新服务)时，公共关系工作要负责为其大力宣传，从零开始为其建立良好形象。当企业发展顺利、信誉已经建立时，公共关系应致力于保持和维护对企业有利的舆论，同时不断寻找宣传的契机、拓宽舆论渠道，扩大企业影响。当企业面临危机、处于逆境时，公共关系工作要促进和强化有利的舆论，反击不利舆论，力争扭转企业形象。

4. 沟通协调

在现代社会，企业是一个开发系统，它和周围的环境有广泛的联系，除了做好宣传引导之外，公共关系工作还应通过其他日常的交往活动(如座谈会、联谊会、节庆活动、参观活动、社会服务、社会赞助等)，与社会公众进行有效的双向沟通，培养公众对企业的感情，赢得理解和支持。

5. 全员教育

公共关系是全体员工的公共关系。从创优质产品、提供优质服务到宣传引导公众舆论，都离不开企业全体员工共同和持久的努力。要使这种努力变成一种自觉的、主动的甚至习惯的行为，必须增强企业全体员工的公共关系意识，使企业从最高领导到一般员工都养成珍惜企业良好形象和声誉的职业素质。即便是一个电话、一封回信，都应考虑到对企业形象和声誉的影响。

(二)对社会的作用

公共关系对社会的积极作用表现在它通过强调企业的社会责任，并督促企业履行这种社会责任，帮助企业适应社会的发展，促进了社会的整体优化。

1. 社会经济环境的优化

公共关系有助于企业创造最好的经济环境，争取最佳的经济效益，从而促进整个社会的经济繁荣。

2. 社会互动环境的优化

在社会学中，社会互动环境是指社会上人与人、群体与群体之间的相互交往和作用。公共关系对社会互动环境的优化主要表现在沟通社会信息、协调社会行动、净化社会风气，帮助全社会建立团结协作的氛围，引导社会树立新观念。

3. 社会心理环境的优化

现代西方工业社会一方面是科技飞速发展，另一方面又严重破坏了人类的美好感情和个性，造成许多人心理的不平衡。而公共关系虽不是人际关系，但它却涉及人际关系，它所强调的企业与公众间交往的真诚、平等互利等，帮助人们走出自我封闭的心理，带给人们一种良好的社会氛围。

4. 社会政治环境的优化

现代企业强调"以人为中心"，提倡一切为了顾客。通过企业的公共关系活动，有助于强化"以人为本"的思想，培养管理人员的公仆意识和员工的主人翁意识，对优化社会政治环境是十分有益的。

四、铁路客运企业公共关系的管理

（一）铁路客运企业公共关系的主要内容

客运企业的公共关系，是指客运企业为争取企业内部与外部的理解、支持与合作，运用现代公共关系的理论与方法，采用传播沟通手段以达到企业与公众相互协调之目的所进行的一系列活动。

(1)提高服务质量，改善服务态度，以实际行动树立运输企业的良好形象，赢得社会的信赖和支持。

随着市场经济的不断深入，我国交通运输企业发展很快，运输能力长期紧张的局面有所缓解，但目前仍存在着时间性、地域性和方式性的运输短缺现象，特别到了运输高峰季节情况更为突出。因此，如何通过有效的公共关系重塑企业形象、迎接未来竞争，就成为铁路客运企业公共关系的重要任务。近年来，铁路客运企业围绕铁路客运提质计划，依托客运服务质量年活动，大大提高了服务质量和改善了服务态度，并借助于新闻媒介而广为传扬，取得社会的称赞和旅客的信任、谅解。

(2)结合客运企业的特点，加强全员公共关系培训，不断提高员工的形象意识。

客运企业点多线长、涉及面广、影响面较大，应教育和引导员工树立公共关系意识，自觉维护企业形象，把自己作为企业的"形象大使"，妥善处理好与各种旅客的关系。

(3)建立畅通的信息沟通网络，加强客运企业与各类公众的信息交流，实现全方位的外部公共关系的沟通。

通过多种传播媒体和途径，把与社会和公众相关的信息及时传播出去，以不断增进外部公众对客运企业的了解；把社会和公众对企业的意见及时收集反馈企业，并迅速做出处理，以便使公众满意。例如，铁路客户服务中心客服语音平台实现互联互通，优化知识库管理和实现信息共享功能，实现客服语音平台席位共享，旅客服务体验明显改善，服务效率和劳动效率明显提升。实现服务单电子化流转，客服中心与站车投诉、重点旅客预约及遗失物品查找服务单的线上流转和全流程闭环处理，客户诉求响应和处理时效性明显提升。再如，"列车长短信平台"的开通，是旅途中及时了解旅客需求、化解旅客烦恼的很好的服务方式。

(4)要认真处理好旅客的投诉，预先制定处理各种突发事件的应急预案。

客运企业是有高知名度的公用性行业，其一举一动都惹人注目，极易成为社会舆论和新闻媒介的热门话题，稍有不慎，企业的声誉便会毁于一旦。因此，树立危机意识，认真处理好旅客的投诉，加强预防型公共关系至关重要。

(5)希望得到旅客的理解支持。

近几年，在铁路员工的艰辛努力下，铁路运输企业通过不断更新技术装备，强化运输管理，旅客运输的服务质量有了很大提高。但受工作强度大、压力大等因素的影响，一定程度上影响了服务质量的提高。因此，在现阶段除了通过不断地改进服务工作外，还要做好宣传解释工作，希望得到旅客的理解支持。

(二)铁路客运企业日常公共关系

客运企业的外部公众主要包括旅客、政府有关部门、大众传播媒介等，他们构成了客运企业生存与发展的主要社会环境。客运企业的外部公共关系，实质上就是与这些社会环境要素之间的关系。

1. 处理好与旅客的关系

旅客是客运企业的消费者公众，他们的消费需求和满足程度是客运企业存在与发展的基础。经常不断地开展消费需求和满足程度的调查，及时提供旅客运输服务信息，坚持优质服务，是客运企业公共关系活动的重要方式。

2. 处理好与各级政府的关系

各级政府是社会的管理者，各行业、各部门的发展规划，不仅必须以政府决策为依据，而且其经济协作常常也要依靠政府协调。因此，客运企业一方面要及时、准确地向政府及有关部门提供决策信息，以便政府科学决策和适时调整决策，另一方面要加强与相关经济部门的信息交流，促进各经济部门之间的合作与协调。

3. 处理好与大众传播媒介的关系

大众传播媒介是特殊的外部公共关系对象，具有组织与外界联系的桥梁作用和强大的舆论功能。运输企业利用大众传播媒介，既可得到舆论的支持，也可对自身活动实行有效监督。由于交通运输的生产过程与消费过程的同一性，其经济活动常常直接面对消费者公众，因而舆论监督就显得特别重要。

(三)客运企业的危机管理

危机事件处理是客运企业经常面临的特殊公共关系活动。客运事故引起伤亡事件，是客运企业遇到最多的危机事件，这种危机事件因直接涉及公众生命，因而要特别慎重处理。从公共关系的角度来讲，要力求做到下列几点：

(1)建立常设危机事件处理班子，制定应急措施，掌握有关政策法规。

(2)发生危机事件时，要确定一个发言人，代表企业对内对外介绍事实真相，防止说法不一的情况产生和谣言的传播。

(3)及时与新闻媒介取得联系，准备提供技术性较强的情况介绍及技术人员或专家的意见，让新闻媒介适时、适当地向公众介绍情况。

(4)妥善处理善后工作。对责任事故，要做细致的解释工作，耐心谨慎地对待受害者或家属，禁止企业代表与其发生冲突。待受害者的愤怒与不满充分宣泄后，再与其进行理智地商谈，切勿操之过急。参与谈判的企业代表需富有同情心和经验。在赔偿问题上，既要实事求是、坚持原则，又要灵活变通，照顾受害者的实际利益。

(5)积极与需要其援助的单位联系。如医院，公安部门，消防部门，相关的科研单位，邻近地区的部队、厂矿、机关等都可能是危机事件处理过程中的求援对象。平时应建立良好关系并经常联系，避免“平时不往来，有事找上门”的现象。

任务解析

“任务导入”中所述案例解析如下：

铁路运输企业应建立常设危机事件处理机构、班子，制定应急措施，掌握有关政策法规。发生危机事件时，要确定一个发言人，代表企业对内对外介绍事实真相，防止说法不一的情况产生和谣言的传播。及时与新闻媒介取得联系，提供恰当意见，让新闻媒介适时、适当地向公众介绍情况。

能力测评

一、判断题

1. 铁路客运企业文化的导向功能、约束功能、凝聚功能、激励功能等四大功能，不是单独起作用的，而是相互影响起作用的。(　　)

2. 铁路客运企业在培育服务文化时对企业员工素质、管理体制进行分析属于对客运企业外部环境的分析。(　　)

3. 铁路站车通过组建军乐队、开展书画比赛，举办文化艺术节、职工运动会等，可以大力加强企业文化的建设。(　　)

4. 铁路企业“人民铁路为人民”的服务宗旨属于企业的视觉形象。(　　)

5. 铁路客运车站统一服务台的样式属于企业形象识别中的视觉识别系统。(　　)

6. 共同收益原则属于铁路客运企业公共关系的原则之一。(　　)

二、单选题

1. 铁路客运企业将“人民铁路为人民”服务宗旨通过标语宣传等方式深入全体客运职工的内心，并以此来指导全体职工的行动，属于下列文化功能中的(　　)。

A. 导向功能　　B. 约束功能　　C. 凝聚功能　　D. 激励功能

2. 企业文化可以把企业成员团结起来，心往一处想，劲往一处使，集思广益，群策群力，此功能属于下列文化功能中的(　　)。

A. 导向功能　　B. 约束功能　　C. 凝聚功能　　D. 激励功能

3. 铁路企业通过评选“首席列车长”“首席列车员”等活动，属于下列服务文化培育的(　　)实施途径。

A. 全面提高职工素质　　B. 设计各种仪式和活动

C. 树立英雄人物　　D. 完善文化网络

4. 铁路企业开展铁路沿线的噪声控制工作体现的企业共同核心价值观是(　　)。

A. 创新　　B. 协作　　C. 卓越　　D. 公益

5. 铁路企业推出“静音车厢”特色服务体现的企业共同核心价值观是(　　)。

A. 创新　　B. 协作　　C. 卓越　　D. 公益

6. 让公众对客规事实全面、完整、公正的了解，体现的公共关系的原则是(　　)。

A. 实事求是原则　　B. 诚实守信原则

C. 双向沟通原则　　D. 共同收益原则

三、多选题

1. 下列属于企业文化的有(　　)。

A. 经济文化　　B. 组织文化　　C. 管理文化　　D. 社会文化

2. 下列属于铁路客运企业文化的概念的有(　　)。

A. 导向功能　B. 约束功能　C. 凝聚功能　D. 激励功能

3. 下列做法是铁路企业文化建设中要防止的情况的有(　　)。

A. 建设口号化　B. 建设公式化　C. 建设运动化　D. 建设形式化

4. 下列属于企业共同的核心价值观的有(　　)。

A. 自由　B. 民主　C. 卓越　D. 公益

5. 下列属于企业视觉形象的有(　　)。

A. 企业精神　B. 广告　C. 企业名称　D. 商标

6. 下列说法正确的有(　　)。

A. 公共关系的根本目的就是塑造组织形象

B. 公共关系是科学与艺术的统一体

C. 公共关系就是“拉关系,走后门”

D. 公共关系是万能的

7. 铁路客运企业日常公共关系重点要处理好的关系有(　　)。

A. 与旅客的关系　B. 与各级政府的关系

C. 与大众传媒的关系　D. 铁路企业内部间的关系

四、简答题

1. 何谓企业文化?

2. 企业共同的核心价值观一般包括哪些?

3. 何谓企业形象?

4. 何谓公共关系?

5. 铁路运输公共关系的三大要素有哪些?

五、实践题

1. 近年来,铁路客运企业是如何开展形象塑造和设计的?

2. 收集近年来一件客运公众事件,进行客运企业的危机管理的设计。

参考文献

[1] 王甦男.旅客运输[M].北京:中国铁道出版社,2000.

[2] 马桂贞,刘彦邦,周振庆.铁路旅客运输全面质量管理[M].北京:中国铁道出版社,1993.

[3] 彭进.铁路客运组织[M].北京:中国铁道出版社,2007.

[4] 马丽华,梁丽,王郁葱.客运心理与礼仪[M].北京:中国铁道出版社,2001.

[5] 李广品.服务的魅力[M].北京:研究出版社,2001.

[6] 熊源伟.公共关系学[M].合肥:安徽人民出版社,2000.

[7] 俞光耀,张志尧.铁路客运市场营销学概论[M].成都:西南交通大学出版社,1998.

[8] 中华人民共和国铁道部.铁路旅客运输服务质量标准[S].北京:中国铁道出版社,2003.

[9] 张得,吴剑平.企业文化与CI策划[M].北京:清华大学出版社,2001.

[10] 屈云波.服务的奥秘[M].北京:企业管理出版社,2001.

[11] 杨贵庆.城市社会心理学[M].上海:同济大学出版社,2000.

[12] 秦言,李理.中国企业服务竞争[M].北京:中国计划出版社,1999.

[13] 孙喜林.旅游心理学[M].广州:广东旅游出版社,2002.

[14] 苏东水.管理心理学[M].上海:复旦大学出版社,2002.

[15] 贾俊芳.高速铁路客运服务[M].北京:中国铁道出版社,2012.

[16] 北京铁路局.高速铁路客运指南[M].北京:中国铁道出版社,2011.

[17] 国家铁路局.铁路运输服务质量监督管理办法[S].北京:中国铁道出版社有限公司,2023.

[18] 中国国家铁路集团有限公司.中国国家铁路集团有限公司铁路旅客运输规程[S].北京:中国铁道出版社有限公司,2023.

[19] 中华人民共和国交通运输部.铁路旅客运输规程[S].北京:中国铁道出版社有限公司,2022.

[20] 国家市场监督管理总局,国家标准化管理委员会.铁路旅客运输服务质量 第1部分:总则[S].北京:中国质量标准出版传媒有限公司,2019.

[21] 国家市场监督管理总局,国家标准化管理委员会.铁路旅客运输服务质量 第2部分:服务过程[S].北京:中国质量标准出版传媒有限公司,2019.